빛깔있는 책들 ●●● 267

충남 지역 마을지 총서 ⑧ 논산시 노성면 병사리

# 논산 병사마을

## 호서 3대 명족(名族) 노성윤씨가의 옛 터전

글 · 사진 | 충남대학교 마을연구단
김필동, 김현숙, 권선정, 이연숙, 유보경, 권병욱, 박종익

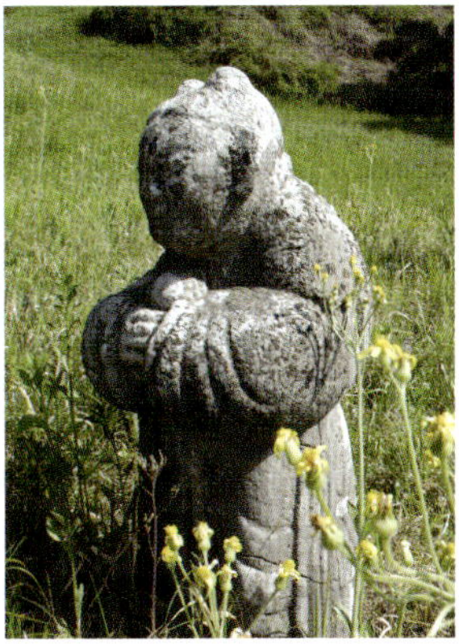

대원사

## | 저자 소개


### 김필동
충남대학교 사회학과 교수. 마을연구단 연구책임자. 문학박사 (사회학)
'총론 : 호서 3대 명족(名族) 노성윤씨가의 옛 터전' 집필

### 김현숙
충남대학교 충청문화연구소 연구교수. 문학박사 (한국근대사)
병사리 조사팀장. '제례와 일상생활 속의 음식문화' 집필

### 권선정
충남대학교 충청문화연구소 연구교수. 교육학박사 (역사 · 문화지리학)
'자연환경과 인문경관' 집필

### 이연숙
충남대학교 충청문화연구소 연구교수. 문학박사 (한국근세사)
'마을의 역사' 집필

### 유보경
충남대학교 충청문화연구소 연구교수. 문학박사 (사회학)
'경제활동' 집필

### 권병욱
충남대학교 충청문화연구소 연구교수. 문학박사 (사회학)
'사회생활과 문화' 집필

### 박종익
충남대학교 충청문화연구소 연구교수. 문학박사 (민속학)
'민속과 구전자료' 집필

# 차 례

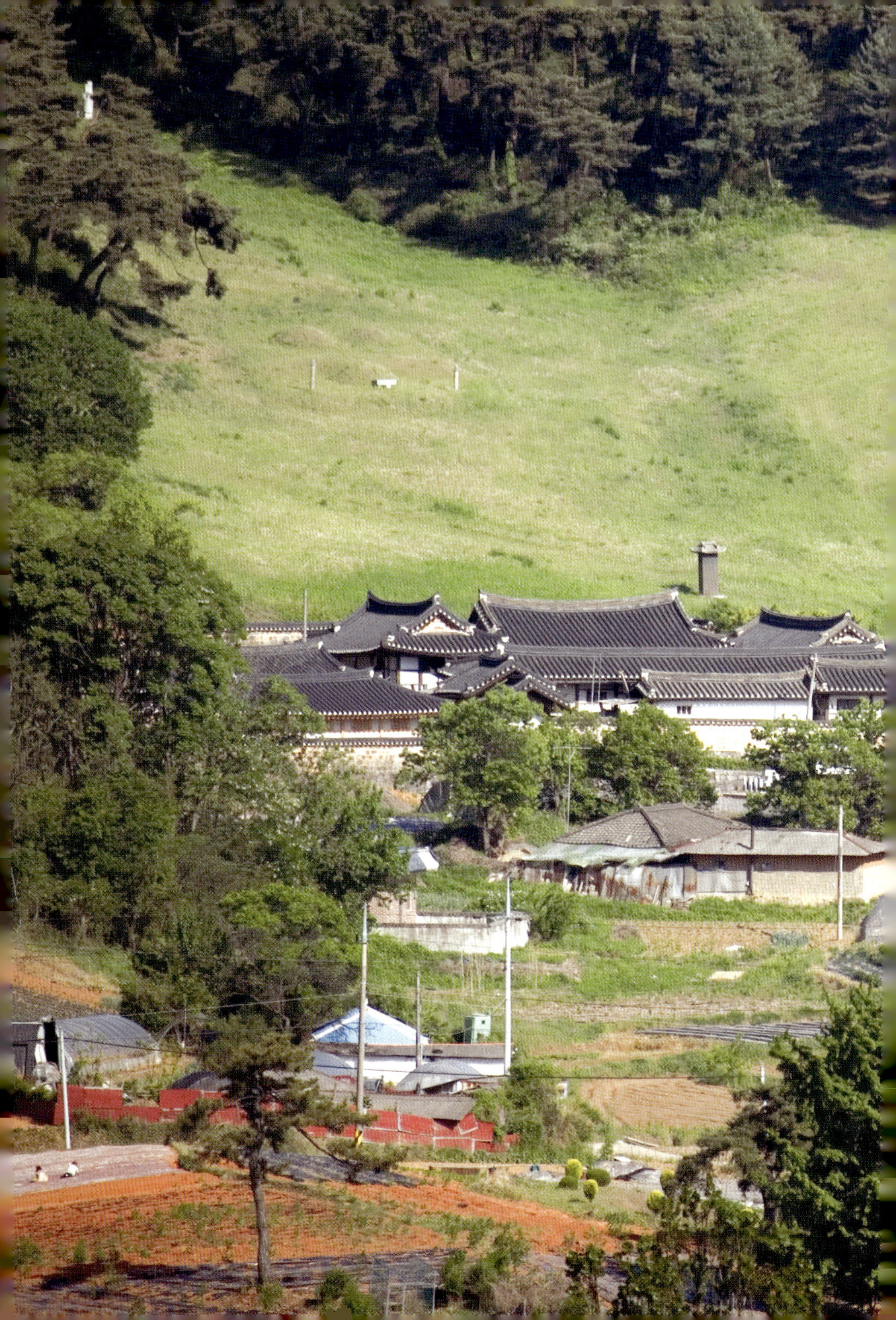

충남 지역 마을지 총서 ⑧ 논산시 노성면 병사리

# 논산 병사마을

호서 3대 명족(名族) 노성윤씨가의 옛 터전

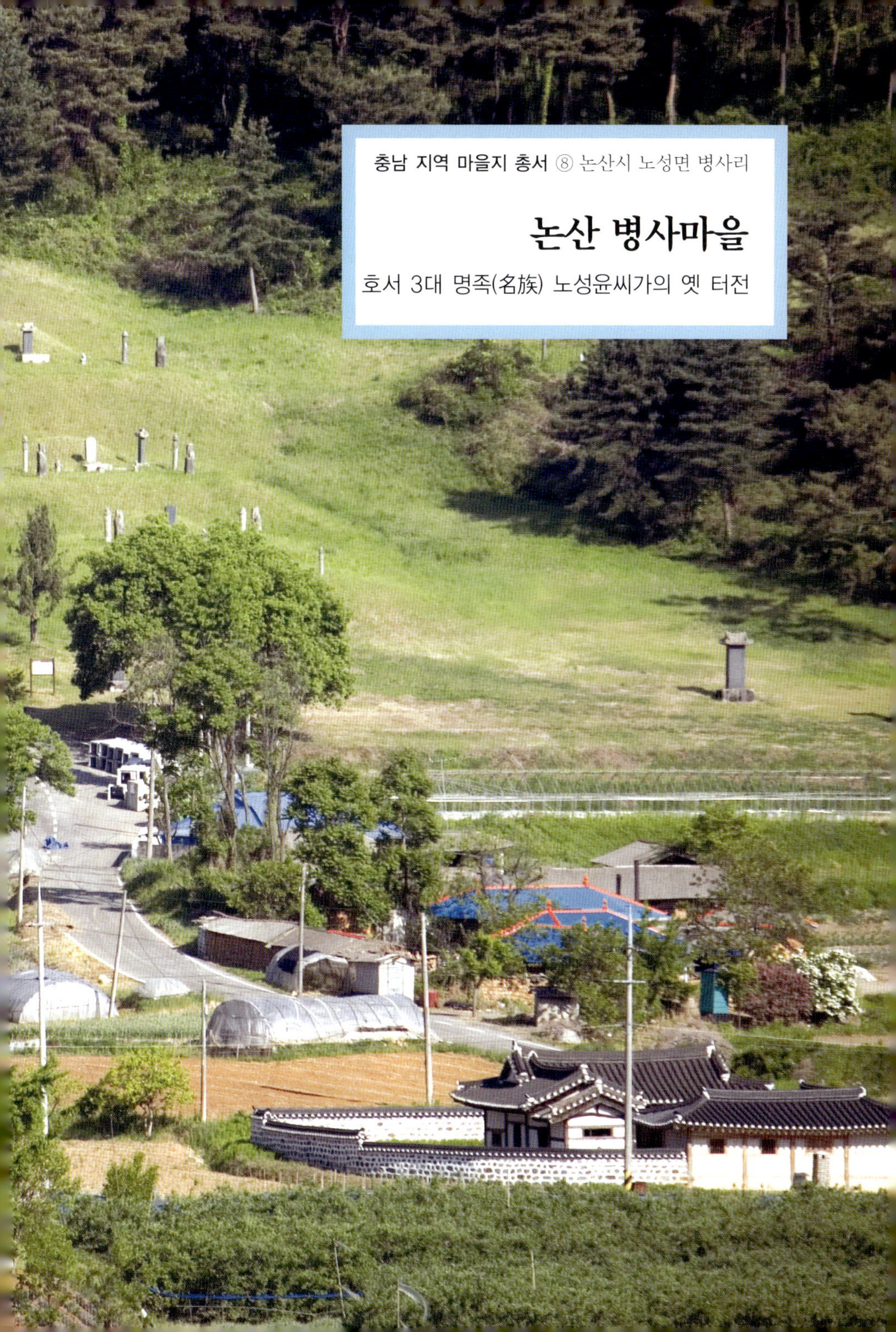

# 머리말

마을이 사라지고 있다. 지금부터 40년 전인 1966년 한국의 농가인구는 약 1,540만 명으로 인구의 절반을 상회했지만, 2008년 현재는 약 330만으로, 전체 인구에서 차지하는 비중은 7%에도 채 미치지 못한다. 많은 마을에 빈 집이 늘어나고 있고, 주민들의 평균 연령이 60세가 넘는 곳도 적지 않아, 앞으로 10년, 20년 뒤가 되면 수백 년 혹은 천년 이상의 생애를 가진 수많은 마을들이 수명을 다하고 이 땅에서 사라지게 될 지도 모른다.

마을은 한반도의 역사가 시작된 이후 20세기 중엽에 이르기까지 대부분의 사람들이 거주해 온 생활의 공간이었으며, 또 민속·의례·신앙 등 전통적인 문화를 만들어 온 문화의 공간이었다. 조선시대 선비들이 생활하면서 정신문화를 창출해온 곳도 도시라기보다는 농촌 마을이었다. 따라서 마을이 사라진다는 것은 전통적인 한국 문화의 뿌리가 사라진다는 것을 의미한다. 이에 대한 아쉬움과 함께 전통문화 보존의 필요성이 제기되는 것은 당연하다.

그러나 마을은 전통문화의 뿌리인 것만은 아니다. 마을은 현재 한국사회 인구의 대부분을 구성하고 있는 도시인들의 삶의 뿌리이자 성장 배경이며, 동시에 그들이 삶에 지칠 때 찾게 되는 정신적 고향이기도 하다. 나아가 마을은 성장과 개발의 이면(裏面)에 반목과 파괴를 심화시켜 온 근대문명의 한계를 넘어 새로운 미래를 전망할 때 우리가 돌아보는 대안이 될 수 있다. 그러므로 마을은 우리 선조들과 오늘을 사는 어른들에게만 중요한 것이 아니라, 자라나는 우리 아이들과 앞으로 태어날 후손들에게도 소중한 것이다. 그런 마을이 사라지고, 이제는 학문적 조명에서조차 소외되고 있음은 아쉬운 일이 아닐 수 없다. '마을 연구'와 '마을 조사'의 중요성과 시급성은 여기에서 출발한다. 더구나 충남지역의 마을 연구는 경상도나 전라도에 비해 매우 빈약한 상황이기 때문에 그 중요성은 더욱 크다고 할 수 있다.

충남대학교 충청문화연구소에서는 이런 문제의식에서 2004년 '마을연구단'을 조직하고, 한국학술진흥재단의 지원을 받아 충남지역 마을연구에 착수하였다. 마을연구단에서는 충남지역에도 다양한 유형과 지역적 특징을 지닌 마을들이 많이 존재한다는 점을 감안하여, 전체적으로 충남지역 마을들을 대표할 수 있는 9개의 마을을 선정하여 3개년에 걸쳐 매년 3개 마을씩을 공동으로 심층 조사하고, 공동연구원들이 각 마을을 주제로 한 연구 논문들과 함께 마을의 역사와 현재의 모습을 담은 '마을지'를 꾸미기로 하였다. 15명의 공동연구원들과 십 여 명의 보조연구원(학생)들은 이를 위해 각 마을을 공동 또는 개인별로 수시로 방문하면서 자료를 모으고, 수많은 마을 주민들을 만나 인터뷰를 진행했다. 연구원들은 마을의 모습을 전체적으로 조망하기 위하여, 지리, 역사, 경제, 사회, 일상생활, 민속 등 각 분야에 걸쳐 조사를 실시하였다. 또한 마을의 과거와 현재의 모습을 좀 더 생생하게 전달하기 위해서 지난 시절의 기록과 사진을 모으고 오늘의 마을 경관과 주민들의 활동을 폭넓게 사진에 담아 마을지에 수록하였다. 또한 집필에 있어 필자들은 가급적 평이한 문체를 사용함으로써, 연구자나 일반인들은 물론 각 마을의 주민들도 쉽게 읽을 수 있도록 배려하였다. 이러한 작업들은 이 책의 필자들이 중심이 되어 이루어졌지만, 다른 공동연구원들과 학생들도 많은 힘을 보탰음은 말할 것도 없다. 3차년도 연구의 일환인 병사리 마을지도 이런 과정을 통해 탄생되었다.

병사리는 예로부터 선비들이 목포에서 남원 - 논산 - 공주를 거쳐 수원 - 한양까지 과거시험을 보러 다녔던 일명 '이도령 도로'(논산 - 공주 간 23번 국도 옆 도로)를 끼고 있는 노성면 소재지로부터 약 3킬로 정도 서쪽에 위치한 농촌마을이다.

이 마을에 '호서 3대 명문 사족'이라 일컬어지는 파평윤씨(노성윤씨)가 둥지를 틀기 시작한 것은 16세기 중반 윤창세(尹昌世)가 비봉산 기슭에 부친의 묘소를 정하고,

본인도 마을에 정착해 살기 시작한 데서 비롯된다. 파평윤씨들은 다른 호서지방의 명족(名族)인 연산의 광산김씨(金長生家)나 회덕의 은진송씨(宋時烈家)와 선의의 경쟁을 하면서 조선 중기의 이름난 관료·학자인 윤황(尹煌)과 윤선거(尹宣擧), 소론의 영수로 추대된 윤증(尹拯), 그리고 그 밖에 문과 급제자를 46명이나 배출하였다. 이들은 노론과의 경쟁관계 속에서 소론 가문으로서의 품위와 명예를 지키고자 노력하였고, 이는 철저한 자기 단속과 문중 내 결속을 강조하는 엄격한 유훈으로 표현되었다. 아울러 이들은 450년간 이 지역의 지배자로 군림하면서 수령의 자의적인 수탈을 막고, 흉년 등 자연재해 시에는 동리민을 구휼·보호하는 역할을 담당하였다. 오늘날 병사리에는 이들이 만들어낸 장엄한 건축물과 상징물, 그리고 설화들이 마을의 물질경관과 인문경관을 이루고 있다. 20세기 중반 산업화 과정에서 대부분의 파평윤씨들은 마을을 떠났지만, 병사리는 여전히 이들의 옛 터전이자 정신적·상징적인 공간으로서의 의미를 간직하고 있다.

파평윤씨들이 병사리의 과거의 주역이라면 현재의 주역은 접지미마을(병사2리)의 밀양박씨와 1950년대 이후 이주해 온 주민이라 할 수 있다. 특히 접지미마을은 밀양박씨의 종족마을로, 이들의 끈끈한 동족애와 단결력이 마을을 이끌고 있고, 이밖에 다양한 성씨집단의 주민들이 생업에 종사하면서 오늘날의 병사리를 만들어 가고 있다. 우리는 병사리 마을지를 통해 과거 명문 사족과 평민들이 함께 어우러져 살던 옛 이야기들과 함께, 마을 곳곳에 남아 있는 종족마을의 잔영들, 그리고 이런 역사 문화적 유산을 바탕으로 미래를 준비하고 있는 병사리 사람들의 모습을 만날 수 있을 것이다.

병사리를 조사하고 마을지를 편찬하는 과정에서 집필자들은 많은 분들로부터 도움을 받았다. 무엇보다도 우리는 병사리 주민들이 보여준 연구단에 대한 전폭적인 신뢰와 협조를 잊을 수 없다. 거의 모든 마을 어른들과 청년·부인들이 인터뷰에 응해 주셨고, 집에 간직하고 있던 자료나 사진들을 꺼내 주었으며, 거듭되는 확인 과정에서도 싫은 내색을 하지 않고 솔직하게 질문에 대답해 주셨다. 또한 현재는 마을을 떠나 외지에 거주하고 있는 병사리 출신 인사들과 인근 마을에 거주하는 윤씨 문중의 어른들도 집필자들을 만나 귀중한 옛날 얘기들을 들려 주셨다. 그 중에서도 병사1리의 박영근 · 백승정 이장님과 박종복 2리 이장님, 그리고 병사리의 윤석간, 박노업 어른과 윤증 종가의 윤완식 어른, 대전에 사시는 윤여인 어른은 우리가 찾아뵐 때마다 만사 제쳐놓고 적극적인 협조를 아끼지 않으셨다. 우리가 비교적 짧은 기간에 이만한 정도의 마을지를 편찬할 수 있었던 것은 이분들을 포함한 마을 주민들의 절대적인 도움 덕택이었다고 할 수 있다. 이 자리를 빌어 깊은 감사의 말씀을 드린다.

노성면사무소의 김남오 면장님을 비롯한 직원 여러분과 논산시 문화관광과의 직원 여러분께도 감사의 말씀을 드린다. 이분들은 마을에 관한 각종 기본 자료들을 제공해 주셨고, 병사리와 인근 마을과의 관계에 대해서도 설명해 주심으로써 우리가 마을 사정을 객관적인 입장에서 이해하는 데 많은 도움을 주셨다.

집필자들은 공동연구를 함께 해 온 마을연구단의 다른 공동연구원 선생님들과 연구를 보조해 준 학생들에게도 감사의 말씀을 드린다. 이 책이 부족한 가운데서도 장점이 있다면 그것은 오로지 함께 연구에 참여하신 이분들의 도움 때문이라고 생각한다. 특히 연구책임자의 입장에서는 집필자 중에서도 병사리 조사팀장으로 연구단과 마을 및 관계기관간의 주된 연락 창구 역할을 하면서, 수합된 마을지 원고의 편집에도 책임 있는 역할을 수행해 준 김현숙 박사의 노고를 특별히 기록해 두고 싶다.

마지막으로 우리는 병사리 마을지의 출판이 한국학술진흥재단의 연구비 지원과 함께 논산시의 출판 보조금 지원으로 비로소 가능하였음을 밝혀 두고자 한다. 특히 병사리 마을지의 문화적 가치를 높이 평가하시고 각별한 관심과 재정적 지원을 아끼지 않으신 임성규 논산시장님께 연구단의 이름으로 깊은 감사의 말씀을 올린다.

2008년 가을

집필자들을 대표하여 마을연구단 연구책임자 김 필 동 적음

# 총론 : 호서 3대 명족(名族) 노성윤씨가의 옛 터전

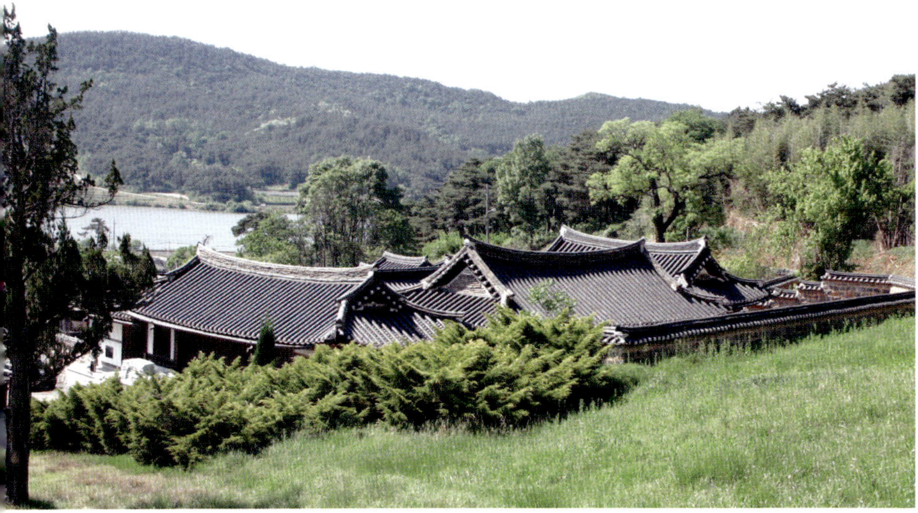

**파평윤씨 묘소에서 내려다 본 병사 재실**

공주에서 논산으로 이어지는 시원하게 새로 뚫린 4차선 23번 국도를 따라 하행(下行)하다가 논산시 상월면에서 빠져 나온 뒤 조금 더 내려오면, 오른쪽으로 645번 지방도를 타고 노성면(魯城面)에 접어들게 된다. 노성면 소재지에서 이 도로를 타고 좀 더 서행(西行)하면 이내 병사리(丙舍里)에 이르게 된다.

계룡산 서남쪽 논산 들판에 자리한 병사리는 16세기 후반 파평윤씨의 후손 윤창세(尹昌世)가 부친의 묘소를 이곳 비봉산 자락에 모시고, 자신도 이곳에 들어와 살게 된 것을 계기로 형성된 마을이다. 이후 1894년 신분제 해방에 이르기까지 수백 년간 윤씨 일문(一門)과 더불어 산직과 고직, 외거노비들과 예속민들이 집단 거주했던 병사마을은 윤씨 문중의 재실과 묘소, 종학당, 신도비, 의창, 유봉영당, 그리고 갖가지 설화 등 파평윤씨와 관련된 건축물과 상징들이 마을의 물질경관을 이루고 있다. 마을 중앙에는 1950년대에 축조된 병사저수지가 자리하고 있어 병사리의 풍광을 더욱 돋보이게 한다. 한편 접지산 아래 접지미저수지를 둘러싸고 안온하게 자리 잡고 있는 병사2리는 명문 사족 노성윤씨의 영향 아래서도 오랫동안 자신들의 삶을 가꿔나간 밀양박씨 규정공파의 종족마을이다. 병사리 마을지는 씨줄과 날줄로 엮어지는 이들의 과거와 현재의 이야기를 중심으로 꾸며본 것이다.

## 마을의 형성과 전개

파평윤씨의 노성(논산) 입향은 중종대의 문신인 윤탁(尹倬)의 손자인 윤돈(尹暾, 1519~1577)이 처가가 있는 니산현(尼山縣) 득윤면 당후촌에 들어와 살게 된 데서 비롯된다.[1] 이후 그의 아들 윤창세(尹昌世)가 처가의 전장(田庄)이 있는 병사리 유봉(酉峯)에 옮겨 정착하고, 부친인 윤돈의 묘소를 이곳에 정함으로써 병사리는 윤씨가의 명실상부한 터전이 되었다. 그러나 파평윤씨의 노성 정착은 인근 지역에 자리 잡아 성장한 다른 호서지방의 명족(名族), 예컨대 연산의 광산김씨(金長生)나 회덕의 은진송씨(宋時烈)에 비해 상대적으로 늦은 것이었다. 따라서 윤문(尹門)이 유력한 성씨집단으로 성장하고 사회적 위상을 지속하기 위해서는 타 가문과 견줄 수 있는 가내의 예법과 교육, 문중 결속 등을 통한 차별화가 그 어느 것보다 중요한 과업이었을 것이다. 윤문은 16세기말 이래 무엇보다 교육에 힘써 다수의 사마시 및 문과 급제자를 배출하기 시작했고, 17세기에 들어와서는 병사리를 근거지로 종회(宗會)를 정례적으로 열고, 종약(宗約)을 마련하는 한편, 종학당을 건립하고 종회 운영의 경제적 기반이 되는 의전(義田)을 설치 · 운영하기에 이르렀다. 이러한 노력은 이른바 '노종오방

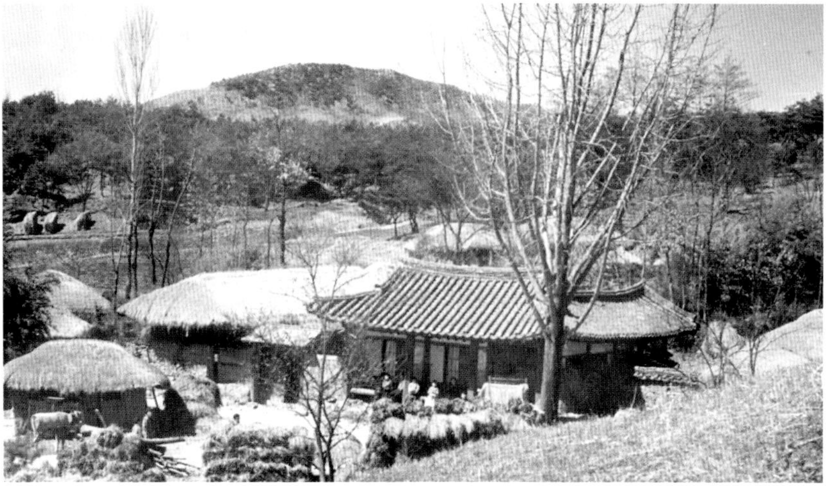

**내촌에 있는 수찬공 재실. 윤씨 종손이 기거했던 곳이다.**(1960**년대**)

파(魯宗五房派)' 의 형성과 '8거(八擧)' 의 성장을 거쳐 조선 말기까지 단일 가문에서 문과 급제자를 46명이나 배출하는 성과로 나타나게 된다. 윤문의 뚜렷한 인물들 가운데 척화상소로 유배생활을 하였던 윤황(尹煌)과 '충청 5현' 의 한 사람으로 호서사림을 대표하는 인물의 하나인 윤선거(尹宣擧), 그리고 소론의 영수로 추대된 그의 아들 윤증(尹拯)의 3대는 그 걸출함이 돋보이는 대표적인 학자요 명인(名人)이었다고 할 수 있을 것이다.

윤황의 다섯 형제를 기원으로 하는 '오방파' 는 병사리를 중심으로 노성면 교촌리, 장구리 및 죽림리 등지에서 세거하였다. 이들이 이 지역에서 450년 가까이 군림할 수 있었던 기반은 앞에서 언급한 명문사족이라는 사회 · 정치적 위상과 윤씨 개인 및 문중이 소유한 토지와 노비였다. 문중은 19세기만 하여도 700여 두락이 넘는 농지를 소유하였고, 일제강점기에도 16만 평의 농지와 25만 평의 임야 및 120여 명의 작인을 거느린 이른바 '문중지주' 였다. 아울러 노성면의 천석군이라 불리우던 윤하중, 윤임중, 윤석두, 윤희중, 윤석병 등 파평윤씨 지주들과 함께 윤씨 문중은 지역 주민과 종인(宗人)들을 지배하였다.

윤씨 문중답이나 윤씨 경작지에서 소작을 하는 병사리 주민들은 토지를 매개로 한 신분적 강제에 직면하였다. 이들은 지주집이나 문중의 대소사에 노력 봉사를 해야 했고, 반대급부로 터도지 면제, 소작지 대여와 문중의 보호를 받았던 바, 19세기까지 양자의 관계는 보호·예속과 계약관계가 혼합된 것이었다. 윤문은 향촌사회에서 주기적으로 직면하는 질병, 초상, 흉년, 수령권의 자의적인 수탈에서 동리민을 보호하고 돈과 양식을 대부하여 주민 생존의 보호막이 되었다. 일례로, 윤씨는 1894년 노성민란을 주도하여 동리민의 이해관계를 대변하였고, 20세기 초반에는 보인학교와 노성공립보통학교의 설립에 기여하였으며, 윤태병, 윤교병, 윤이병, 윤홍중 등은 독립운동에도 적극 참가하였던 것이다. 이와 같이 이들은 이 지역 유지로서 주민을 보호하고 사회 활동을 충실히 함으로써, 동학전쟁기나 일제강점기의 소작쟁의, 그리고 한국전쟁기에 이르는 격동의 와중에서도 지역민들이 윤씨를 향해 보복하는 일 없이 지나게 되는 바탕이 되었다. 아마도 소론 사족 가문으로서의 품위와 명예를 지키고자 하는 윤문의 전통과 유훈이 지역민들을 자의적으로 수탈하는 것을 방지하는 한편, 그들과의 갈등관계의 형성을 차단할 수 있게 되었던 것 같다.

그러나 1950년 농지개혁에 의해 문중지주제와 윤씨 지주가의 경제적 기반이 와해되고, 뒤이은 산업화·도시화의 과정에서 대부분의 윤씨들이 병사리를 떠나 도시로 이주하게 되자, 병사리는 점차 파평윤씨들의 근거지로서의 모습을 잃고, 이들의 옛 터전이자 정신적·상징적인 공간으로서의 모습만 남게 되었다.

파평윤씨들이 병사리의 과거의 주역이라면 현재의 주역은 접지미(덕지미)마을의 밀양박씨와 1950년대 이후 이주해온 주민들이라고 할 수 있겠다. 특히 접지미마을의 밀양박씨들은 중시조가 되는 박안건(朴安健, 1566~1633)의 입향에서부터 지금에 이르기까지 병사리 주민으로서 여전히 마을을 지키면서 끈끈한 동족애와 단결력을 과시하고 있다.

## 사회관계와 생산활동

오늘날 병사리는 외형상 전형적인 농촌 모습을 유지하고 있으며, 위에 언급한 몇

몇 경관상의 특징을 제외하면 다른 마을에 비해 별다른 특징이 없는 듯하다. 총 96가구에 226명이 거주하고 있으며, 60대 이상 주민이 전체 인구의 37.5%를 점하고 있는 고령화된 마을이다. 병사저수지 아래 저지대에 농경지가 발달되어 있으며, 마을의 경작지는 총 25만6천 평 정도이다. 가구별 경지가 넓고 경작규모도 큰 편이나, 현 마을 주민 중 30호는 무토지 농민이다.

현재 마을에서는 미작농업을 주로 하고 있다. 그러나 대부분의 다른 농촌처럼 1970~1980년대에는 벼농사 외에 잎담배, 1980년대에는 특수작물인 딸기와 메론, 사과, 1890년대에는 과수와 인삼이 함께 경작되는 추세였으며, 일부 농가에서 축산을 겸하고 있다. 그러나 전체적으로 고령화가 진행된 가운데, 농업 외 소득원이 단순하여 마을의 경제적 전망은 그리 밝지 않은 편이다. 이 마을에도 다른 마을처럼 공적 조직인 마을총회, 즉 대동회가 1리와 2리에 각각 조직되어 있으며, 부녀회, 노인회, 청년회 등도 각각 활동하고 있다. 이밖에 위친계 성격을 갖는 일심회와 작목반도 활동하고 있는데, 여기에는 1리와 2리 구별 없이 주민들이 참가하고 있다.

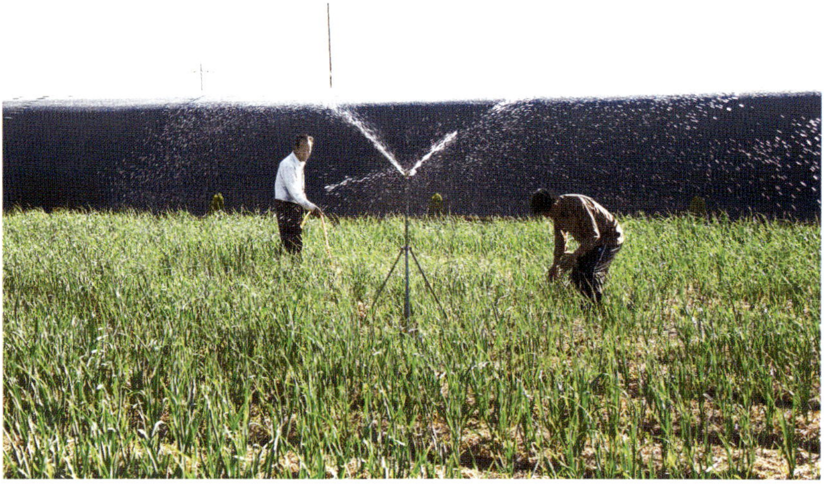

**마늘밭에 물 주고 있는 농민들(병사2리)**

## 종족마을의 잔영(殘影)과 변화

병사리는 외면적으로 다른 농촌마을과 다름없는 평범한 마을처럼 보이지만, 세밀히 관찰한다면 겹겹이 쌓인 역사적 지층이 만들어낸 병사리의 독특한 특징들을 만날 수 있다. 먼저 과거 종족(宗族)마을로서의 잔영이 마을 곳곳에 남아 있다는 점을 들 수 있다. 병사1리에 파평윤씨가 남긴 각종 문중 경관들이 이를 웅변으로 증명해 주고 있지만, 병사2리에는 밀양박씨의 종족마을이라는 역사적 유산이 접지미 주민들의 사회·경제적 관계에 반영되어 주민들을 결속시키고 유사시 상호 부조 내지 보호하는 장치로 기능하고 있다.

현재 밀양박씨의 문중활동은 매우 활발한 편이다. 현재 접지미 주민의 절반 이상이 친인척으로 맺어졌기 때문에, 밀양박씨 문중(종중계)은 마을의 공적 조직을 배후에서 보조해주는 역할을 하고 있다. 일례로 이 문중에서는 병사2리의 노인회관을 신축하는 데 부지를 제공하였고, 농한기인 겨울철에는 대다수의 주민들이 회관에 모여 공동식사를 하면서 친족 간의 유대 관계를 돈독히 하고 있다. 박씨 문중의 영향력은 마을 권력관계에서도 감지되는데, 가령 이장선거가 있을 때는 박씨 문중의 의사가 중요하게 반영된다. 박씨 문중에서는 2007년도에 봉린재(鳳麟齋)라는 재실을 건립하여 시제를 모시는 등 문중 제례에 심혈을 기울이고 있다. 자기 정체성 확립과 종족의 단결을 위한 이러한 경향은 최근 들어와 더욱 강화되고 있다. 한편 원주민이 거의 떠난 병사1리의 경우 동계나 대동계가 존재하지 않는 대신 반별로 조직된 친목계 성격의 반계(班契)가 기능하고 있다.

다음으로 병사리는 과거 양반 마을이었던 관계로 유교문화의 잔영이 강하게 남아 있으며, 그것이 평민문화와 중층화·이원화되어 있다는 점을 들 수 있다. 다른 마을에 비해 일상적인 제사나 장의례(葬儀禮), 혼인 등이 매우 절제되어 있으며, 파평윤씨의 경우 가택고사(家宅告祀)를 지내지 않았다고 한다. 이는 고사 자체가 유교 이념에 상치되기 때문이다. 또한 타 성씨 주민들이 전통적으로 즐겨오던 단오 그네뛰기나 칠석 풍장놀이, 고사와 두레 등에 있어서도 이들은 직접 참여하기보다 관망하였다. 이에 비해 병사마을의 타 성씨들은 세시풍속의 준비와 진행을 적극적으로 준비하고

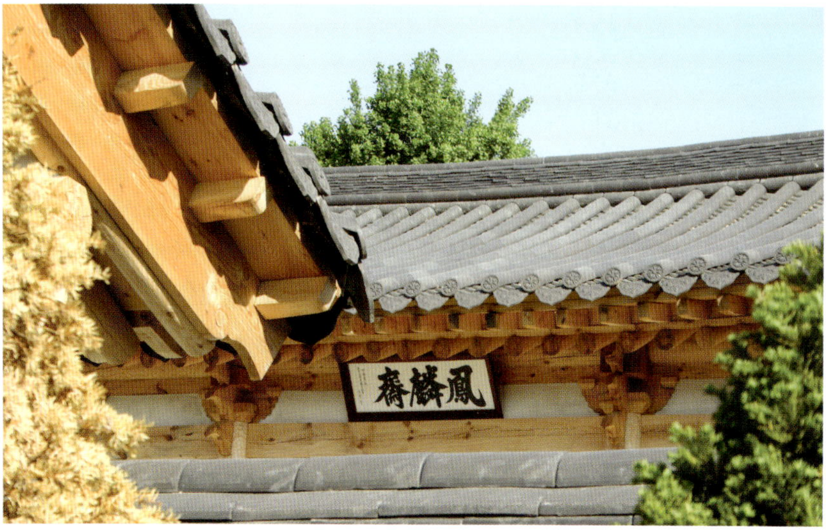

밀양박씨의 재실 봉린재

그 주체로서 실행해왔으며, 가택 신앙으로부터 마을 단위로 한 일반적인 공동체 신앙을 유지하고 있다.

한편 병사리는 파평윤씨의 본거지로서 윤씨 문중 및 그 인물들과 얽힌 지명유래와 설화들이 풍부히 구전된다. 특히 명재 윤증과 관련된 설화가 많은데, 예컨대 '맹꽁이 퇴치와 성죽옥형', '토한 논', '명재의 신통담과 지구본', '명재의 집터와 초상화', '명재의 검소함과 재산형성', '총명했던 명재' 등 수많은 이야기가 전해진다. 이러한 윤씨 가문의 명예와 가격(家格)을 격상시키는 '신화만들기'는 현대에 들어와서도 지속되고 있다.

마지막으로 병사리가 역사 · 문화마을로 재탄생하고 있다는 점을 지적할 수 있다. 앞서 언급했듯이 이 마을의 과거 주역이었던 파평윤씨들은 대부분 마을을 떠났지만, 마을은 여전히 윤씨들의 모태이자 상징적인 공간으로 자리매김하고 있다. 이를 뒷받침하고 있는 것이 윤씨 대종회(大宗會)가 종족의 번영과 친목 유지를 위해 전개하고 있는 다양한 현창사업이다. 종학당의 재건과 서당 운영 및 장학사업, 윤황(장구리 소

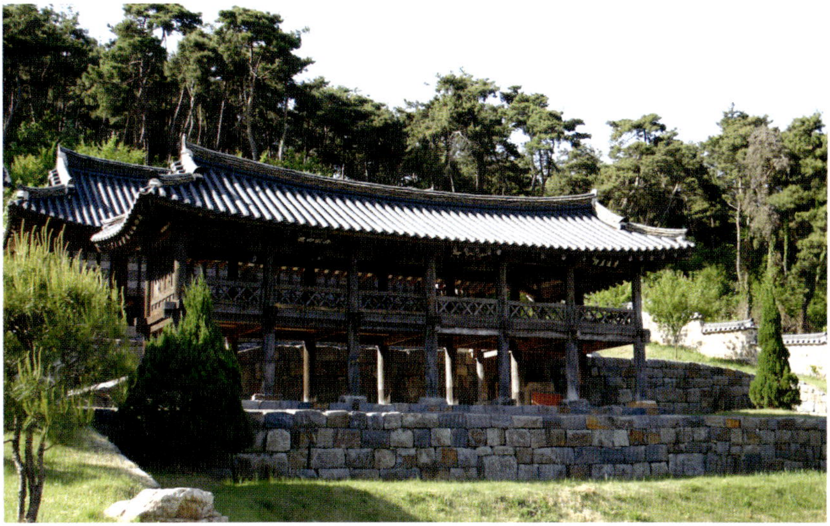

**재건된 종학당의 강당 격인 정수루(淨水樓)**

재) 및 윤증(교촌리 소재) 고택과 병사재실의 사적지화, 시제의 활성화 · 이벤트화, 조상의 현창사업과 학술 연구 등 다양한 문화 행사를 통해 병사리를 역사 · 문화적 공간으로 재탄생시키고 있다. 이러한 역사 전승 및 재창조 사업에는 파평윤씨 종인(宗人)들뿐만 아니라 논산시도 큰 관심을 갖고 지원을 아끼지 않고 있다. 그 결과 오늘날 병사리와 교촌리에 위치한 윤증고택은 옛 호서 명족(名族)의 규모와 품격을 가늠할 수 있는 관광명소이자 역사 교육의 장으로 새롭게 등장하고 있다.

(김 필 동)

## 주(註)

1) 당후촌(塘後村)은 현재 광석면에 속하지만, 노성면 병사리와 거리가 그다지 멀지 않다.

# 자연환경과 인문경관

## 지리적 위치

계룡산 서쪽으로 금강(錦江)과의 사이에 펼쳐진 논산들, 잔잔하게 이어지는 평지와 낮은 구릉을 지나다 보면 땅과 사람을 넉넉하게 품어줄 듯 듬직한 산체가 다가오

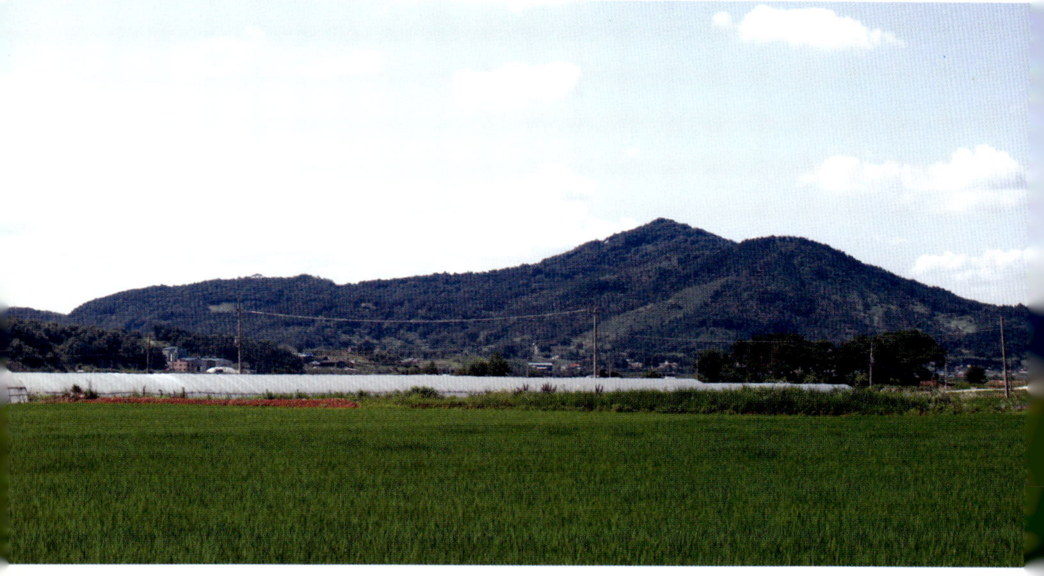

조선시대 노성현(니산현)의 진산인 노성산

는데 바로 노성산(魯城山, 348m)이다. 노성산은 조선시대 이 지역의 상징적 중심인 진산(鎭山)[1]으로서 노산(魯山), 성산(城山), 탑산(塔山) 또는 니산(尼山) 등으로 불려 왔다.[2] 이렇듯 다양한 이름을 가진 노성산의 서쪽에 자리 잡고 있는 병사리(丙舍里)는 충청남도 중남부에 위치한 논산시 북부 노성면에 속하는 마을이다.

병사리를 포함해 현재 14개 법정리[읍내리(邑內里), 가곡리(佳谷里), 교촌리(校村里), 구암리(龜岩里), 노치리(盧峙里), 두사리(豆寺里), 송당리(松堂里), 죽림리(竹林里), 장구리(長久里), 하도리(下道里), 호암리(虎岩里), 효죽리(孝竹里), 화곡리(禾谷里)]로 이루어진 노성면은 동쪽으로 상월면과 공주시 계룡면, 서쪽으로 부여군 초촌면과 공주시 탄천면, 남쪽으로 광석면, 북쪽으로 공주시 계룡면과 탄천면에 접해 있다. 현재의 노성면 지역은 조선시대 니산현(尼山縣)에 속해 있었는데,[3] 송시열의 「회덕향안」 중수 서문에 니산의 파평윤씨(坡平尹氏)라 언급한 것도 그러한 연유에서다.

지형적으로 노성면은 동쪽의 계룡산과 남쪽의 논산평야 사이에 자리 잡고 있기 때문에 마을의 입지가 전형적인 배산임수의 형태를 보이는 것이 대부분이다. 이 지역을 흐르는 하천은 금강 지류라고 할 수 있는데, 계룡산에서 발원한 물이 노성천을 거쳐 논산천에서 합류하면서 곡창지대의 젖줄을 형성하고 있다.

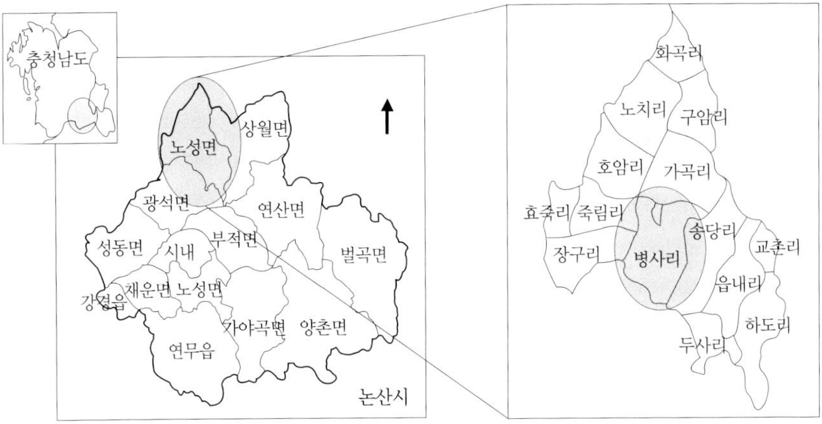


충남 논산시 노성면의 위치　　노성면 병사리

병사리는 본래 파평윤씨의 재실과 묘소, 그리고 신도비 등이 있는 병사마을이 중심이었는데, 일제시대 행정구역 통폐합에 의해 병사(丙舍) 외에 유봉리(酉峯里), 접지산리(接枝山里), 내촌리(內村里) 등이 합쳐져 현재의 병사리가 되었다. 현재 병사리를 구성하고 있는 마을들로는 큰 병사(大丙), 가시라(가시랏, 작은 병사, 小丙), 유봉(酉峯), 종학(宗學, 절골, 寺洞), 주막, 접지미(덕지미, 접지산), 내촌(內村, 안말), 보가대[복와대(伏蛙垈), 복호대(伏虎垈)], 천거니(천건너), 셋집매 등이 있다.

이들 중 병사1리에 속하는 큰 병사, 가시라, 유봉, 종학, 주막 등은 병사마을과 종학마을을 양어깨에 걸치고 있는 병사저수지(1953년 준공)를 중심으로 주위 산세 자락마다 조용히 들어앉아 있다. 그리고 밀양박씨 동족촌인 접지미를 중심으로 주변에 작은 규모로 산재해 있는 내촌, 셋집매, 천거니, 보가대 등은 병사2리에 속하는 마을들이다.

## 마을의 인문경관

병사리에 들어서게 되면 우선 파평윤씨와 관련된 다양한 경관요소들을 확인할 수 있다. 가령 '병사(丙舍)', '유봉(酉峯)', '종학(宗學)' 등의 지명에서부터 파평윤씨 노종파 재실을 포함한 여러 재실과 윤창세 묘소일원, 종학당, 유봉영당 등이 그것이다. 이러한 경관들은 과거 이곳이 노성의 파평윤씨와 상당히 의미 깊게 관련된 마을이었음을 어렵지 않게 짐작하게끔 한다. 이에 비해 병사2리에 속하는 접지미는 밀양박씨 동족마을로 형성되어 있다. 이와 관련해 병사리의 장소 의미를 읽어보는 과정에서 이들 지명과 유교경관이 주목된다고 하겠다.

그 외 전통마을의 공간구성에서 쉽게 확인되는 흥미로운 경관들이 있는데, 유봉이나 접지미마을의 우물이나 미나리꽝 등이 그것이다. 현재는 경지 정리와 도로 건설로 인해 그 모습을 확인하기 어렵지만, 이러한 마을 구성요소들은 전통마을의 생태적 공간구성의 일 단면을 엿볼 수 있는 의미 있는 경관요소라고 할 수 있다.

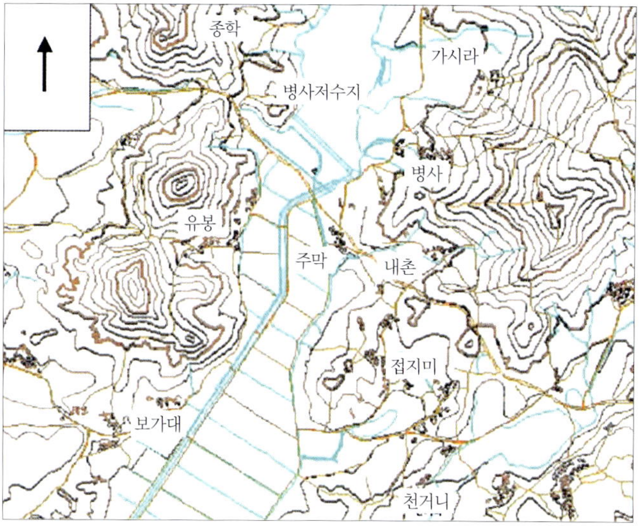


**병사리 지형도**
(1 : 20,000)

### 노성 파평윤씨의 상징적 중심 : '병사(丙舍)', '유봉(酉峯)', '종학(宗學)'

보통 지명은 지표상의 물리적 요소의 위치나 일정한 경계에 의해 구분되는 단위 지역을 지시하는 일차적 요소로서 자연적 조건, 역사적 사건, 또는 행정적 조치나 지리적 인식(풍수적 해석) 등 다양한 요인들에 의해 결정되는 경우가 많다. 그러나 지명의 역할은 단순히 특정 지점이나 지역을 지시하여 구분하는 데에서 끝나지 않는다. 다시 말해 지명은 그것과 관계된 장소의 의미를 구성하는 경관요소가 된다.

가령 특정 성씨 집단의 성(姓)을 마을 이름으로 갖는 '송촌(宋村)', '강촌(姜村)' 등은 그곳이 곧 자신들의 '송씨네 마을' 또는 '강씨네 마을' 임을 확인하려는 성씨집단의 의도가 반영된 산물이라고 할 수 있다. 또한 노성의 진산인 노성산 아래 있었다고 전해지는 '궐리촌(闕里村)' 이라는 지명은 1716년(숙종 42) 권상하를 비롯한 송시열의 제자들이 공자 영정을 모시는 궐리사(闕里祠)[4]라는 영당을 세운 것과 관련된다. 그곳이 공자가 탄생해 자란 중국 산동성 곡부현의 궐리촌과 같은 마을이라는 의미에서다. 그렇게 되면 노성 궐리촌의 궐리사에서 공자를 만나는 자신들은 공자를 직접

섬기며 그의 가르침을 잇는 직계제자가 되는 셈이다.

그런데 지명을 통해 장소의 의미가 만들어지고 또 서로 소통하게 되는 과정은 앞의 사례처럼 하나의 지명으로 이루어지는 것만 있는 것이 아니다. 오히려 두세 개의 지명들이 서로 관계를 맺으며 장소 의미를 구성해 나가는 과정을 어렵지 않게 확인할 수 있다. 양촌(양지마을) – 음촌(음지마을), 상촌(윗마을) – 중촌(중간말) – 하촌(아랫마을), 큰뜸 – 작은뜸 등이 그것인데, 병사리의 병사 – 유봉 – 종학 등의 지명들도 서로 관계를 맺으며 병사리의 장소 의미 구성에 관련되었다고 할 수 있다. 그렇다면 병사리의 세 지명에 주목하여 병사리가 어떤 의미를 갖는 장소인지 살펴보도록 하자.

세 지명 중 '병사'와 '유봉'이라는 명칭을 처음으로 확인할 수 있는 지리지는 18세기 중반 편찬된『여지도서(輿地圖書)』이다. 그러나 1535년경 노성 파평윤씨의 입향조 윤돈(尹暾, 1519~1577)의 노성 이주 이후,[5] 단지 3, 4대에 걸쳐 가세가 급성장한 과정을 고려하면 이들 지명은 훨씬 이전부터 등장했을 것으로 짐작된다. 실제 노성의 파평윤씨는 조선 중기 노성의 득윤리(得尹里)로 입향한 이후, 불과 100여 년 남짓한 동안에 회덕의 은진송씨(恩津宋氏), 연산의 광산김씨(光山金氏)와 더불어 호서 삼대족의 하나로 지목될 만큼 급성장하는 것이다. 이와 관련해 우암 송시열(尤庵 宋詩列, 1607~1689)은 1672년(현종 13년) 회덕향안을 중수하면서 그 서문에 "내가 생각하건대, 호서에는 예로부터 삼대족이라 불리는 바가 있었으니 연산(連山)의 김씨(光山金氏)와 니산(尼山)의 윤씨(坡平尹氏), 그리고 회덕의 우리 송씨(恩津宋氏)였다."라고 하였다. 이러한 성씨집단의 성장, 그로 인한 사회적 지위의 변화는 지명을 포함한 다양한 물리적 경관을 통해 드러나게 마련이다.

노성 파평윤씨의 병사리 정착은 윤돈의 아들 윤창세(尹昌世, 1543~1593)가 외가인 병사리 유봉(酉峯)에 정착하면서부터라고 할 수 있다. 윤창세는 노종오방파(魯宗五房派)를 형성한 윤수(雪峰公 尹燧, 1562~1617), 윤황(文正公 尹煌, 1571~1639), 윤전(忠憲公 尹烇, 1575~1636), 윤흡(庶尹公 尹熻, 1580~1633), 윤희(典簿公 尹熺, 1584~1648)를 길러낼 만큼 자제 교육에 남다른 열의를 가졌던 사람으로 이야기된다. 물론 윤돈 – 윤창세의 가계를 잇는 노종오방파의 세거가 노성에만 한정된 것은 아니었다. 즉, 최초로 노성에 자리 잡은 윤돈은 광석면 득윤리, 윤창세는 병사와 서울, 2남인 윤황은 병사리, 3남 윤전은 연산, 윤황의 자 문거는 부여 석성, 선거는 금산, 선거의 아들 윤증은 노성에 각각 거주한 것으로 보인다.

그러나 명실공히 노성 파평윤씨의 중심은 병사리라고 할 수 있는데, 그 이유는 윤창세 → 윤수 · 윤황 → 윤순거(童土 尹舜擧, 1596~1668)[6]로 이어지는 장자 계열의 가계(유봉마을)와 입향조 윤돈 − 윤창세 − 윤수 − 윤순거 등 선대의 묘소(병사마을) 그리고 문중 교육의 중심인 종학당(종학마을)이 자리 잡은 곳이 바로 병사리이기 때문이다. 노성의 파평윤씨 입향은 인근 지역에 자리 잡아 성장한 타 가문에 비해 상대적으로 늦은 편이다. 그렇기에 타 가문과 견줄 수 있는 가내의 예법과 교육, 문중 결속 등을 통한 차별화가 그 어느 것보다 중요한 가업이었을 것이다. 이러한 상황은 노성 파평윤씨가 송시열의 「회덕향안」 서문에도 언급될 만큼 급성장한 이후 17세기 중엽 거의 동시에 수행되는 종약의 마련과 종학당 건립, 그리고 종회의 경제적 기반이 되는 의전의 운영 등으로 나타난다.

결국 노성의 파평윤씨는 인근의 다른 대족들과 견주어 그 가학적 전통이나 예법(가례), 문중 결속 등에 있어서 유력한 성씨집단으로 성장하고 그 사회적 위상을 지속할 목적으로 대내적으로나 대외적으로 집안의 상징적 중심이 되는 장소를 필요로 했을 것이다. 그곳이 다름 아닌 가계와 묘소, 교육 등이 집합된 병사리라고 할 수 있다. 그렇기에 병사리는 연산 광산김씨의 묘소와 돈암서원이 있는 고정리와 임리(서원말), 회덕 은진송씨의 중심인 송촌과 소제동에 견줄 수 있는 장소가 아닌가 한다. 이렇게 본다면 병사리의 '병사' · '유봉' · '종학' 등의 지명은 병사리마을을 노성 파평윤씨의 상징적 중심으로 의미 구성하는 과정에서 거의 비슷한 시기에 등장한 것으로 짐작할 수 있다.

그렇다면 이들 세 지명은 서로 어떤 관계를 맺으며 장소의 의미 구성과정에 참여했을까? 여기서는 세 지명 중 먼저 '병사'에 주목하고자 한다. 우선 병사에는 노성 파평윤씨의 묘소들 외에 입향조인 윤돈의 장인 유연의 묘와 윗동서인 한여헌[7]의 묘가 있음을 주목할 필요가 있다. 이는 노성 파평윤씨의 병사리 정착이 단순한 세거지 이동이 아닌, 윤창세가 아버지인 윤돈의 묏자리를 병사에 정하는 과정과 병행되었음을 짐작케 하는 부분이다. 말하자면 유봉에 정착하는 과정보다 외가의 묘역인 병사에 윤돈의 묘소를 정하는 일이 선행되었을 것으로 보는 것이다. 『파평윤씨족보』에는 윤창

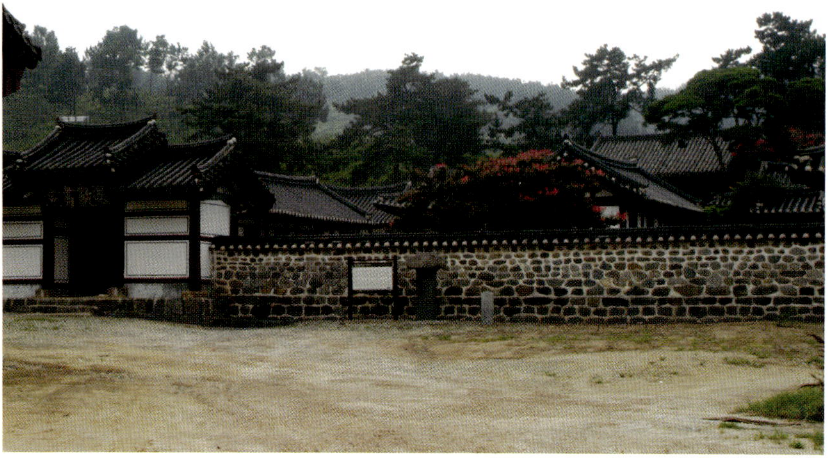

연산면 임리의 돈암서원

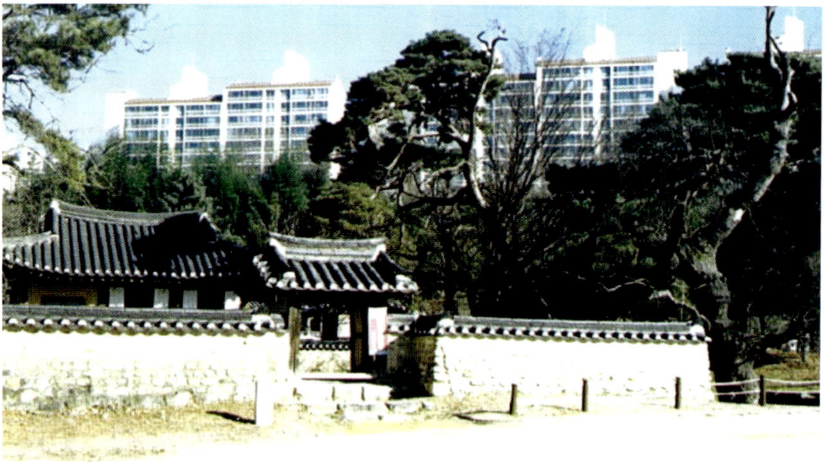

회덕의 은진송씨 고택 동춘당

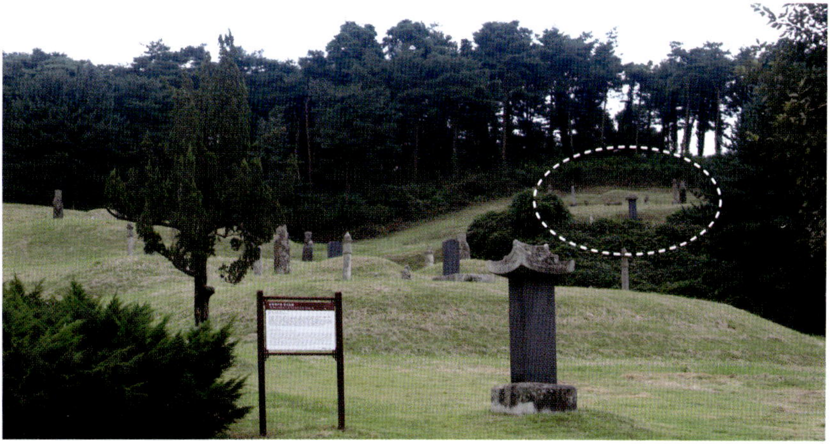

**병사의 파평윤씨 묘역 :** 오른쪽 상단에 윤돈의 장인 유연과 윗동서인 한여헌의 묘소가 자리 잡고 있다.

세가 부친인 윤돈의 묏자리를 정하는 과정에 있었다고 하는 일화가 전해지고 있다. 이야기의 내용만으로는 처음으로 파평윤씨가 노성으로 입향했던 득윤리, 즉 병사리로부터 거리상 서남쪽으로 거의 20리 이상 떨어져 있는 광석면 득윤리에서 이곳까지 묏자리를 찾으러 온 과정이 드러나지 않고 있다.

> 우리 선조 승지공(윤돈)의 묘소는 노성현 북쪽 비봉산에 있다. 전해오는 어른들의 말씀에 의하면 아드님이신 효렴공(윤창세)께서 부친의 묏자리를 찾고자 소를 타고 이산 저산을 다니셨는데, 하루는 비봉산 서쪽을 지날 무렵 소가 갑자기 풀이 무성한 숲에 가서 제멋대로 엎드려 아무리 힘을 주어 이끌어도 움직이지 않았다고 한다. 효렴공이 이상하게 생각하여 "이곳이 바로 아버님 산소가 될 명당이란 말이냐?" 하자 소가 비로소 일어났다고 한다. 이에 이곳이 바로 하늘이 점지해 준 명당이라고 여기고 이곳에 묘소를 정했다고 한다.(『坡平尹氏族譜』天, 承旨公行蹟)

따라서 윤창세가 병사리에 윤돈의 묏자리를 정하게 되는 첫째 이유는 이곳에 이미

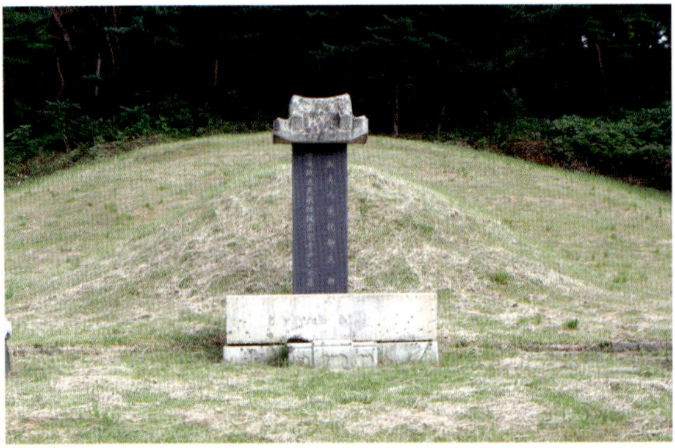

승지공 윤돈의 묘소

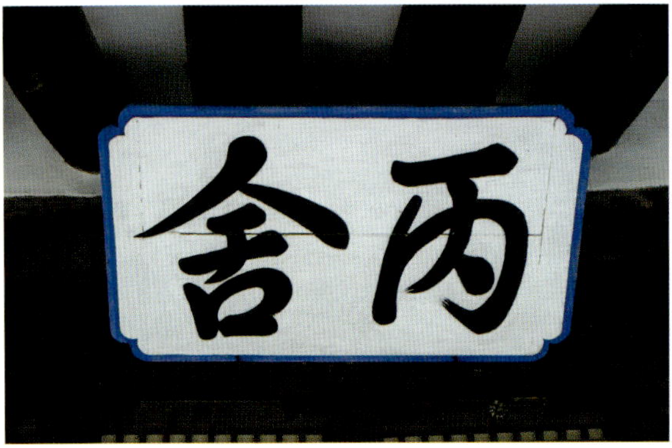


병사 재실 현판

외가 묘역이 마련되어 있었기 때문이라고 할 수 있으며, 그 안에서 좋은 명당자리를 찾았다는 의미를 부각시키는 내용이 후손들에 의해 족보에 부회된 것이 아닌가 한다. 부계 중심의 장자 상속이 일반화되어 있지 않던 당시 상황에서는 외가나 처가의 재산을 분배받거나 그 묘역에 자리를 잡는 것, 그리고 외손봉사를 하는 것이 드문 일이 아니었기 때문이다.

그렇다면 윤씨의 병사리 정착의 계기가 되는 장소를 지칭하는 병사라는 지명은 어떻게 등장하는 것일까? '병사'라는 말은 병사에 있는 노성 파평윤씨 종중 재실의 편액 명칭인데,[8] 보통은 묘소 근처에 있는 묘막을 일컫는다. 그러나 병사리의 '병사'는 단순히 묘소 근처에 있는 묘막이기 때문에 그렇게 부른 것 같지는 않다. 왜냐하면 병사는 묘막 이외에 왕의 처소를 '갑사(甲舍)', 세자나 부마의 처소를 '을사(乙舍)'라 한 것에 대해 정승이나 고위 관료의 집, 즉 세번째 등급의 집을 일컫기도 한다. 이것은 하룻밤을 오경(五更)으로 나눌 때 세번째에 해당하는 삼경을 병야(丙夜)라 한 것이나, 과거에서 문과 급제 중 3위를 병과(丙科)라 구분한 것, 경 · 사 · 자 · 집으로 구분된 서적 분류 중 세번째를 병부(丙部)라 한 것 등의 용례를 통해서도 알 수 있다.

또한 '병(丙)'은 24방위를 사용하던 전통적 방위 구분에서 정남쪽으로부터 동쪽으로 15° 되는 방위를 지칭한다. 이는 '병사'를 묘막으로 보더라도 단순히 묘소 근처에 있는 묘막이 아닌, 묘소 남쪽에 있는 묘막을 '병사'라 부르는 것과 관련된다. 그럴 때 병사의 종중재실은 윤돈 – 윤창세 – 윤수 – 윤순거로 이어지는 묘의 남쪽이 아닌 서북쪽에 자리 잡고 있다. 결국 병사리의 병사는 단순한 묘막 이상의 상당한 등급에 해당하는 집이란 의미가 더 크지 않았었나 한다.

이렇듯 노성 파평윤씨의 병사리 세거는 윤돈의 묘소를 병사에 정하는 과정과 맞물리는 것으로 보인다. 그럴 때 병사는 병사리 세거의 출발이 되는 장소이자 철저한 성리학적 가례를 강조했던 윤씨 집안의 상징적 근원이라고 할 수 있다. 이는 노종오방파의 가문 전통과 결속의 상징이 되는 종약을 윤순거의 주도 아래 윤원거(龍西 尹元

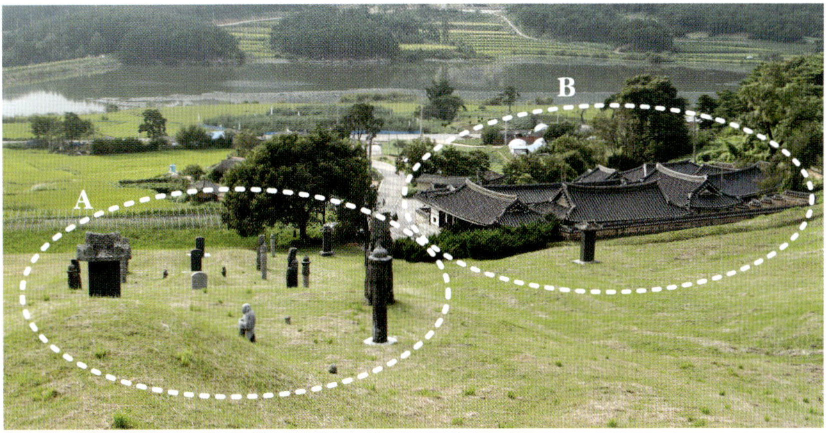


**병사 묘역(A) 서북쪽에 있는 파평윤씨 노종파 종중 재실(B)**

擧, 1601~1672),[9] 윤선거(魯西 尹宣擧, 1610~1669)[10]가 함께 논의하고 완성한 곳이 다름 아닌 병사의 재실이었다는 점, 그리고 병사에 있는 선대 묘소를 치수하고 제례를 다하는 일을 종약의 으뜸으로 삼은 점을 보더라도 짐작할 수 있는 바이다.

그리고 '유봉'이라는 지명만 하더라도 그것이 서쪽 방위에 있는 봉우리라는 의미가 있는데, 이는 전통적 방위 구분체계인 24방위 중 '유(酉)'가 정서쪽을 지칭하는 방위 명칭이기 때문이다. 그럴 경우 유봉이 서쪽이 되게끔 하는 방위 측정의 기준점은 다름 아닌 병사가 될 수밖에 없다.(A와 B의 관계) 물론 '유봉'이라는 지명에 대해 전해지는 이야기로 풍수 형국상 마을이 기댄 산 모양새가 닭 모양을 하고 있기 때문에 유봉이라는 설,[11] 명재 윤증(尹拯) 선생의 호가 유봉이기 때문에 마을 이름도 유봉이 되었다는 설, 심지어는 윤씨의 세거 이전부터 유봉이었다는 설 등이 있지만 말이다.

그러나 새로이 자리 잡은 병사리 일대를 문중의 중심 장소로 의미 구성하는 과정

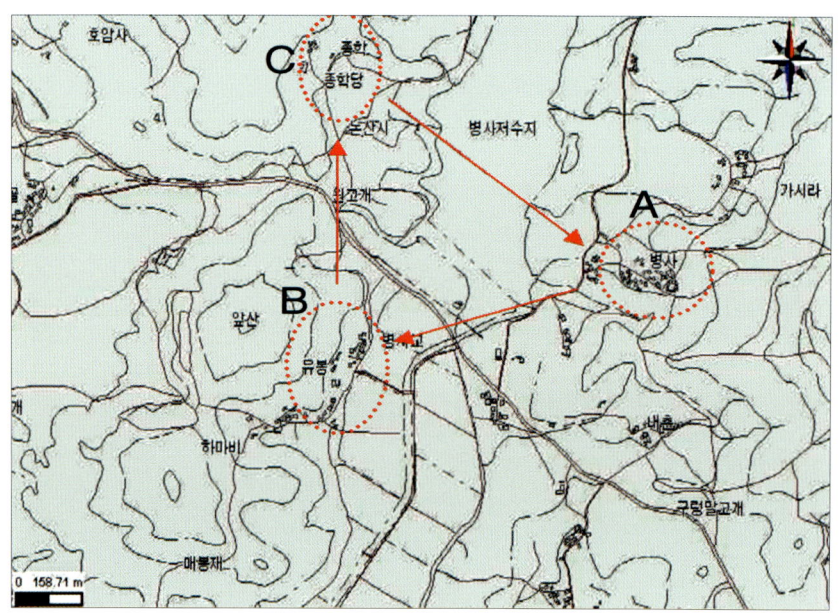

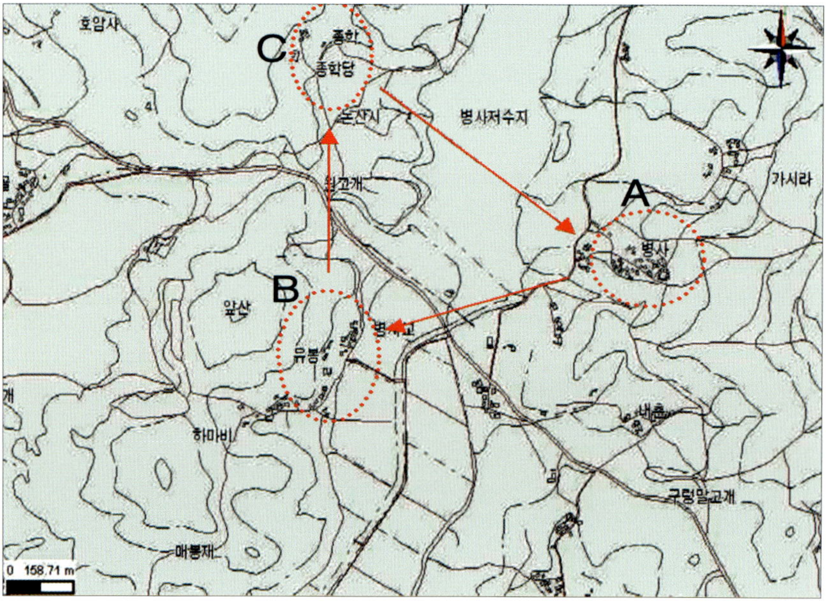


**병사리의 병사(A), 유봉(B), 종학(C)의 위치 및 관계**

에서 가문의 실제 삶이 이루어지는 유봉은 선대의 묘소가 있는 근원지인 병사를 출발로 했을 때 가능한 것이라고 볼 수 있다. 말하자면 시간의 흐름상 문중의 근원인 병사는 '과거', 그리고 유봉은 '현재적' 삶이 이루어지는 곳이 된다. 이렇게 보았을 때, 문중의 후진 교육을 위한 종학은 가문의 '미래'와 관련해 준비하는 장소로서 의미를 갖게 된다. 물론 앞서 말했듯이 '종학'이라는 지명도 병사, 유봉과 마찬가지로 언제부터 등장했는지 확실하게 확인할 길은 없다.[12] 단지 병사리의 '병사'·'유봉'·'종학' 등의 지명은 병사리라는 장소를 노성 파평윤씨의 상징적 중심으로 의미 구성하는 과정에서 큰 시차를 두지 않고 순차적으로 등장한 것으로 짐작할 수 있을 뿐이다.

결국 병사저수지를 중심으로 자리 잡은 병사, 유봉, 종학 마을은 공간적으로 삼각형의 배치관계를 그리고 시간적으로는 병사 → 유봉 → 종학의 순으로 과거 → 현재 → 미래, 또는 조상 → 현재의 나 → 후손이라는 연속적 흐름 관계를 형성하고 있다고 할 수 있다. 이러한 공간적 배치나 시간적 흐름 관계를 통해 노성의 파평윤씨는 자신들의 근원지 또는 상징적 중심 장소로 병사리를 의미 구성해왔다고 할 수 있다.

## 거주지 확대와 경관의 경쟁

이렇듯 16세기 중반 노성 입향 이후 거의 1세기 만에 명문 대족으로 급성장하게 된 파평윤씨는 병사리를 자신들 성씨의 상징적 중심, 근원지로 자리매김하며 점차 주변 지역으로 그들의 거주지를 확대해간다. 이러한 거주지 확대 과정은 가문의 양적 성장 이상의 사회적 지위의 변화를 반영하는 것인데, 그 결과 병사리 주변의 장구리(윤황 묘소와 고택), 교촌리(윤증 고택, 공주이씨 정려), 그리고 광석면 오강리(노강서원), 연산면 오산리(구산서원지) 등 논산 일대와 금산(산천재서원지), 부여, 대전 등지에서 여러 윤씨 관련 경관을 확인할 수 있다.

그 중에서도 특히 노성면의 병사리, 장구리, 교촌리와 광석면의 오강리, 연산면의 오산리 지역은 연산의 광산김씨와 회덕의 은진송씨에 견줄 만한 지역 내 중심 세력으로 성장한 파평윤씨의 권역에 해당한다고 할 수 있다. 이러한 노성 일대의 파평윤씨 관련 경관들은 17세기 중반 이후에는 더 이상 파평윤씨 내부만이 아닌 지역 내 다른 세력들의 경관과 경쟁하는 모습을 보이게 된다.

특히 지리적으로 인접해 있던 연산과 노성 일대에서 확인되는 여러 서원 · 사우들은 17세기 중반 이후 전개되는 광산김씨와 파평윤씨, 은진송씨 간의 경쟁적 관계를 엿볼 수 있게 한다. 물론 서원이나 사우는 단순히 혈연적 연원만이 아닌 학문적 바탕이나 정치적 행보의 차이를 반영하는 복합적 의미체이다. 그러나 공교롭게도 당시 전개되었던 성리학에 대한 해석 문제나 정치적 이견의 바탕에는 혈연적 기반을 바탕으로 하는 분파적 모습이 특징적으로 나타난다. 이러한 혈연, 학문, 정치 등에 대한 분파적 경쟁관계가 다름 아닌 서원 · 사우의 건립이나 철폐, 그리고 자파 인물의 배향 등으로 나타나는 것이다. 17세기 중반 이후 기호사림의 본고장이라고 할 수 있는 연산과 노성을 중심으로 광산김씨, 파평윤씨, 은진송씨 관련 서원 · 사우 경관들의 공간적 분포를 살펴보면 그림과 같다.

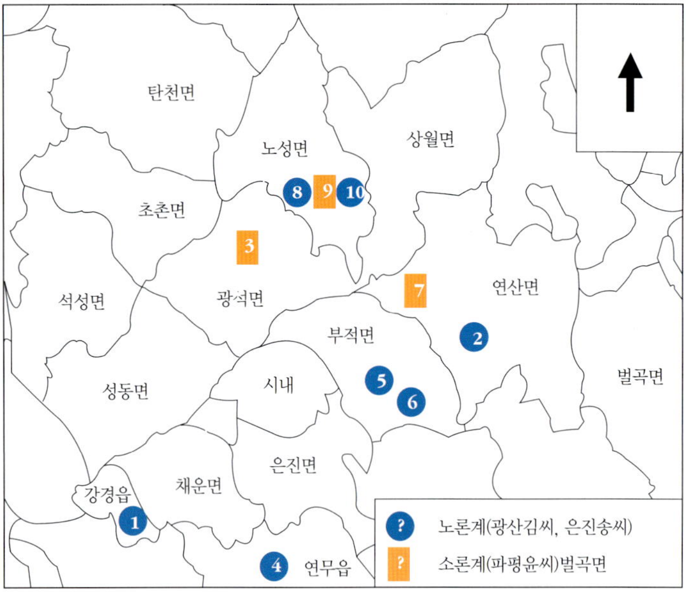


**논산 일대의 노론계, 소론계 서원 · 사우 분포 :** ① 죽림서원 ② 돈암서원 ③ 노강서원 ④ 금곡서원 ⑤ 충곡서원 ⑥ 휴정서원 ⑦ 구산서원 ⑧ 노성향교 ⑨ 윤증고택 ⑩ 궐리사

이들 경관들은 17세기 후반 중앙정계 서인(西人)들의 분기에 영향을 받은 논산지역 서인 세력의 노론계(老論系) – 소론계(少論系)의 분리를 반영하는 특징적인 것이다.[13] 그 분포상황을 보면 이 지역을 가로지르는 연산천을 사이에 두고 북쪽은 소론계인 파평윤씨가 그리고 남쪽은 노론계인 광산김씨(은진송씨도 관련)가 우세한 모습을 보이고 있다. 이러한 지리적 분포 상황은 ① 죽림서원, ② 돈암서원, ③ 노강서원, ④ 금곡서원, ⑤ 충곡서원, ⑥ 휴정서원, ⑦ 구산서원 등 각 서원 · 사우에 배향되는 인물들의 혈연적, 학연적 연원 관계가 그대로 반영된 것이라고 할 수 있다.(표)

〈표〉 논산 일대 서원 · 사우 현황

| 번호 | 명 칭 | 소 재 지 | 창건연대 | 배향 인물 |
|---|---|---|---|---|
| ① | 죽림서원(竹林書院) | 강경읍 황산리 | 1626 | 조광조, 이황, 이이, 성혼, 김장생, 송시열 |
| ② | 돈암서원(遯巖書院) | 연산면 임리 | 1634 | 김장생, 김집, 송시열, 송준길 |
| ③ | 노강서원(魯岡書院) | 광석면 오강리 | 1675 | 윤황, 윤문거, 윤선거, 윤증 |
| ④ | 금곡서원(金谷書院) | 연무읍 금곡리 | 1687 | 김수남, 성삼문, 조계명 |
| ⑤ | 충곡서원(忠谷書院) | 부적면 충곡리 | 1692 | 계백, 박팽년, 성삼문, 이개, 유성원, 하위지, 유응부, 이현동, 박증, 김정망, 김익겸, 김홍익, 이민진, 김만중, 박종, 조병시, 김자빈, 이학순 |
| ⑥ | 휴정서원(휴정書院) | 부적면 신풍리 | 1700 | 송익필, 김공휘, 김호, 이항길, 김상연, 김진일, 김우택, 권수, 유무, 유문원 |
| ⑦ | 구산서원(龜山書院) | 연산면 오산리 | 1700 | 윤전, 윤원거, 윤순, 윤문거 |
| ⑧ | 노성향교(魯城鄕校) | 노성면 교촌리 | 미상 | 공자, 안자, 증자, 자사, 맹자, 설총, 최치원, 정이, 주희, 안유, 정몽주, 김굉필, 정여창, 조광조, 이언적, 김인후, 이황, 이이, 성혼, 조헌, 김장생, 김집, 송시열, 송준길, 박세채 |
| ⑩ | 궐리사(闕里祠) | 노성면 교촌리 | 1716 | 공자, 주돈이, 정호, 정이, 장재, 주희 |

이들 중에서 특히 돈암서원과 노강서원, 윤증고택과 노성향교 · 궐리사 등의 경관에 주목할 필요가 있다. 왜냐하면 이러한 서원 · 사우나 문중고택 등은 연산과 노성 지역을 중심으로 형성된 혈연과 학연, 그리고 정치적 행보를 달리하는 세력 간의 경쟁관계를 특징적으로 보여주는 경관이기 때문이다.

먼저 연산천을 사이에 두고 자리하고 있는 돈암서원(연산면 임리)과 노강서원(광석면 오강리)은 그 배향된 인물에서 잘 드러나듯 '연산 – 노론 – 광산김씨 · 은진송씨'와 '노성 – 소론 – 파평윤씨'로 구분되는 두 축의 중심에 있다고 할 수 있다. 그 위치 또한 돈암서원은 연산 광산김씨의 중심인 고정리 근처 임리에 있고,[14] 노강서원은 노성 파평윤씨의 중심인 병사리 남쪽 광석면 오강리에 있다. 임리의 돈암서원이 연산 지역 광산김씨의 현조인 김장생 묘역이 있는 고정리에 이웃해 있는 것과 달리 노강서원은 상대적으로 병사리에서 조금 떨어져 있다고도 볼 수 있는데, 이는 노성 파평윤씨의 입향, 정착과정과 관련된 것이 아닌가 한다. 즉, 노강서원이 있는 광석면 오강리는 파평윤씨가 처음 입향한 광석면 득윤리와 추후 자신들의 중심지로 삼은 병사리의 중간 지점에 해당하는 곳이다.

결국 연산의 광산김씨를 중심으로 하는 노론계와 노성 파평윤씨의 소론계는 이들 서원의 건립과 운영, 자파 인물의 배향, 후진 양성 등을 통해 중앙정계와 지역사회에서의 자기주도권을 형성하고자 했던 것이다. 이후 광산김씨(연산현)와 파평윤씨(니산현) 간의 경쟁관계는 '연니분쟁(連尼分爭)'이라 일컬을 정도로 더욱 심화되는데, 계속되는 서원 · 사우의 건립을 통한 자기 영역의 설정과 타 세력권으로의 잠식이 시도되었던 것이다.

18세기 접어들어 노성의 파평윤씨가 노론이 장악하고 있던 연산의 오산리에 구산서원(1700년)을 세워[15] 윤씨 문중의 현조만을 배향하게 된 것도 그러한 과정의 하나라고 볼 수 있는데, 이에 맞서 송시열을 중심으로 하는 노론계에서는 노성면의 노성산 아래에 공자 영정을 모시는 궐리사(1716년)를 세우기까지 하는 것이다. 언뜻 보기에는 조선시대 문중 고택과 사우 건물의 파노라마처럼 펼쳐진 노성향교 – 윤증고택 – 궐리사로 이어지는 건물의 배치가 흥미롭기까지 하지만, 기실 내부적으로 들어

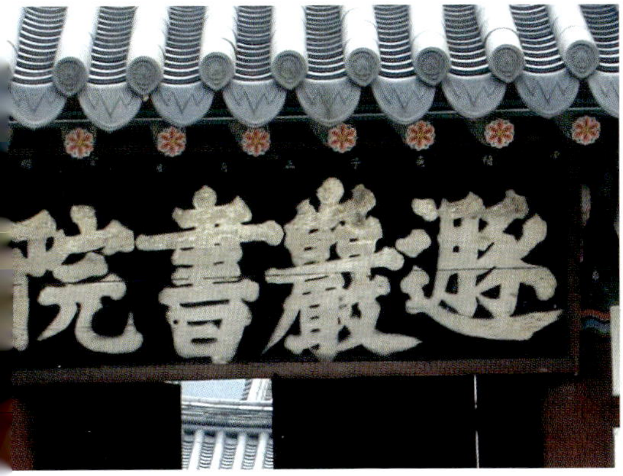


돈암서원 현판

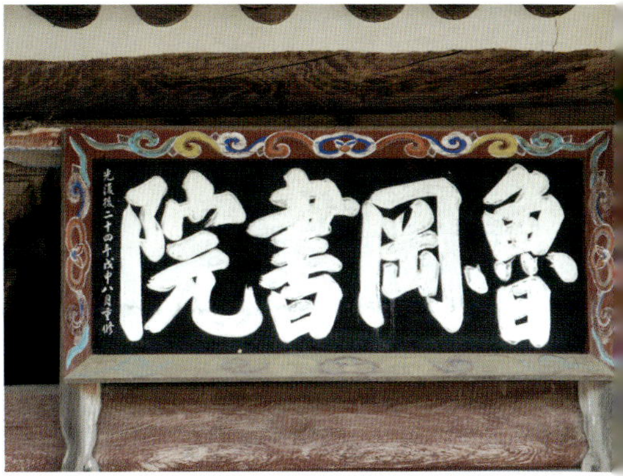


노강서원 현판

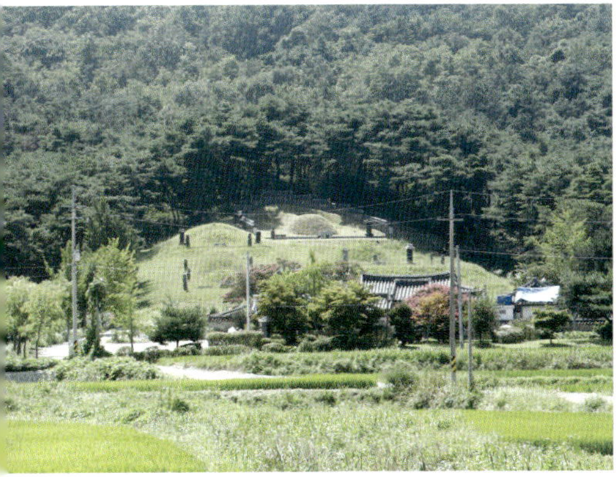

김장생 묘역(연산면 고정리)

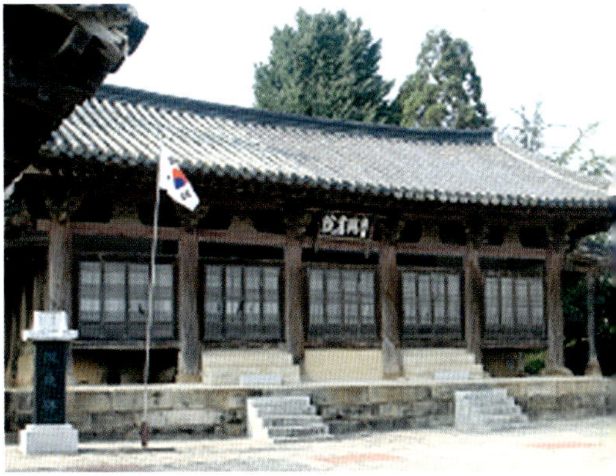

노강서원(광석면 오강리)

가 보면 노성 파평윤씨의 또 하나의 상징적 중심인 윤증고택이 노론계 인물까지 배향한 노성향교와 노론계가 직접 건립한 궐리사에 의해 포위당하고 있는 형상이다.

본래 윤증고택은 소론의 상징적 중심인 윤증(明齋 尹拯, 1629~1714)을 위해 차남인 윤충교가 윤증 말년에 건립한 것으로 전해지는데, 윤증은 이곳에서 거주하지 않고

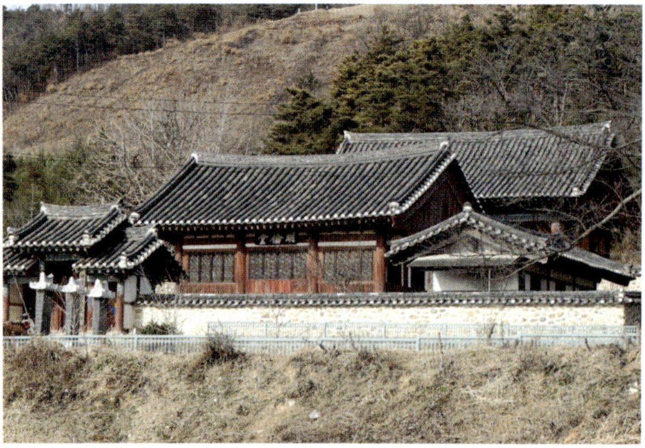

노성향교(노성면 교촌리)

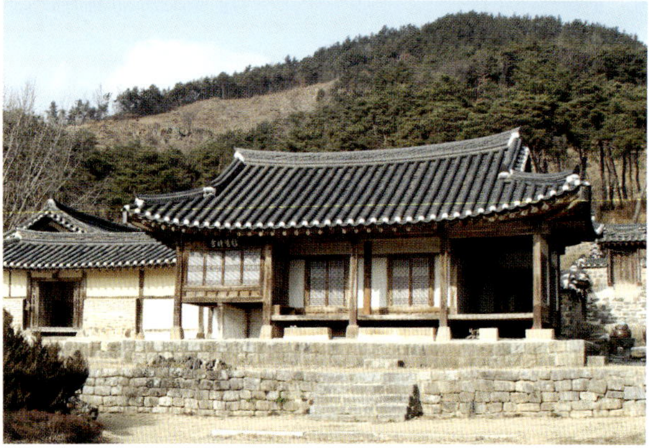

윤증고택(노성면 교촌리)

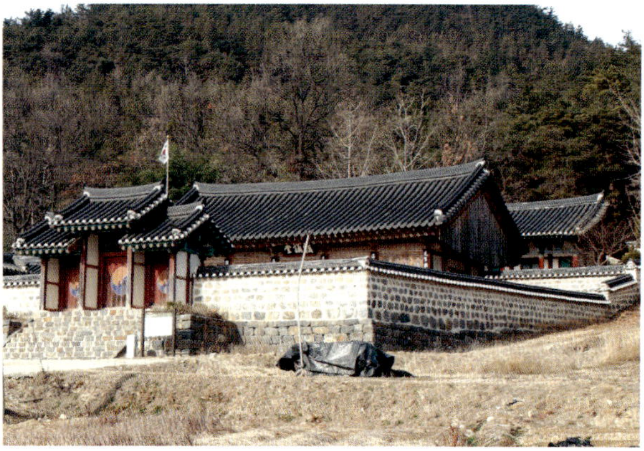

궐리사(노성면 교촌리)

병사리에 있는 유봉정사에서 상주했던 것으로 전해진다. 그런데 이러한 경관배치는 17세기 말 흔히 '회니시비(懷尼是非)'[16]로 알려진 윤증과 송시열 간의 절연관계가 그대로 반영된 것이 아닌가 한다. 즉, 남인인 윤휴(白湖 尹鑴, 1617~1680)로부터 시작된 윤증의 부친 윤선거와 송시열의 논쟁은 윤선거 사후 당시 최고의 문장가이자 노론계의 영수이며 개인적으로는 윤증의 스승이기도 했던 송시열에게 윤증이 부친의 묘갈명을 부탁하는 과정에서 결국 사제지간이 절연되는 상황에 이르게 되는 것이다.[17]

그래서인지 송시열은 윤증과 결별한 후 3년이 지나(1687년) 궐리사 건립을 추진하게 되는데,[18] 그 위치는 후대 그의 제자들이 노성산 아래 궐리촌에 궐리사를 세우는 것으로 보아 노성 일대가 아니었을까 짐작된다. 결국 노론의 영수인 송시열의 궐리사 건립은 노성 파평윤씨를 자극하는 촉매제가 되었을 것으로 보는데, 앞서 말했듯이 파평윤씨가 연산의 오산리에 구산서원을 세우는 것도 이와 무관하지 않았을 것으로 여겨진다. 이후 반격이라도 하듯 권상하, 김만준, 이건명, 김창집 등 송시열의 제자들은 파평윤씨의 핵심 영역인 노성산 아래에 궐리사(1716년)를 건립하게 되는 것이다. 처음 궐리사가 세워졌던 궐리촌은 현 위치 서쪽에 있었다고 하는데, 1805년 현 위치로 이건한 것이다.[19]

이렇듯 노성 파평윤씨의 상징적 중심인 병사리와 그 주변 지역에서 확인되는 다양한 유교경관들은 단순히 성씨집단의 내부결속이나 사회적 지위의 상징으로서만이 아닌, 지역 내 다른 세력과의 경쟁관계를 반영하는 구심체 역할을 했다고 할 수 있다. 그렇기에 서원 · 사우 · 고택 · 묘소 · 학당 등의 물리적 경관은 그와 관련된 인간 요소가 누구인지 그리고 그러한 인간요소들이 형성한 사회적 관계가 어떤 특징을 갖고 있는지에 주목하여 그 의미가 살펴져야 하는 의미체로 접근될 필요가 있는 것이다.

### 생태적 공간구성

흔히 전통마을의 입지적 특성으로 이야기되는 것이 '배산임수(背山臨水)'이다. 배산임수는 인간 삶터를 위해 요구되는 환경적 조건으로 뒤로는 산을 기대고 앞으로는 물(하천, 강)을 면하는 것을 말한다. 그만큼 도시나 촌락 할 것 없이 인간의 생사와 관련된 장소 선택에 있어서 산과 물은 주요한 요소가 되었다고 할 수 있다. 그래서인

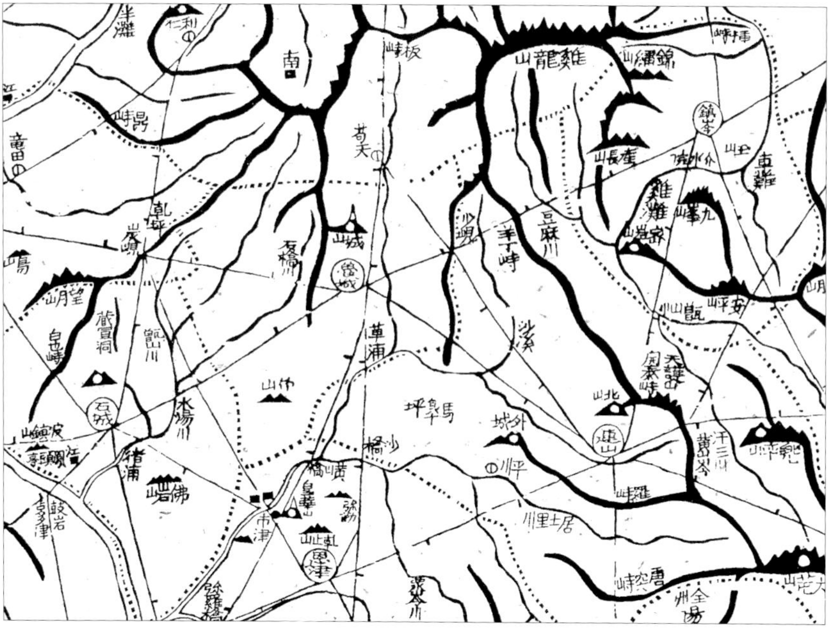

『대동여지도』 상의 노성과 연산 일대

지 김정호의 『대동여지도』(大東輿地圖, 1861년)에도 산과 물은 거리 요소와 더불어 가장 중요한 지도학적 요소로 등장하고 있는 것이다. 또한 인간살이와 관련해 산과 물이 갖는 중요성은 그 실용적 측면만을 떠올려 보아도 충분히 짐작할 수 있는 바이다.

우선 유봉과 접지미마을처럼 마을이 기댄 뒤편의 산세는 마을에 들어선 가옥들의 방위를 결정짓는 주요한 요소로써 가옥들이 충분한 일사에 노출될 수 있도록 대개 북 · 서쪽에 위치하는 경우가 많다. 그래야 가옥들은 따뜻한 기운이 올라오는 동 · 남쪽을 향할 수 있기 때문이다. 이는 전지구적 차원의 기후 조건을 반영하는 것으로, 만일 한반도가 지구 북반구가 아닌 남반구에 위치했었다면 오히려 가옥들의 방향은 북향이나 동향을 취하는 것이 일반적이었을 것이다.

그래서 주어진 자연적 여건상 마을이 북 · 서쪽에 기댈 형편이 되지 못하면, 인위적으로 개방된 북 · 서쪽을 방비하기 위한 보완 조치를 해왔는데 이른바 풍수 '비보

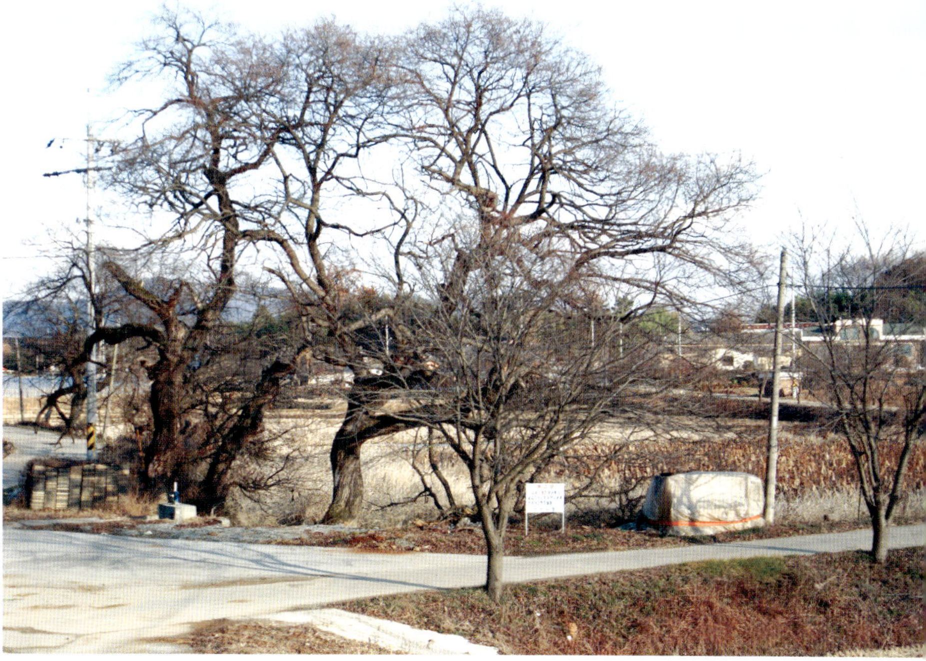

**접지미방죽과 나무 군락 :** 현재는 일부만 남아 있지만 서쪽으로 개방된 마을 입구를 비보할 목적으로 조성된 비보림으로 보인다.

(裨補)' 라는 것이다. 즉, 전통적 공간인식체계인 풍수의 입장에서는 비보라는 인위적 보완 조치를 통해 주어진 환경 조건을 능동적으로 극복해온 것이다. 그러한 환경 대응의 결과 마을 주위에 들어선 마을 숲이나 연못, 조산, 신목 등이 전통 마을의 공간 구성에서 빼놓을 수 없는 중요한 요소로 확인되는 것이다.

서쪽의 유봉을 기대어 주로 동향 또는 동남향을 취하는 유봉마을에 비해 지형상 서남쪽이 열려 있는 접지미마을에서 이러한 풍수적 대응의 흔적을 엿볼 수 있다. 즉, 접지미마을의 서남쪽은 '접지미방죽', '접지산방죽', '가물치방죽' 등으로 불리는 방죽과 논이 펼쳐져 있는데, 마을에서 보면 그만큼 상대적으로 개방되어 있는 쪽이라고 할 수 있다. 마을 주민들은 몇 십 년 전까지만 해도 방죽을 따라 조성된 울창한 아름

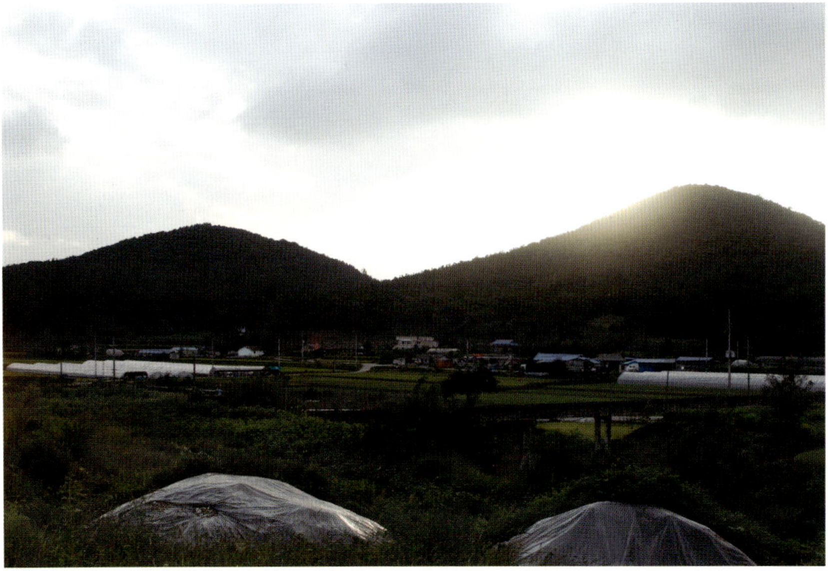

**해질녘 유봉마을의 문전옥답**

드리 버드나무 숲이 있었음을 확인해 주고 있는데, 이것이 다름 아닌 풍수 비보의 목적으로 오랫동안 유지되어 온 비보림(裨補林)이라고 할 수 있다. 현재도 방죽가에는 벚나무를 비롯한 일단의 고목들을 확인할 수 있다.

이러한 요소들 외에 전통마을의 공간구성에서 엿볼 수 있는 또 하나의 흥미로운 요소가 물과 관련된 것이다. 우선 마을을 감싸 안아 흐르는 물의 조건은 식음수 외에 생산에 필요한 경지를 제공하는 역할을 한다. 그러다보니 물길과의 관계 속에서 마을의 입지를 살펴보면 대개 물길이 굴곡하는 안쪽 면 퇴적물질이 쌓이는 곳에 마을이 자리 잡게 된다. 이는 물길의 공격사면 쪽에는 마을이나 경지가 들어설 만큼 충분한 공간이 제공되지 못하기 때문인데, 간혹 마을이 자리 잡을 경우에도 여름철 집중 호우 시 침수의 피해가 우려되는 것이다. 풍수에서도 이러한 공격사면 쪽의 공간을 기(氣)가 온전치 못하다 하여 피하게 하는 것이다.

흔히 문전옥답(門前沃畓)이라 하여 마을 바로 앞에 있는 땅의 기운이 좋다고 하는

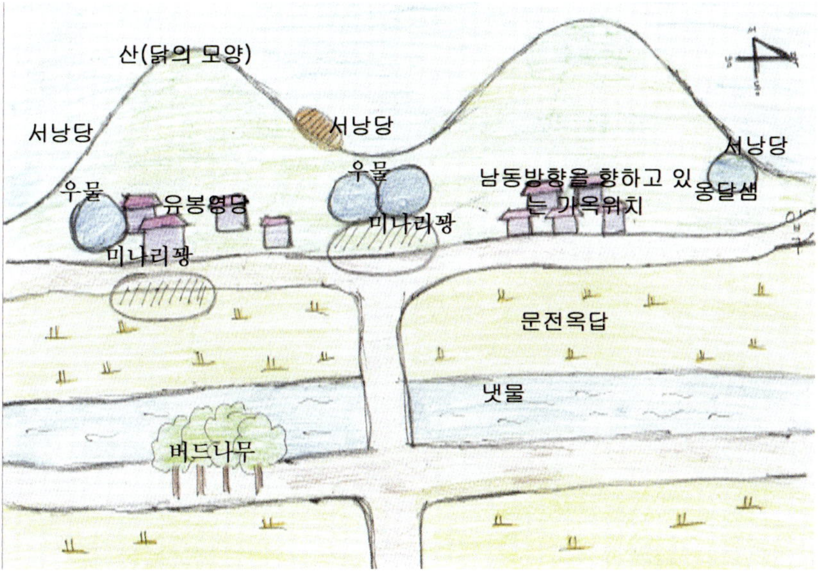


**유봉 마을의 생태 공간 구성**(그림 : 박정은)

것도 결국은 물길이 굽어지는 안쪽에 형성된 퇴적면의 높은 토지 생산력을 일컫는 말이라고 할 수 있다. 또한 마을 앞 문전옥답에는 마을 뒷산의 수목과 나뭇잎, 지붕의 주재료였던 볏짚, 가축 분비물, 음식 찌꺼기, 집 앞 공터의 퇴비 무더기 등이 썩으면서 형성되는 수많은 양질의 유기물들이 빗물에 씻겨 일차적으로 모이는 곳이기도 하다. 결국 이러한 자연적, 인위적 여건이 에너지의 순환적 흐름을 통해 문전옥답을 형성하는 것처럼 전통 마을의 공간구성은 하나의 순환체계를 형성하고 있는 것이다.

이와 관련해 전통 마을의 공간구성에서 물 요소가 형성하는 순환적 흐름체계에 특히 주목할 필요가 있다. 즉, 마을 내부로 들어가 보면 마을을 형성하는 큰 물길 외에 다양한 물 관련 요소들을 확인할 수 있는데, 마을의 공동 우물이나 연못, 미나리꽝 등이 그것이다. 이는 사용하기 위해 '얻는 물'과 '사용한 물'이 마을 안에 함께 공존하고 있음을 말하는 것이다.[20] 그러다 보니 성격이 다른 두 물을 각자 집안 그리고 마을 공동으로 관리하는 것이 마을의 유지존속을 위해 절실히 필요할 수밖에 없다.

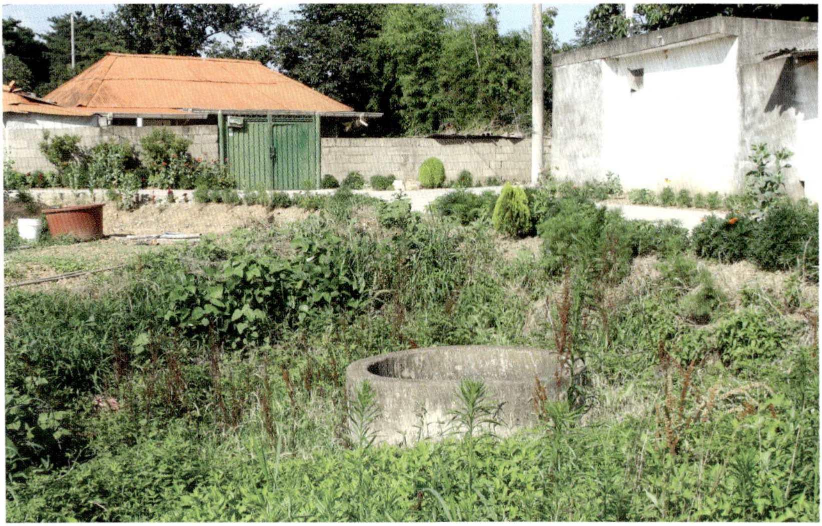

**접지미 큰뜸 마을의 큰뜸샘**

물은 그것이 깨끗하든 오염되었든 약간의 경사만 있어도 쉬지 않고 흘러가니 말이다. 그래서 나온 방안이 공동으로 마을 내 물길을 깨끗하게 유지하는 것이었다. 너무도 간단한 해답인데, 그것을 마을 공동체 차원에서 실현하는 것은 그렇게 쉬운 일이 아니다. 당장 현대인의 일상생활만 보더라도 얻는 물, 내 입에 들어가는 물은 엄청나게 신경쓰지만 사용하고 난 물은 그것이 어떻게 되든 별로 신경쓰지 않는 것이 현실이다.

이러한 마을 공동체 차원의 물 관리가 다름 아닌 공동 우물이나 마을 내 수로, 미나리꽝이나 연못의 조성으로 나타난다고 할 수 있다. 특히 마을 하단에서 경지와 만나는 부근에 조성되는 연못이나 미나리꽝은 마을 내에서 흘러나온 사용한 물을 최종 정화하여 마을 앞 큰 물길로 내보내는 정수기 역할을 하는 곳이다. 마을 내 각 집안을 돌며 사람의 간섭에 의해 일정 오염된 물이 아무 처리 없이 마을 앞 큰 물길로 빠져나가면, 그 물은 곧 아랫말 사람들에게 '얻는 물' 로 갈 것이기 때문이다. 윗마을에서는 '사용한 물' 이지만 그 아랫마을에서는 '얻는 물' 이 되는 끊임없는 순환체계가 형성되고 있는 것이다. 그래서 마을을 의미하는 한자어 '동(洞)' 도 같은 물길을 사용하는 공간단위, 어찌 보면 운명공동체를 지칭하는 것으로 볼 수 있다.

유봉이나 접지미마을의 경우에도 현재는 경지 정리와 도로 건설로 인해 그 모습을 볼 수는 없지만, 마을 내 공동우물과 미나리꽝이 있었음을 확인할 수 있다. 미나리꽝은 보통 식수나 빨래물로 사용하던 마을 공동 우물 바로 아래 조성되어 있는 경우가 많았는데, 사용된 물을 정화하는 정수기 역할 외에 식생활에 필요한 야채를 얻는 효과까지 있다. 공동 우물은 유봉 3개, 접지미 3개, 병사 1개, 가시라 1개, 내촌 1개 등이 있었다. 특히 접지미마을의 큰뜸샘은 현재도 그 원형을 그대로 유지하고 있다.

이렇듯 전통마을의 공간구성에서 확인되는 물질과 에너지의 순환체계는 최근 들어 관심이 집중되고 있는 생태중심적 환경관의 구체적 실천이었다고 할 수 있다. 따라서 이러한 마을 내 경관들에 대한 관심은 사람과 물, 산, 마을, 땅이 함께 연결되는 생태적 관계가 어떻게 마을의 공간구성에 반영되었는지 살펴볼 수 있는 중요한 계기가 될 수 있다.

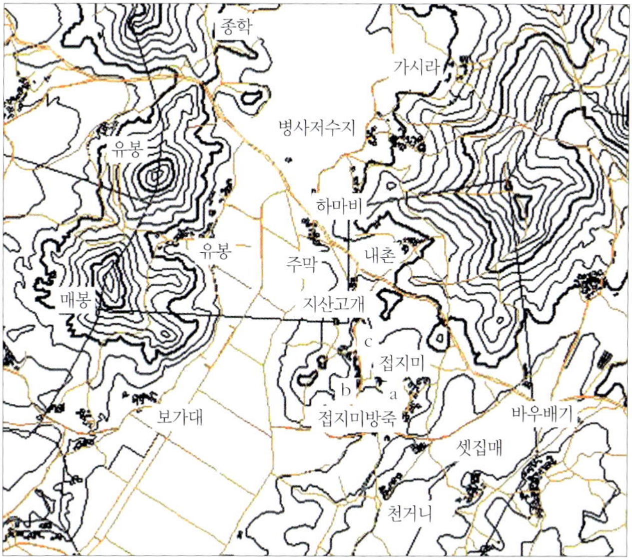


병사리의 지명

## 마을의 지명

### 병사(丙舍)

팔송(八松) 윤황(尹煌)의 묘막인 병사가 있어 병사라 했다고 전해진다. 큰 병사와 작은 병사 마을이 있다. 그런데 병사라는 지명은 그렇게 흔한 지명이 아니다. 왜냐하면 십간(十干)의 선두에 있는 갑(甲) · 을(乙) · 병(丙)과 관련된 갑사(甲舍), 을사(乙舍), 병사 등의 지명은 왕족이나 고위 관료직에 있는 사람들과 관련된 지명일 경우가 많기 때문이다. 즉, 갑사는 임금이 살던 마을 이름, 을사는 태자들이 살던 마을 이름, 그리고 병사는 부마나 최고위직 관료들이 살던 마을 이름으로 붙여진다고 한다. 그렇게 볼 때, 병사마을의 중심세력이었던 파평윤씨 문중의 사회적 위상이 어느 정도였는지 짐작이 가고도 남는다.

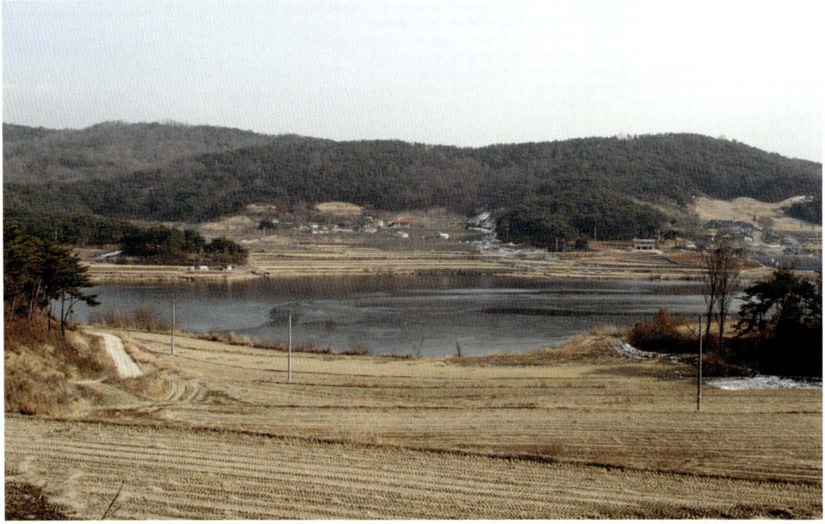

**종학당에서 바라본 병사저수지와 병사마을**

1953년에 준공된 병사저수지(가곡저수지)는 병사마을과 관련해 풍수상 소의 여물통(구시)에 해당된다고 한다. 이것은 윤씨 묘역과 재실이 있는 병사마을이 입지한 자리가 풍수 형국상 '누워 있는 소(臥牛形)'에 비유되는 것과 무관하지 않다. 왜냐하면 풍수 형국으로 주변 산천지세를 파악할 때 필요한 조건이 형국간 대응관계가 마련되어야 하기 때문이다. 이와 관련해 윤씨의 중심마을이라고 할 수 있는 "병사리(누워 있는 소)의 병사저수지(소의 구시)가 마르지 않는 한 윤씨는 절대 쇠퇴하지 않는다"는 풍수적 해석이 있는데, 이런 종류의 이야기는 장소 의미 구성을 위한 담론적 차원에서 후대에 재구성된 경우가 많다.

▶ 큰병사(大丙) : 병사의 큰 마을. 병사 재실 옆 윤씨 묘역에는 노성 파평윤씨의 입향조 윤돈의 묘소부터 윤창세 → 윤수 → 윤순거 묘소가 차례로 자리 잡고 있으며, 윤창세의 3남 윤전의 묘소와 윤순거의 2남 윤진의 묘소가 함께 자리하고 있다. 그리고 묘역 하단에 윤창세, 윤전, 윤순거, 윤진의 신도비가 세워져 있다.

▶ 가시락(가시랏, 작은병사, 小丙) : 병사 마을 동쪽 가장자리에 있는 작은 마을.

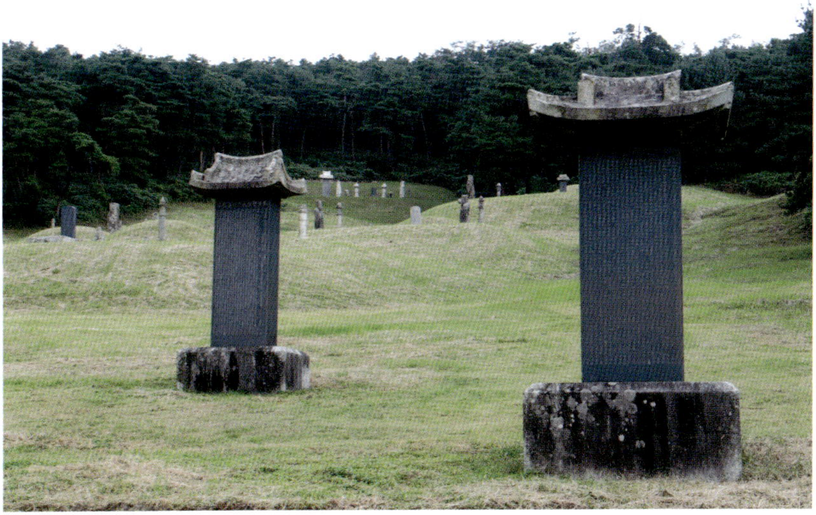

**윤씨 묘역의 신도비**

### 유봉(酉峯)

병사 마을 서쪽에 있는 유봉(51m) 밑에 있는 마을로 명재 윤증 선생의 영정을 모시는 영당이 있다. '유봉' 이라는 마을 이름의 유래에 대해서는 대략 3가지 설이 회자되고 있다.

첫째, 병사 마을에서 볼 때 유봉 마을이 서쪽에 자리 잡고 있기 때문에 그렇게 불렸다는 설이다. 이것은 전통적인 방위 표현상 서쪽을 지칭하는 방위가 24방위의 '유(酉)' 에 해당하기 때문인데, 그로 인해 마을이 기댄 뒷산 봉우리를 유봉으로, 그 산 아래 마을을 유봉이라 했다는 것이다. 이러한 마을 유래는 병사리의 여러 마을 중 병사마을을 그 중심에 놓았을 때 가능한 이야기이다. 즉, 병사마을을 기준으로 했을 때 유봉은 서쪽에 자리 잡고 있다 할 수 있다. 역사적으로도 병사마을은 현재의 병사리라는 지명 유래의 출발이었음을 확인할 수 있는데, 1914년 일제에 의한 행정구역 통폐합 때, 인근의 유봉리, 내촌리, 접지산리 등이 대병리, 소병리와 통합되어 병사리가 되었던 것이다.

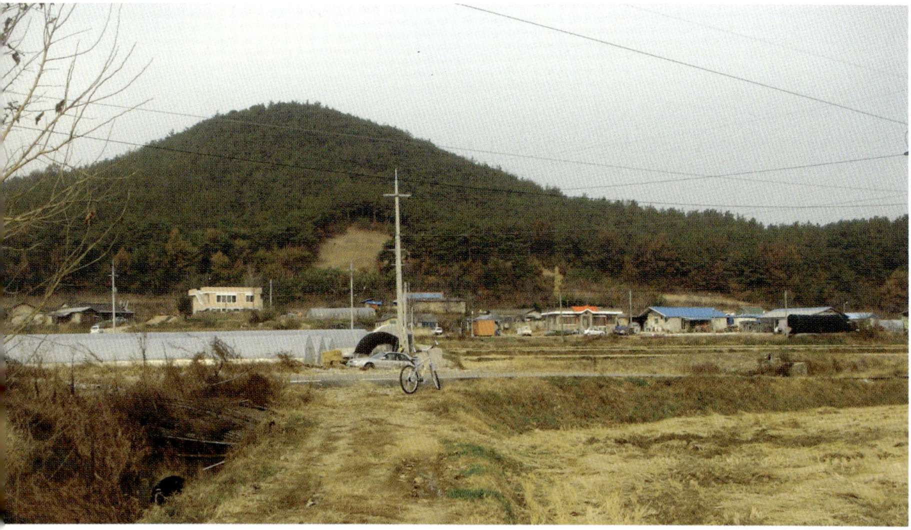

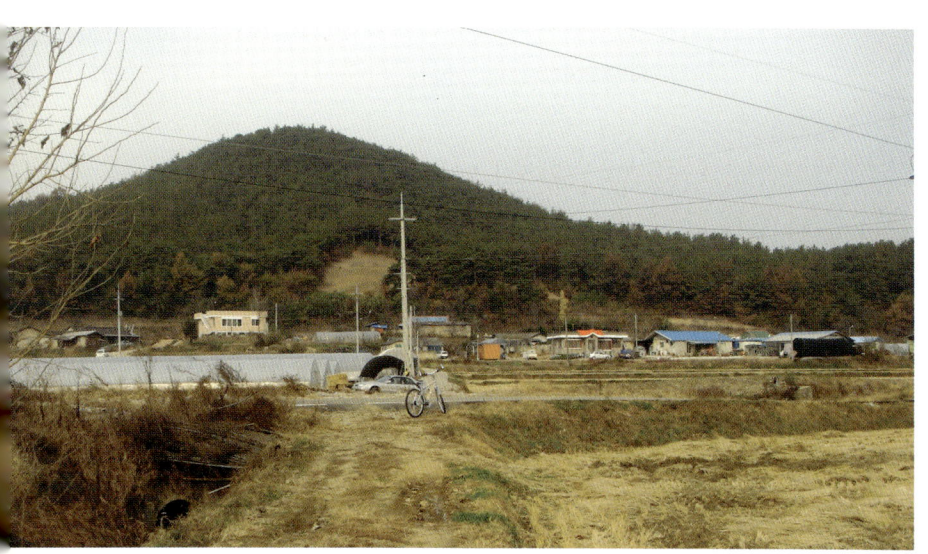

**닭의 모양을 하고 있다는 유봉마을의 뒷산**

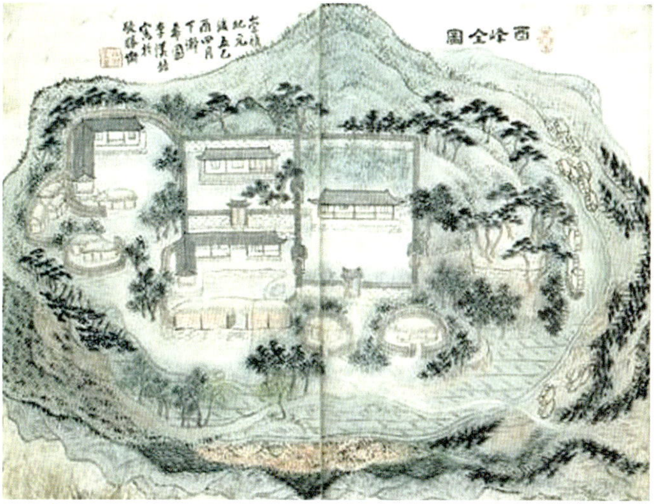


**유봉영당의 산세도**(출처: http://www.yunjeung.com)

둘째, 유봉마을의 뒷산 모양이 닭의 형태를 닮았다 해서 유봉(酉峯, 닭 봉우리)이라고 했다는 것이다. 유봉의 오른쪽 마을 입구는 닭의 꼬리에, 그리고 왼쪽은 닭의 머리에 해당하고, 특히 닭머리의 눈에 해당하는 곳에는 예전에 우물이 있었다고 한다. 윤씨 문중에서 소유하고 있는 유봉마을의 중심인 유봉영당의 산세도도 마치 닭이 알을 품고 있는 형상('금계포란형 金鷄抱卵形')처럼 표현되고 있는 것으로 보아 언제부터인가 이곳이 닭과 관련된 풍수 형국으로 이해되어 왔음을 짐작할 수 있다. 이와 관련해 접지미 서쪽에 있는 보가대 마을은 유봉의 닭과 유봉 남쪽에 있는 매봉의 매에 놀란 개구리가 납작 엎드린 형국이라 하여 복와대(伏蛙垈)라고 부른다는 설도 있다.

셋째, 명재 윤증의 호가 유봉(酉峯)이기 때문에 유봉이라 지어졌다는 설이 있다. 그러나 윤증의 호가 유봉이기 때문에 유봉이라고 불린 것이 아니라, 윤증이 유봉마을에 살았기 때문에 호를 유봉이라 지었다고 보는 것이 합당할 듯하다. 이런 식의 의미 부여 과정은 장소와 인간 간의 관계를 엮음으로써 양자 모두의 상징적 의미를 구성하기 위한 부회적 조치일 경우가 많기 때문이다.

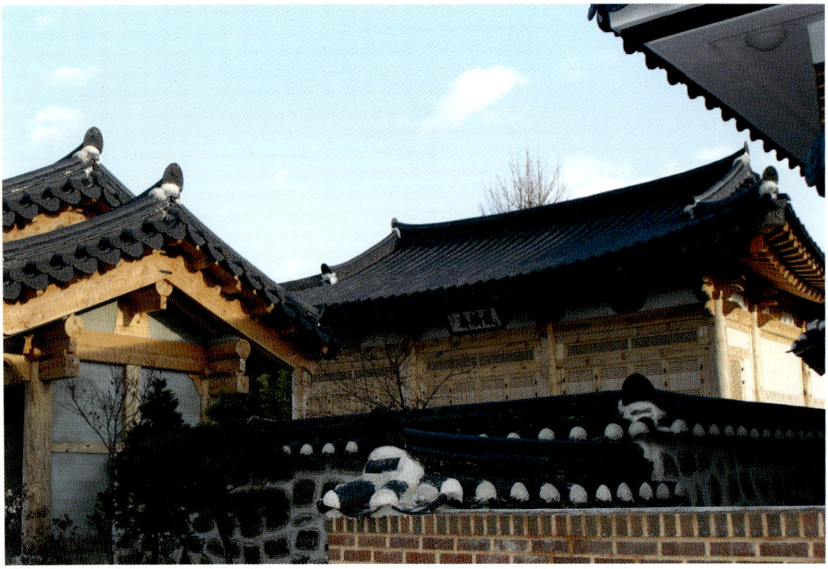


접지미 마을의 밀양박씨 재실 봉린재

접지미(덕지미, 접지산 接枝山)

접지산 밑에 있는 마을로 밀양박씨 집성촌으로 알려져 있다. 접지미는 현재 병사 2리의 중심마을이라고 할 수 있는데 마을회관 바로 앞 논을 경계로 동쪽(앞의 병사리 지명 지도의 a)을 '큰뜸' 이라 하고 서쪽(b)을 '새뜸', 그리고 새뜸 위 마을로 들어오는 고갯길 바로 아래를 '궝말' 이라고 한다. 큰뜸에는 이곳이 밀양박씨 터전임을 말해주듯 박씨 재실(봉린재 鳳麟齋)이 들어서 있다.

큰뜸으로 마을회관이 옮겨지기 몇 년 전만해도 새뜸에 마을회관이 있었는데, '새뜸' 의 유래에 대해 큰뜸 마을과 경지를 사이에 두고 있다 하여 '사이뜸' 이 새뜸이 됐다는 설과 새로 만들어진 마을이라 그렇게 불렸다는 설이 있다.

기타

▶ 내촌(內村, 안말) : 하마비 안쪽에 있는 마을. 병사리로 들어오는 도로에서 접

지미로 갈라지는 길 맞은편으로 들어가다 보면 내촌을 만난다.

▶ 보가대(복와대 伏蛙垈, 복호대 伏虎垈) : 유봉들을 사이에 두고 접지미 서쪽에 있는 마을. 닭 형상의 유봉과 유봉 남쪽에 있는 매 형상의 매봉에 놀란 개구리가 납작 엎드린 형국이라 하여 복와대(伏蛙垈 : 개구리가 납작 엎드린 모양)라 불렸던 것이 복아대, 보가대가 되었다 한다. 일설에는 이곳에 풍수 형국상 복호형(伏虎形)의 명당이 있다 하여 복호대로 불리다 그렇게 되었다 한다.

▶ 셋집매 : 접지미의 큰뜸마을 동쪽 구릉 너머에 있는 마을로 친척관계인 세 집이 자리를 잡게 되면서 그렇게 불렸다 한다. 현재는 7가구가 거주하고 있다.

▶ 종학(宗學, 절골, 寺洞) : 가시라 마을 동북쪽에 있는 마을로, 절이 있었다고 해서 절골 또는 사동이라고 불렸는데, 윤씨 문중에서 강당(종학당)을 세우고 종학이라고 했다. 현재 종학에 있는 종학당은 종학의 기틀을 마련한 윤순거 사후 200년 뒤 후손들에 의해 건립된 것이다.

▶ 주막 : 슈퍼와 버스정류장이 있는 마을.

▶ 지산고개 : 접지미의 궝말에서 병사로 넘어가는 소로길 아래 있는 마을로 현재 3집이 거주하고 있다. 과거 소로길은 꽤 경사가 심했다고 하는데 그래서인지 가옥은 움푹 꺼진 곳에 자리 잡고 있다고 한다.

▶ 천거니(천건너) : 병사 2리의 가장 남쪽에 있는 마을로 광석면 율리와 경계를 잇대고 있다. 율리의 횟방골(회천, 산직리) 뒤쪽에 있다하여 '뒤뜰'이라고도 불렸다 하는데, 접지미에서는 천거니로 부르고 있다. 율리에 있는 '아래천거니'에 대해 '윗천거니'라고 부른다는 이야기도 있다.

▶ 바우배기 : 접지미 남동쪽에 있던 마을로 바위가 많아 그렇게 불렸다 한다. 그러나 현재는 항공학교 부지로 흡수되어 사라지고 없다.

(권 선 정)

## 주(註)

1) 마을의 상징적 중심인 진산은 풍수상 주산(主山)과 일치되는 경우가 많지만, 그렇다고 진산과 주산이 항상 동일한 것은 아니다. 가령 조선의 국도였던 한양의 경우, 경복궁이 기댄 북악산이 주산이라고 한다면 북악산으로 맥을 이어주는 북한산이 진산에 해당한다.

2) 노성면 지역을 소개하고 있는 여러 지리지들에서 노산의 다른 명칭은 주로 성산인데, 『여도비지』(1853~1856)와 『대동지지』(1864)에서는 성산 외에 탑산이라는 지명도 제시하고 있다. 그리고 2005년 제작된 노성면 향토지에는 풍수상 노성산의 산형이 스님이 장삼을 입고 곱게 앉아 있는 모습과 닮았다 하여 니산이라는 별칭으로도 불렸다고 소개하고 있다. 노성산이라는 명칭은 『영조실록』(1756년)에 "충청도 니산현에 노성산(魯成山)이 있고, 산 아래에 궐리촌(闕里村)이 있는데, 선정신(先正臣) 문순공 권상하(權尙夏)가 일찍이 계미년 사이에 많은 선비들과 모의하여 이곳에 하나의 사당을 세웠습니다."라는 내용에 등장하고 있음을 확인할 수 있다(『영조실록』, 34년. 9월. 29일. 임자조).

3) 조선시대 노성면 지역은 니산현, 니성현 등으로 불렸는데, 『여도비지』와 『대동지지』에서는 정조 때 니성(尼城)으로 바뀌었다가 다시 현재의 노성(魯城)으로 고쳐졌음을 기록하고 있다. 노성이라 부르기는 숙종 때 송시열의 제자들이 니산 아래 궐리사(闕里祠, 1716년)를 모신 일로 해서 공자가 탄생한 중국 산동성 노나라의 니구산(尼丘山)을 연관시켜 니산을 노성으로 개칭하게 되었다는 설도 있다(노성면, 2005, 향토지 : 7.).

4) 궐리사는 노성 외에도 강릉, 제천, 화성에 있었다고 하는데, 현재는 노성과 화성(현 오산시 궐동, 1792년) 그리고 경남 진주시 사봉면 봉곡리 모곡마을(연대미상)에 남아 있다.

5) 윤돈은 유연(柳淵)의 2녀 문화유씨와 결혼하면서 처향인 노성 인근 득윤리(得尹里)로 이주하게 된다. 득윤리는 현재 논산시 광석면에 속해 있다.

6) 윤순거는 윤창세의 2남인 윤황의 아들로 뒤에 백부인 윤수에게 입양되었다.

7) 윤돈의 장인 유연은 1남 2녀를 두었는데, 한여헌은 맏사위로 윤돈은 둘째 사위로 문화유씨 집안과 관련을 맺는다. 유씨의 재산을 분재할 당시 한여헌과 처남 유봉서는 이미 고인이 된 상태였다.

8) 이 재실은 1630년대에 건립되었다고 하는데, 윤순거의 자 윤진(德浦 尹搢)이 선대로부터 물려받은 것을 문중 재실로 내놓은 것이라고 한다.

9) 윤창세의 3남인 윤전의 장자.

10) 윤창세의 2남인 윤황의 5남으로 윤증의 아버지이다.

11) 이러한 풍수 형국을 소위 '금계포란형(金鷄抱卵形)' 이라고 하는데, 보통 금계포란형의 지세는 그 규모가 작아 마을보다는 음택(묏자리)으로 사용되는 경우가 많다.

12) 윤순거가 윤원거, 윤선거와 함께 종약을 완성한 것이 1645년인데, 종약에는 종학과 관련된 구체적 내용이 서술되어 있다. 심지어 서책에 대해서도 '파윤종병사장(坡尹宗丙舍藏)' 이 새겨진 도장을 찍어 보관하도록 할 정도였다. 이렇듯 노성 파평윤씨의 남다른 교육열은 과거 정수암이 있었던 곳에 종학당을 세우게까지 되는데, 그 시기가 대략 1600년대 중반으로 알려져 있다(윤정중, 1999, 파평윤씨 노종오방파의 유서와 전통: 92-133.; 논산군, 1991, 노성 – 내고장 으뜸가꾸기 마을이야기 모음 제 3집: 83.).

13) 17세기 전반 광해군대 논산지역은 북인(北人)의 정치성향을 가진 일단의 부류가 있었는데, 인조반정 후 서인(西人)세력만 존재하게 된다. 초기 서인과 남인(南人)의 대립 속에서 시작된 당쟁은 결국 17세기 후반 서인이 노론과 소론으로 분리되는 삼각관계 구조를 이루게 되는데, 그 지역적 배경이 다름 아닌 연산, 논산 일대라고 할 수 있다.

14) 돈암서원은 본래 현 위치에서 서북쪽으로 1~5km 떨어진 '숲말' 에 세워졌었는데, 그곳은 지대가 낮아 홍수 때에는 물이 뜰까지 넘쳐 들어왔기 때문에 1880년(고종 17) 현재의 위치로 옮겨졌다.

15) 이정우, 1999, "17~18세기 재지 노 · 소론의 분쟁과 서원건립의 성격," 진단학보 88집 : 222. 과거 연산군 백석면에 속했던 오산리에 세워졌던 구산서원은 현재 그 흔적을 찾을 길 없고 단지 부지만 남아 있을 뿐이다.

16) 당시 송시열은 회덕현에 그리고 윤증은 니산현에 거주했기 때문에 붙여진 '회니분쟁' 은 규장각에 소장되어 있는 「회니본말」에 그 내막이 상세히 기록되어 있다.

17) 윤증은 결국 1684년(숙종 10) 스승이었던 송시열에게 절연의 서한을 올리게 된다.

18) 『노성궐리지』(박병문, 1932, 장서각 R16N 232). 송시열의 궐리사 건립 계획은 그가 1689년 왕세자(경종) 책봉 반대 상소로 제주도 귀향을 가게 되고 상경도중 정읍에서 사약을 받고 세상을 떠남으로써 실현되지 못한다.

19) 『노성궐리지』(이학운, 1859, 장서각 B15 FB1).

20) 풍수에서는 인간살이와 관련해 물이 갖는 중요성을 언급하며 사용하기 위해 '얻는 물'을 '득(得)', '사용한 물'을 '파(破)'라 구분한다.

# 마을의 역사

## 마을 연혁

역사적으로 논산 지역은 크게 노성현(魯城縣), 연산현(連山縣), 은진현(恩津縣)의 세 지역으로 나뉘어져 있었다. 삼국시대부터 1910년대 중반까지 세 지역은 관할 지역이 달랐고 별도의 지방관이 파견되어 각각 다르게 발전하여 왔으나, 일제의 지방제도 개편 시 논산군으로 통합되었다가 1996년에 논산시로 승격되었다. 이 지역의 연혁을 삼국시대부터 조선 초기까지 간략히 살펴보면 다음 표와 같다.

〈표1〉 논산의 행정 연혁 변화

| | |
|---|---|
| 魯城縣 | 백제 때 熱也山縣이라 했으나, 신라 때 尼山으로 개명되어 熊州(공주)의 속현이 되었다.<br>고려시대 1018년에 공주에 예속되었으며, 뒤에 감무를 두었고, 1413년에 현감이 두어졌다. |
| 連山縣 | 백제 때 黃等也山郡이라 했으나, 신라 경덕왕 16년에 黃山郡으로, 고려 초에 연산현으로 개명되었으며, 1018년에 공주에 예속되었다가 뒤에 감무가 설치되었고, 1413년에 현감이 설치되었다. |
| 恩津縣 | 백제 때의 德近郡과 加知奈縣 지역으로, 덕근은 신라 경덕왕 때 德殷郡으로, 다시 고려 초에 德恩郡으로 개명되었으며, 가내지현은 신라 경덕왕 때 市津으로 개명되어 덕은군의 속현이 되었는데, 1018년에 두 고을 모두 공주의 속현이 되었다가 1397년 두 고을이 병합되어 덕은감무가 설치되었고, 1413년에 현감이 두어졌으며, 1418년에 은진으로 개명되었다. |

이들 세 지역은 조선시대에 폐합되거나 분리되는 변화를 겪었다. 조선시대에 군현이 폐합되는 경우는 그 지역에서 역적이나 강상(綱常)의 죄인이 발생한 데 따른 처벌의 일환으로, 또는 변란과 재해로 인하여 큰 피해를 입게 되어 독립 군현으로 기능하기가 곤란할 때였다. 이렇게 한번 폐합된 군현은 수년 또는 수십 년이 흐른 뒤에야 복구될 수 있었다.

『조선왕조실록』에 의하면, 1646년(인조 24년)에 니산현(尼山縣) 사람인 유탁(柳濯)이 모반을 일으켰다. 이에 대한 조치로 정부에서는 은진·니산·연산을 폐합하여 평천역(平川驛) 서쪽에 은산현을 설치하였다. 이후 10년 만인 1656년(효종 7년)에 세 현을 복구하였고, 그 후로는 별다른 변화 없이 세 현이 각각 독자적으로 발전해오다가 1895년에 군으로 바뀌었다.

노성은 군현명이 여러 차례 바뀌었다. 노성현은 원래 니산현이라 하였는데 1777년(정조 1년)에 '니산(尼山)'이 임금의 이름과 같다 하여 고을 이름을 니성(尼城)으로 고쳤고, 1800년(순조 즉위년) 8월 20일에 이성을 다시 노성으로 고쳤다. 이후 1817년에 '노성의 읍호를 강등한 지 이미 10년의 기한이 지났으므로 다시 승격하자는 논의가 있어 노성현으로 승격하였다'는 기록이 있다. 이로 보아 노성현은 1807년경부터 10여 년 동안 다시 강등되었던 것으로 추측되지만, 관련 기록이 없어 당시의 정황은 확인하기 어렵다. 이렇게 노성은 니산 → 이성 → 노성으로 군현명이 바뀌어 왔던 것이다.

『여지도서』(輿地圖書, 1759)에 의하면, 노성현은 읍내면, 상도면, 하도면, 두사면, 천동면, 광석면, 득윤면, 소사면, 장구동면, 화곡면, 월오동면으로 편제되어 있고, 장구동면은 다시 오강리(五岡里), 신대리(新岱里), 구종리(舊宗里), 장구동리(長久洞里), 유봉리(酉峯里), 접지산리(接枝山里), 병사리(丙舍里), 형전리(荊田里), 흑점리(黑店里), 가곡리(佳谷里)로 편제되어 있었다. 그러나 30여 년 뒤에 편찬된 『호구총수』(戶口總數, 1789)에는 장구동면(長久洞面)이 청건리(靑乾里), 신대리(新垈里), 덕포리(德浦里), 오강리(五江里), 신촌리(新村里), 사교리(沙橋里), 장구동리(長久洞里), 유봉리(酉峯里), 구중리(九中里), 동대리(東垈里), 가곡리(佳谷里), 노계리(魯溪里), 병사리(丙舍里), 내촌리(內村里), 산직리(山直里), 접지산리(接枝山里)로 편제되어 동리편제가 세분화되는 등, 짧은 기간에도 동리의 변화가 현저했음을 보여주고 있다.

조선시대 병사리의 호구수는 『여지도서』에만 기록되어 있는데, 유봉리는 편호(編戶) 16호, 남 18구(口), 여 23구이고, 접지산리는 편호 29호, 남 56구, 여 65구, 병사리는 편호 15호, 남 14구, 여 22구의 규모였다. 지금의 병사리는 『여지도서』 동리 편제상의 장구동면 유봉리, 접지산리, 병사리에 해당하고, 『호구총수』의 동리 편제상으로는 접지산리, 내촌, 유봉리, 병사리로 이루어진 것이다. 따라서 당시 마을의 규모는 『여지도서』에 의하면 편호 60호, 남 88구, 여 107구이었고, 장구동면의 전체 편호는 편호 354호, 남 571구, 여 609구였다. 『호구총수』의 장구동면 전체 원호(元戶)는 355호, 남 786구, 여 742구였다.

## 마을의 형성

### 파평윤씨 종족마을의 형성

파평윤씨의 노성 입향은 김굉필의 문인이자 조선 중종대의 문신인 19세(世) 윤탁(尹倬)의 손자인 윤돈(尹暾, 1519~1577)으로부터 비롯된다. 윤돈은 윤선지(尹先智)의 3형제 중 둘째로, 형과 아우는 경기도 파주에서 살았는데 자신은 처가가 있는 니산현 득윤면(得尹面) 당후촌(塘後村)으로 내려와 살았다.

윤돈이 득윤면 당후촌으로 내려온 시기는 전해지지 않지만, 그 계기가 문화유씨 유연(柳淵)의 둘째 딸과의 혼인에 있음을 감안하면 1540~1550년대로 추정할 수 있다. 윤돈이 노성에 정착하는 경제적 기반은 처가로부터 받은 상속에 있었다. 윤돈이 장인인 유연으로부터 재산을 분배받은 문서인 「화회문기」[1]에 의하면, 유연은 2녀 1남, 즉 장녀(한여헌 처)와 차녀(윤돈 처), 아들 유서봉(柳瑞鳳)을 두었는데, 분재 당시에는 한여헌(韓汝獻)과 유서봉이 이미 고인이 되었으므로 장녀와 윤돈, 그리고 유서봉의 처 이씨가 참여하였으며, 윤돈의 아들인 윤창세(尹昌世)도 집필(執筆)로 참여하고 있었다. 이때 윤돈의 처가 상속받은 재산은 전답 174마지기와 노비 17구였다.

그 후 절손된 유서봉의 처 이씨는 창세의 막내아들 희(熺, 전부공)를 지목하여 재산을 물려주고 외손봉사하도록 하였고, 그 결과 유연과 유서봉의 제사는 전부공파에서 외손봉사하게 되었다. 그러나 어느 시기부터인가 전부공파에서 제사를 폐하고 산소도 돌보지 않자, 1840년 노종파 대종중에서 전부공파의 제사권을 박탈하고 대종중에서 제사를 지내기로 하였으며, 지금도 노종파 대종회에서 지내고 있다.

한편 윤돈의 아들 윤창세(尹昌世, 1543~1593)는 청주경씨 경혼(慶渾, 1498~1568)의 딸과 혼인하고, 처가의 기반이 있는 현재의 병사리 비봉산 자락으로 터전을 옮겼다. 경혼은 김안국(金安國)의 문인으로, 1533년(중종 28) 별시문과에 병과로 급제한 뒤 많은 요직을 거쳐 대사간(1549년)과 부제학(1550년), 충청도관찰사(1551년) 등을 역임한 명종조의 중신이었다.[2] 경혼의 아들, 손자, 현손 등도 대대로 과거에 합격하여 명문의 위상을 이어갔다. 이같은 경혼의 위상을 감안한다면, 청주경씨의 재산 상속분도 적지 않았을 것으로 추정된다.

이처럼 파평 윤문(尹門)이 병사리에 입향하여 단기간에 명문집안으로 성장하게 된 배경에는 윤돈의 처가인 문화유씨가와 함께 윤창세의 처가인 청주경씨의 가문배경 · 경제적 기반이 있었음을 알 수 있다. 여기에 더하여 윤창세의 처 청주경씨는 출중한 가정운영 능력을 보였다. 청주경씨는 명문집안의 둘째 딸로 태어나 부모님으로부터 엄한 교육을 받고 윤창세에게 시집을 가서 5남 2녀를 두었다. 경씨부인은 윤창세보다 31년을 더 살면서 7남매를 모두 결혼시키고, 오방파의 학문이 대성하는 기반을 마련한 뒤 서울 자택에서 돌아갔다. 후일 손자 윤순거(尹舜擧)는 경씨부인의 행장(行狀)에서 "경씨부인은 '군자의 기품을 지닌 여인' 으로 불렸고, 지혜가 밝고 사리에 통달하였다"고 술회하였다. 이처럼 경씨부인은 파평윤씨 오방파가 학문으로 대성할 수 있는 물질적 기반은 물론 가정운영의 기초를 마련해 준 여인이다.

이렇게 2대에 걸친 처가의 경제적 기반으로 파평윤씨는 일찍이 명문가로 성장할 수 있었다. 윤창세는 32세 되던 해인 1574년에 병사에 효렴재(孝廉齋)와 성경재(誠敬齋)를 건립하였고, 서울 성남에도 거처를 마련하여 양쪽을 왕래하며 아들과 손자들의 교육에 힘썼다. 윤창세는 아들 5형제를 두었는데, 아들과 손자들은 과거 시험을 치르기 위해 주로 성남 집에서 거주하며 학문에 힘썼다고 한다. 장남 윤수(尹燧,

1562~1617)는 경서에 밝았으며, 1601년에 식년문과에 급제하고, 차남 윤황(尹煌, 1571~1639)은 일찍이 서울에서 유학하면서 이이와 성혼에게 배우고 성혼의 사위가 되었으며, 1597년 알성문과 을과로 급제하였다. 3남 윤전(尹烇, 1575~1636)은 형 윤황과 함께 성혼의 문하에서 수학하여 1610년 식년문과 을과로 급제하였다. 4남 윤흡(尹熻, 1580~1633)은 1609년 진사에 급제하여, 1633년 한성서윤이 되었다. 5남 윤희(尹熺, 1584~1648)는 아버지를 모시고 살았으나 후손이 번창하지 못했다. 장남 윤수가 후사가 없자 1599년경 청주경씨는 작은 아들(煌)의 집에 가서 순거를 종사(宗嗣)로 지목하였다고 한다. 순거는 이렇게 해서 종가의 사손(嗣孫)이 되었지만, 18세까지는 생가에서 자랐고, 18세가 되어 병사에서 지내면서 종손 역할을 하였다고 한다.

이처럼 창세의 아들 5형제 자손은 거자(擧字) 항렬에서는 21명[1명(李擧)은 장단 종중으로 출계], 재방변(扌) 항렬은 51명, 교자(敎字) 항렬은 106명, 東字(동자) 항렬은 173명, 光字(광자) 항렬은 307명으로 번성하였고, 거주지도 장구동면 유봉, 가시라, 장구리, 죽림리를 비롯, 거자 항렬부터는 공주, 진잠, 부여 등지로 거주지를 확대하여 갔다. 그리하여 파평윤씨의 노성 입향조인 윤돈 이하의 자손을 칭할 때는 '노종파(魯宗派)' 라고 하고, 창세의 아들 5형제 자손을 일컬을 때는 '오방파(五房派)' 라고 한다.

한편 과거 병사마을에는 파평윤씨 외에 수원백씨가 많이 살았다고 한다. 전해지는 말에 따르면, 수원백씨는 윤동도(尹東度, 1707~1768)가 낙향할 때 수행관으로 따라 왔다가 노성에 정착하게 되었다고 한다. 수원백씨 노성 입향조는 23세 사신(師臣, 임진생)으로, 묘소는 광석면 사월리에 있다. 사신의 아버지 상후의 묘소는 산청에 있다. 사신은 수원백씨 문경공파(文敬公派) 창평공계(昌平公系)로, 『수원백씨대동보』에 그의 생년은 간지로만 기록되어 있고 돌아간 시기는 미상이다. 사신의 7대손의 생년이 1929년이라는 사실을 토대로 사신의 생년을 추정해 보면 1712년인데, 마을에 살고 있는 8대 후손의 구술에 의하면 사신은 일찍 죽었다고 한다. 사신의 아들 동관(東觀, 갑자생)은 1744년생으로 추정되고, 그의 묘소부터 병사리에 있다. 이러한 정황으로

〈파평윤씨 노종파 가계도〉

(19세) 倬 — (20세) 先智 — (21세) 暾(문화유씨) — (22세) — (23세) — (24세) — (25세)

- 倬
  - 先智
    - 暾(문화유씨)
      - 昌世
        - 燧(설봉공파)
          - 舜擧 系
            - 晢
            - 搢(덕포)
            - 撦(庶)
            - 指(庶)
            - 措(庶)
            - 撍(庶)
          - 後擧(庶)
        - 煌(문정공파)
          - 勛擧
            - 扑
            - 㨁
          - 舜擧 出
          - 商擧
            - 播
            - 揘
          - 文擧
            - 搏
            - 掄
          - 成擧
          - 宣擧
            - 拯
            - 推
            - 撥(庶)
            - 拙(庶)
            - 挹(庶)
          - 民擧(庶)
          - 耕擧(庶)
          - 時擧(庶)
        - 烇(충헌공파)
          - 元擧
            - 拄
            - 揄
            - 拊
          - 仲擧
          - 叔擧
          - 季擧 出
          - 東擧(庶)
          - 五擧(庶)
          - 八擧(庶)
        - 熓(서윤공파)
          - 雲擧
          - 鴻擧
          - 溟擧
          - 海擧
          - 鳳擧 出
        - 熺(전부공파)
          - 鳳擧 系
      - 名世(庶)

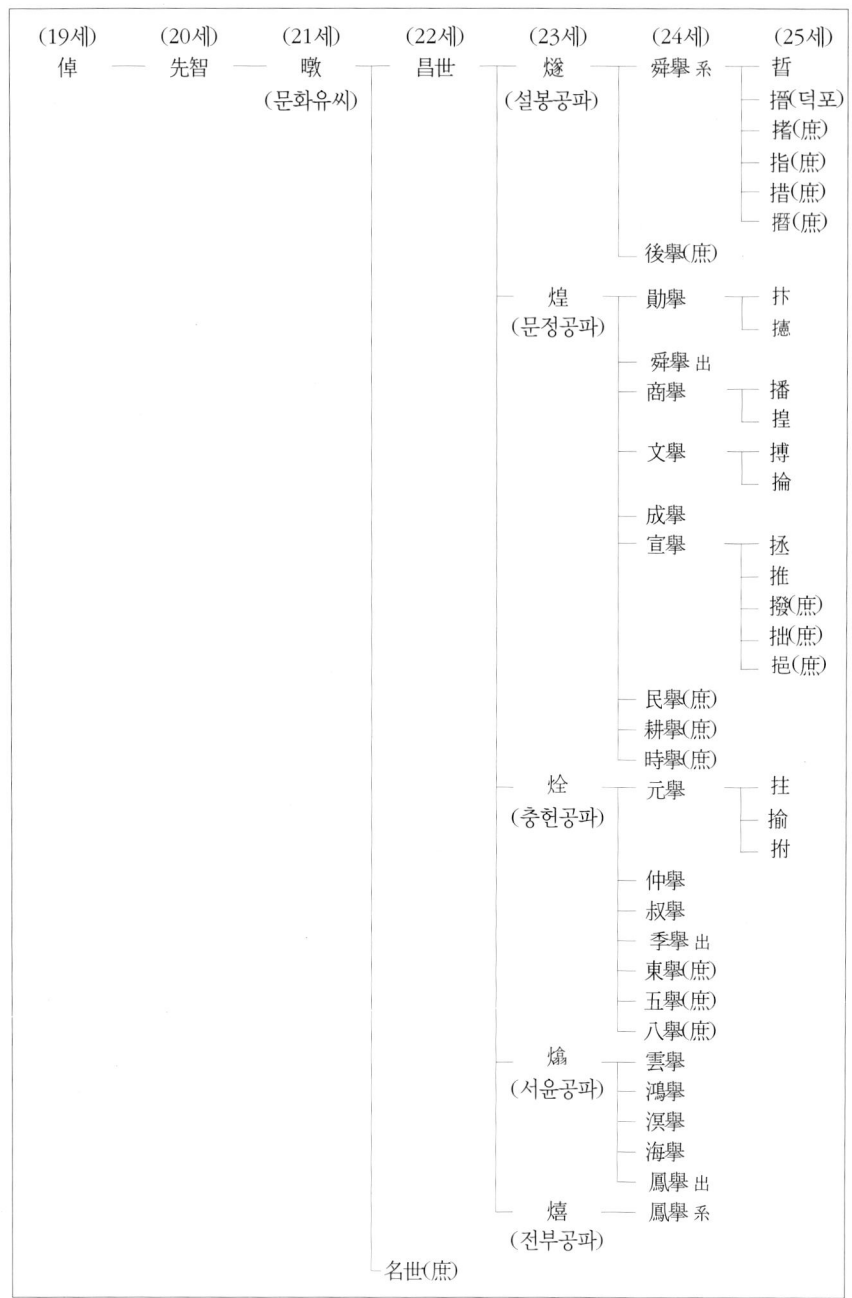

〈수원백씨 가계도〉

| (22세) | (23세) | (24세) | (25세) | (26세) | (27세) | (28세) | (29세) | (30세) | (31세) |
|---|---|---|---|---|---|---|---|---|---|
| 尙厚 | 師臣 | 東觀 | 源鎭 | 泰洙 | 樂根 | 南先 | 成基 | 大鉉 | 承柱 |
| | | | | | | 南寧 出 | | | |
| | | | | | 樂春 | 南俊 | | | |
| | | | | | 樂夏 | 南龜 | | | |
| | | | | | | 南鴻 | | | |
| | | | | | | 南鶴 | | | |
| | | | | | | 南式* | | | |
| | | | | | | 南薰 | | | |
| | | | | 魯洙 | 樂顯 | 南寧 系 | | | |
| | | | 永鎭 | 尙洙 | | | | | |
| | | | 正鎭 | 仕洙 | | | | | |
| | | | 斗鎭 | 興洙 | | | | | |

보면, 수원백씨는 18세기 중엽 어간에 노성(병사리)에 입향한 것으로 추정해볼 수 있다. 그러나 수원백씨의 이후 행적에 대해서는 잘 알려져 있지 않고, 다만 일제시기에 독립운동을 한 28세 백남식(白南式, 1880~1950)만이 알려져 있을 뿐이다. 백남식은 1919년 8월경에 윤태병(尹太炳), 윤상기(尹相起) 등과 함께 비밀결사단체인 대한건국단(大韓建國團)을 조직하고, 상해임시정부를 지원할 목적으로 군자금 모금활동을 폈다. 그러던 중 일본경찰에 발각되어 1920년 8월에 경성복심법원에서 징역 10년형을 선고받고 옥고를 치르다가 감형되어 1927년에 출옥하였다.

## 접지미 밀양박씨 종족마을 형성

접지미마을은 『여지도서』와 『호구총수』에 접지산리로 편제된 마을이다. 접지산리는 『여지도서』에 29호로 기록되어 있어 오늘날의 마을 규모와 비슷하여 조선시대 접지산리의 공간 범위는 오늘날과 같았을 것으로 판단된다. 접지산리에 있는 저수지인 접지산제(接枝山堤)는 『여지도서』(1759)에 니산현의 제언(堤堰)조에 기록되었을 정도로 축조된 지는 상당히 오래되었다.

현재 접지미마을에는 밀양박씨 '규정공파 전한공(典翰公)' 후손이 종족마을을 이

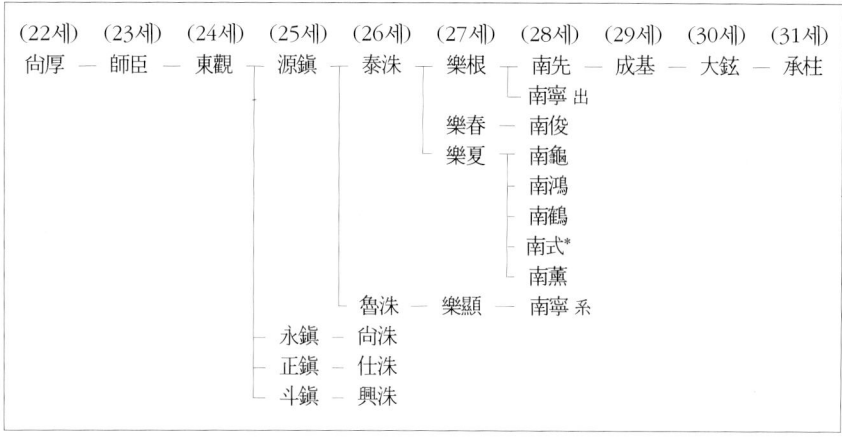

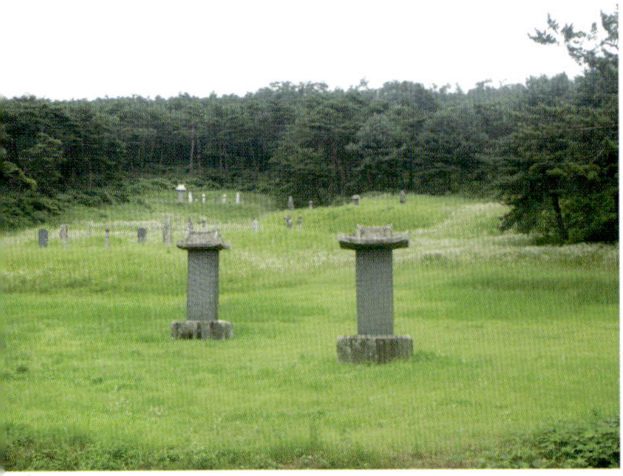

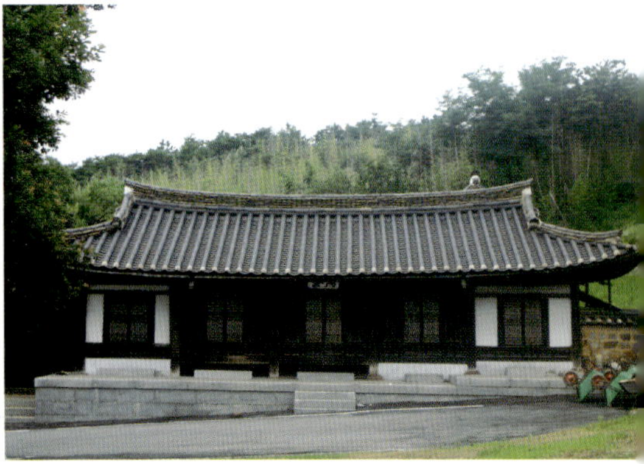

**파평윤씨 묘역**

**병사 재실**

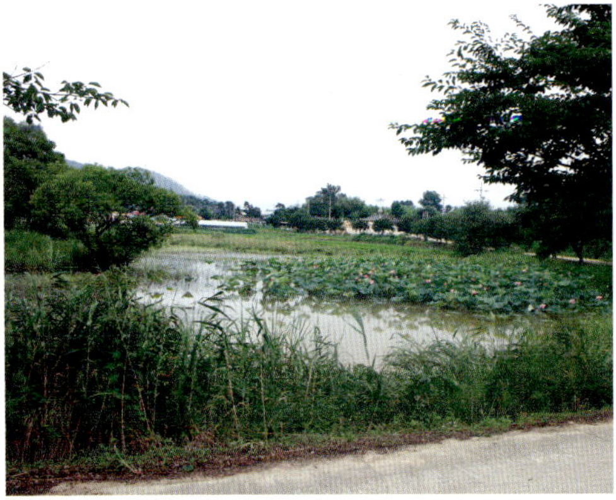

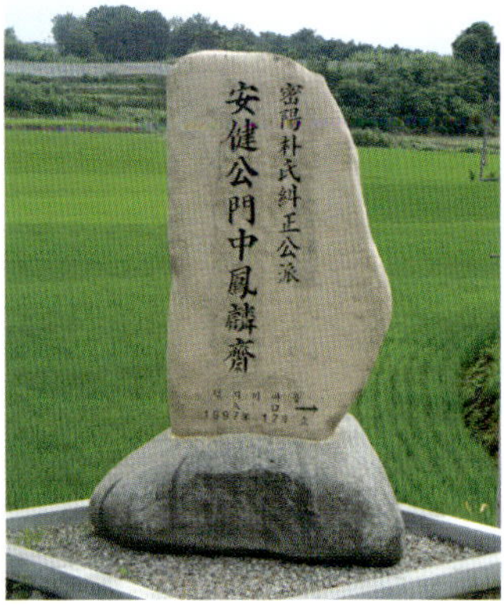


**접지산제 :** 조선시대 접지산제의 규모는 둘레 810尺, 깊이 2尺 5寸이었다(『여지도서』).

**밀양박씨 안건공 문중 재실 봉린재 표지석**

루고 살고 있다. 전한공 박인원(朴仁元, 1514~1577)은 1552년(명종 7)에 문과에 병과로 급제하여 1562년에 세자시강원 필선(世子侍講院 弼善), 1563년에 성균 사예(成均司藝), 1564년에 사헌부 지평(司憲府持平), 1530년에 홍문관 전한(弘文館 典翰)을 역임하였다. 그리고 규정공(糾正公) 박현(朴鉉)의 10세손으로 전한공파 파조(派祖)이다.

현재 밀양박씨 전한공파의 노성 입향조는 박안건(朴安健)으로 일컬어지고 있다. 족보에 의하면, 박안건은 1566년에 태어나 1633년에 졸하였고 고양군 효릉면 두응촌(豆應村)에서 노성으로 이거하였다. 그렇지만 안건의 생몰년도는 후손들의 생몰년도와 비교해보면 정확하지 않고 그가 언제 노성면 접지미로 들어왔는지도 확증하기 어렵다. 다만 안건의 묘소가 노성 두사면(豆寺面 春橋谷)에 위치하고 있어 그를 노성의 입향조로 추정할 뿐이다. 또한 언제부터 접지미마을이 밀양박씨 종족마을이 되었는지도 이와 관련된 자료가 전무하여 추정하기 어려운 실정이다. 밀양박씨 가계도를 규정공 박현을 1세로 하여 도표화하면 다음과 같다.

〈밀양박씨 가계도〉

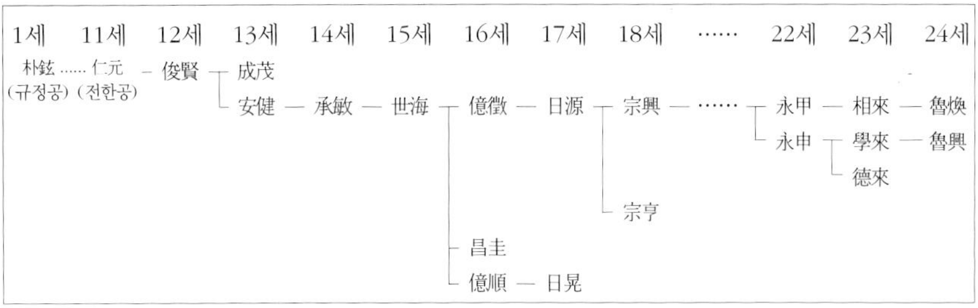


## 조선시대 병사리와 파평윤씨의 위상

조선시대 병사리의 모습은 현재 남아 있는 자료만으로는 파평윤씨의 활동과 관련된 부분만 두드러져 보인다. 『여지도서』에서 병사리 기록을 보면 '접지산제(接枝山堤)' 가 등장한다. 접지산제는 현 서쪽으로 7리에 있고, 둘레가 810척이며 깊이가 2척 5촌으로 기록되어 있다. 이로 보아 내력이 꽤 오래된 병사2리의 접지산방죽은, 비록 현재는 작은 연못 규모로 남아 있지만, 과거에는 그 규모도 상당했던 것으로 생각된다. 조선시대 병사1리는 파평윤씨의 종족마을로써 파평윤씨의 영향력 아래에 있었고, 마을의 역사는 파평윤씨 오방파 문중의 활동과 인물로써만 확인 가능하다.[3]

### 파평윤씨의 문중 형성과 문중활동

파평윤씨 종중의 역사는 입향조의 증손인 윤순거 대에 시작되었는데, 고조를 기제사로 모시고 있는 중에 당시 종인이 약 90여 명 정도였을 때 종중을 만들었다고 한다. 윤순거(1596~1668)는 장손으로서 할머니 청주경씨의 유지를 충실히 이행하고 노성윤문의 요람을 만드는데 20여 년간 한 가지도 빠짐없이 준비하였다. 병사에 처음 집을 지은 것은 1574년으로 윤창세(32세)가 효렴재와 성경재를 지어 사저로 이용하였다. 그러나 자손들은 병사보다 서울 성남 사저에 주로 거주하며 학문에 힘써 사마시에 응시, 합격하였다. 이후 병자호란이 일어나 윤황이 노성으로 낙향하는 1637년부터 윤순거, 원거, 문거, 선거 등 여러 형제들은 과거를 폐하고 세상을 은둔하여 가학(家學)을 주창하였다. 그리하여 1637년부터 1646년 사이에 종약을 제정하고 의전(義田)을 마련했던 것이다. 실제 1640년에 윤순거는 병사에 제각(祭閣)과 회랑을 건축했는데, 제각이 있었던 자리는 현재 윤순거의 묘소 앞 공터라고 한다. 이후 병사는 종가의 살림집으로 사용되었으며 1704년(숙종 30)에 도교(道教)가 형제들과 함께 대종계 제각과 성경재를 증·개축하였다. 1709년에는 송담리 월명동에 종가를 신축하여 옮기고, 병사는 설봉공 종계 재실로 사용되었다. 그 후 윤순거가 지은 대종계 제각이 퇴락하여 1897년(광무 원년)에 헌병(憲炳)이 대종계와 설봉공 종계를 합솔(合率)하여 대종중이라 하였다.[4]

이러한 대종중은 1645년에 제정한 종약(宗約)에 의해 유지·발전되었다. 윤순거는 종약 서문에 선조의 제사, 산소 돌보는 일, 친족 간의 우애를 강조하여 종약을 만든 의의를 밝히고 있다. 종약을 제정한 이후 1647년부터 매년 춘추로 연 2회 종인들이 모여 종회를 하였다. 종회는 가장 엄정히 치러지도록 종약에 규정되어 있으며 이를 어길 경우, 유사 가운데 종사를 잘 다루지 못하는 자, 종인 중 종약을 지키지 않는 자, 아무 이유 없이 종회에 불참하는 자는 벌하도록 정해놓고 있다. 종약을 지키지 않는 종인에게 가해지는 벌칙은 종회에서의 결정에 따라 중죄자는 태형 30대, 경죄자는 태형 15대, 나이가 어린 자는 종아리를 치는 것으로 되어 있다.

이후에 파평윤문은 광자 항렬에서 종벌(宗罰)을 새로 만들었다. 종벌의 종류는 견책(경고조치), 배상, 일정 기간 참사(參祀) 불허, 종신 참사 불허, 할적(割籍)이 있다.

『종회록』에 종벌을 내린 사례가 있다고 한다.

또한 파평윤씨 문중은 문중 수호를 위하여 종인뿐만 아니라 산하(山下)에 사는 촌민(村民)을 보호하기 위해서 많은 규약을 만들어 종인들에게 인지시켰다. 첫째, 동내(洞內)에는 자손된 사람은 입주하지 말 것. 이는 동민을 괴롭히기 쉽기 때문이다. 둘째, 동민의 집 대지와 채마전의 도조(賭租)는 면제한다. 셋째, 동민이 생활을 지탱할 만큼의 전답을 임대해준다. 넷째, 동민의 경조사에는 종중에서 상당량을 보조하고 대여해 준다. 다섯째, 흉년, 우환 등의 재난을 당할 때는 상당한 재원을 보조 또는 대여한다. 이러한 파평윤문의 촌민에 대한 보호 규약은 대대로 지켜져 병사에 사는 사람들은 터도지를 내지 않았고 종중전답을 소작하며 살아왔다. 종약의 이러한 규정 외에도 윤증은 '윤씨는 누에농사도 짓지 마라' 고 할 정도로 병사에 사는 동민들을 보호하였다. 이러한 윤씨들의 배려로 한국전쟁기에 병사 마을사람들이 윤씨를 보호해주었다고 한다.

한편 윤순거는 의창제를 문중운영에 도입하여 문중의 선산과 재실의 운영, 묘사를 위한 재정조치로 의전(義田)을 마련하였다. 의창제는 불의의 재해 또는 긴급 환난, 喪葬(상장), 혼상(婚喪), 흉년의 기아 구휼 등을 대비하여 평상시에 공동으로 재원을 저축하였다가 서로 돕고자 만든 것이다. 의전은 오방파의 각 집에 논 7마지기를 내어주어서 그 토지에서 받는 예납곡(例納穀)으로 설치하였다. 그리고 종인 중에 관리가 된 자는 각자 봉급을 털어 재정에 도움이 되도록 하였다. 의전은 제수의 비용 이외에

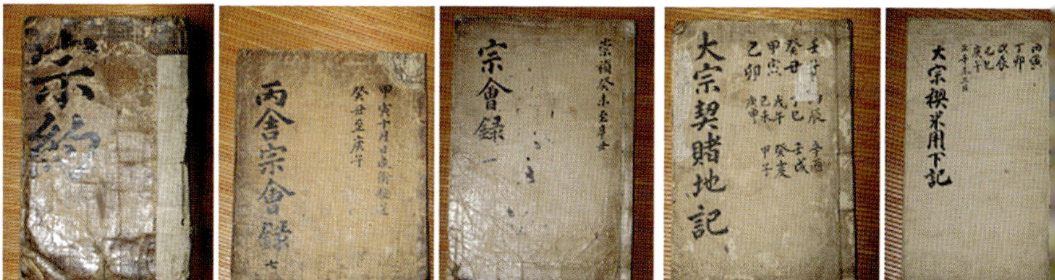


**현재 파평윤씨 가문에 남아 있는 대종계 문서들**

도 혼상자(婚喪者)의 부조로 쓰여 불의의 재난과 일가집의 궁핍에 대비하는 대비책으로 쓰였다.

의전 운영 초창기에는 각 집에서 성실하게 예납을 하여 비축이 많아져 부상(賻喪)에 이불 2벌을 보낼 수 있었고, 급한 출산에도 여러 가지 쓸 밑천과 양식을 넉넉히 보낼 수 있을 만큼 40년 동안 모범적으로 시행되었던 것 같다. 그러나 점차 생활이 어려워지면서 각자 내어야 할 예납을 내지 않을 뿐만 아니라 의전에서 나오는 수입도 부족하여 의전은 시행한 지 40년 만에 위기에 처하였다. 의전의 위기는 곧 폐지로 이어져 명재 윤증이 돌아가자마자 폐지되었다.

의창이 폐지된 이후부터 재건하기까지 상황은 알 수 없다. 다만 재건 당시 종족들이 번성하였던 반면에 가난하고 굶는 자도 많았으며 1799년과 1802년에는 대흉년이 들기까지 하였다. 이에 윤광저와 윤광형 등이 구휼사업의 필요성을 주장하였다. 종중회의에서 여러 논의 끝에 의창의 재건에 진력하여 노성현 내의 대소 18개 종계와 서울과 각 고을의 수령, 넉넉한 후손들이 돈과 곡물을 출연하기에 이르렀다. 그리하여 노성의 중심지인 덕보(德洑)에 창고를 짓고 의창의 운영규약인 절목(節目)을 만들었다.

이렇게 재건된 의전의 규모는 현존하는 도조기에 의하면 1844년도에는 약 417두락이 있었다. 일제강점기에는 약 350두락 가까이 있었고 대종중 소유 전답에서 나온 소출을 덕보의 창고에 쌓아놓았으며, 소출은 종학당 운영비와 문중 운영비로, 흉년시에는 동리민과 문중 구성원들 구휼미로도 쓰였다. 이 시기의 의전은 설립 초기와는 달리 종답이나 의창 모두 문중 구성원들의 경제적 기반을 마련해준다는 목적이 강했던 것으로 보인다. 특히 평상시 의창은 동리민 구휼이라는 공공성을 상실해버리고 문중 종답화되어 일제강점기에 대종중 소유의 농지로 소유권까지 확인받았다고 한다. 즉 19세기 중반 20세기 초반기 의창은 공공성은 미약해지고, 문중구성원들의 생계마련이라는 경제적 측면이 강화되었다고 볼 수 있다. 그것은 윤씨 작인들의 비율이 상당히 높게, 심지어 대종계 종답보다 높은 비율로 나타나는 것으로 반증된다.[5] 또한 의창은 1950년 농지개혁으로 그 기능을 잃고 훼철되었다. 훼철될 당시에 대형 · 중형 창고 각 1동과 고직사가 있었다고 한다.

이렇게 의창은 시대의 변화에 따라 퇴색되어 지금은 그 기능마저 상실하였지만,

문중에서는 1999년에 선조들의 정신을 이어받고 기리고자 의창유허비를 세웠다. 의창지는 현재 유허비가 위치하는 바로 뒤편 민가 터라고 한다.

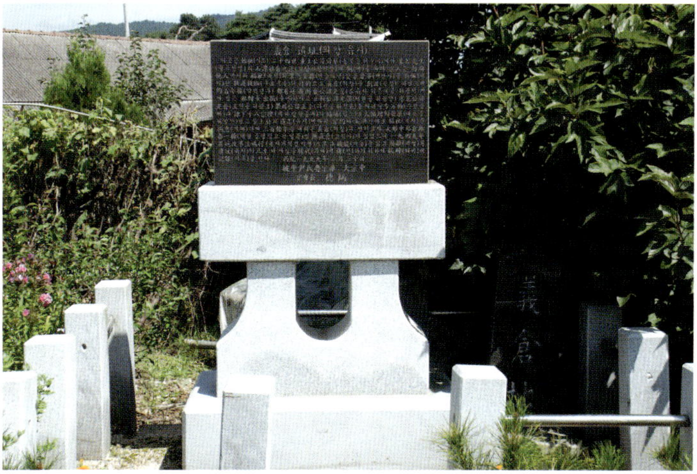

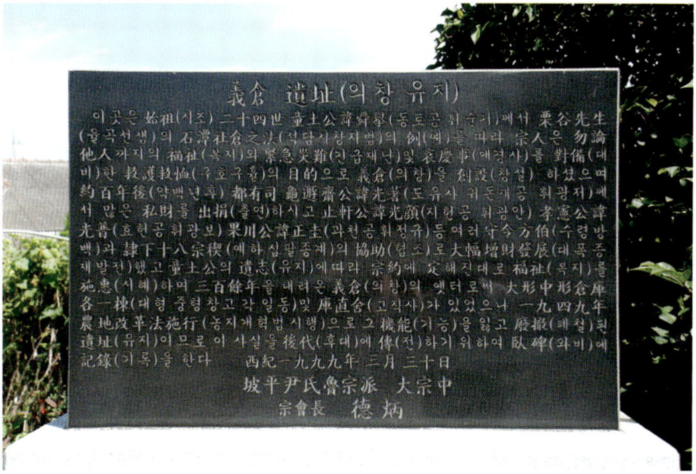

### 종학(宗學)의 설립과 운영

윤순거는 노성으로 입향한 후 종인이 90명 정도로 늘어나자 종중 차원에서 종인들의 교육에 관심을 두었다. 이에 1625년에 병사에 종학을 열었고 1628년에는 문중의 분암인 정수암에 백록당을 지었다.[6] 그리고 시기는 알 수 없지만 노서당을 두사리 물레고개에 짓고 양정재를 득윤면 당후촌에 지어 매월 마을의 우수한 자제들이 모여 강하고 향음주례와 향사례를 연습하기도 하였다. 이처럼 그는 종학뿐만 아니라 노성 지방의 사족들과 함께 강학에 힘썼던 것이다.

이후 1640년경에 종약, 의전을 마련하고 노서당과 병사, 분암을 기반으로 문중자제들에 대한 교육을 실시하였다. 그러면 종학이 어떠한 과정을 거쳐 오늘날 종학원에 이르렀는지에 대하여 정리하여 보자. 우선 종학의 발전, 쇠퇴과정을 몇 시기로 나눌 수 있다.

먼저 1640년경 종학의 기반이 마련된 이후부터 1714년 명재 윤증이 죽기 전까지이다. 이 시기 문중 자제 교육은 병사, 노서당, 양정재 등에서 이루어지다가 1670년대부터는 주로 정수암에서, 1676년 유봉정사의 설립 이후에는 유봉정사와 정수암에서 강학과 의례를 행하였다. 또한 종약의 강학규정이 흐트러지자 윤증은 1672년에 정수암에 모여 종학의 효학지규(斅學之規)를 발표하여 일과(日課), 월과(月課)의 규칙을 발표하였다. 이 시기 종학의 기반은 병사에 있었다고 생각한다. 당시의 종학의 서책에는 '파윤종병사장(坡尹宗丙舍藏)' 이라는 여섯 글자의 도장이 찍혀 있다. 그런

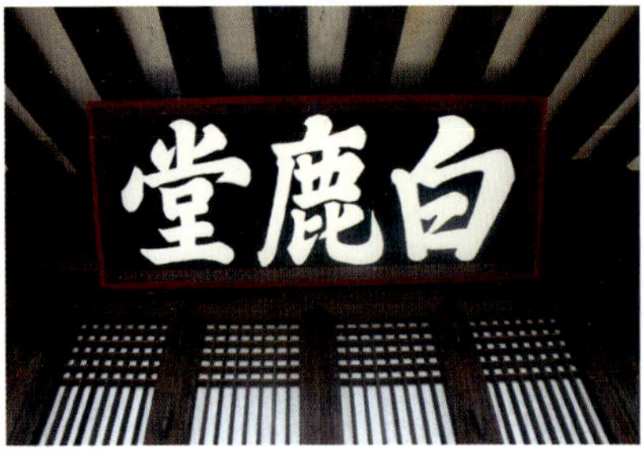


백록당

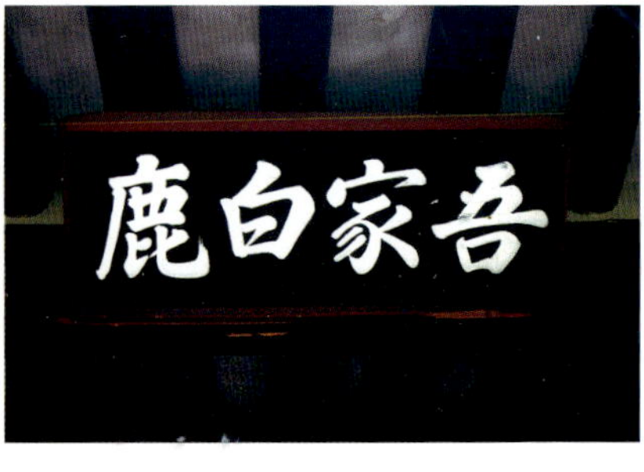


오가백록

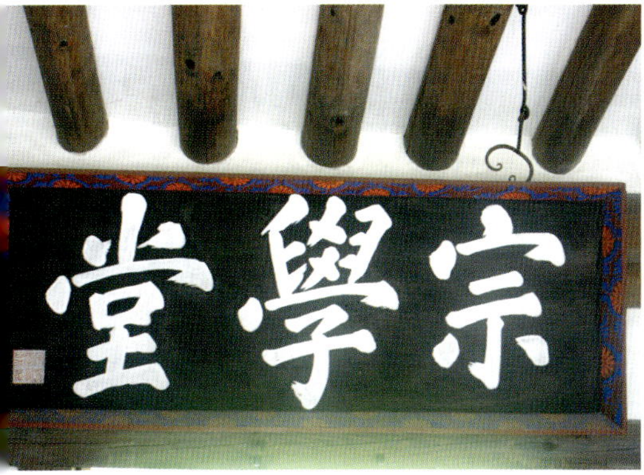


종학당

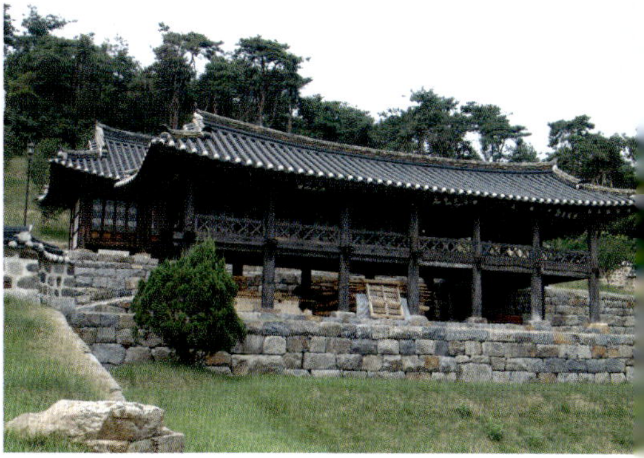

정수루

데 1817년 종학건물이 유봉영당에 독립건물로 자리하면서 도장 문구가 '파윤종종학장(坡尹宗宗學藏)' 으로 바뀌게 된다. 이때 처음으로 '종학' 이 등장한다.

1670년대부터 윤씨 가문의 회합과 강학 장소는 정수암이었다. 「정수암 중수기」에 정수암의 규모에 대한 설명에 의하면 정수암은 방, 판자, 망루, 피접처(避接處), 고직사가 갖추어져 있어 강학과 회합의 장소로도 손색이 없었던 것 같다.

다음은 1714년부터 1816년까지의 공백기이다. 엄밀히 말하면 공백기가 아니라 자료의 한계로 밝혀지지 않은 시기이다. 윤증이 1714년에 돌아가고 종학의 사장 자리를 윤지(尹指, 1660~1740)에게 물려주었다고 한다. 그러나 윤지가 종학의 사장으로서 어떠한 역할을 하였는지는 알 수 없다. 다만 이 시기 인물인 윤동원과 윤동수의 강학과 활동내용을 1738년까지 알 수 있는데, 이들은 각자 개인의 서재에서 강학활동을 펼치고 있었다. 그러나 1737년에 망루가 무너지는 등 건물이 퇴락하였지만 1772년에 가서야 정수암을 중수하게 된다. 따라서 윤지가 돌아간 이후에는 종학이 원활히 운영되지 않았던 듯하다.

이렇게 쇠퇴했던 종학은 1817년에 재건기를 맞는다. 윤씨 문중은 1817년에 유봉영당 옆 좌측 북쪽에 초학학사(初學學舍)인 종학당을 건립하였다. 종학당은 윤광안(尹光顔, 1757~1815)이 자금을 출연하여 4칸 전후퇴의 건물로 건립되었다. 그리고 그가 경서(經書)와 자사(子史) 사백여 권과 운영자금으로 연 수입 이백 석 상당의 전답을 내놓아 종학 기능을 부활, 유지할 수 있다. 이 시기 종학의 운영형태는 「종학기」, 「종학당입의」, 「입의초본」을 통하여 알 수 있는데, 종학이 부활되면서 초창기 종약에 명시한 종학의 운영체계와 학규도 재구성하였던 것이다.

이후 종학당은 1829년 현재의 위치로 이건되면서 그 규모도 일신하게 되었다. 윤씨 문중은 윤광안의 자금 출연을 바탕으로 정수암 백보쯤에 서당을 새로 건축하고 백록당(白鹿堂) 및 정수루(淨水樓)와의 연계를 도모하였다. 그리하여 윤씨가 사람들은 백록당을 서숙이라고 불렀다고 한다. 이 일의 도감을 맡은 윤정규(1765~ 1822)의 「과천공 유사」에 의하면 "재곡을 모아 별청(別廳)을 설치하고 종중의 대소사, 의창과 의곡의 전수, 종학의 영건, 병사의 각종 석물 개건 등을 주도"하였으며 항상 치부책을 들고 재곡을 관리하였다. 이것이 바로 현재의 종학당이고, 이후 종학당은 정수암과 더불어 종학당골이라 불리고 있다.

종학당은 1853년과 1893년 두 차례에 걸쳐 중수되었는데, 그 이전에 의전 재건으로 종곡을 어느 정도 마련하였지만 두 차례의 중수와 종원들의 궁핍으로 인하여 1829년 현재의 위치로 이건할 당시의 규모로는 지을 수 없었다. 이후 종학당은 1910년 왜정의 강압으로 상급과정(백록당과 정수루)은 폐쇄하고 종학당에서 초학과정만 교육하였다. 1910년 5월 24일자 『대한매일신보』에 의하면 노성군에 근대 사립학교인 보인학교가 세워졌으나 폐쇄하여 파평윤씨의 종손 윤헌병(1853~1915) 씨가 자기 소유 분암(정수암) 20여 칸을 교사(校舍)로 기부하고 답토(畓土)를 매매하여 1,500원을 기본금으로 적립하고 5월 15일에 개학을 하였다고 한다. 당시 개학식에 참여한 학도는 40여 명이고 내빈이 200여 명이었다고 한다. 그런데 1915년에 백록당에 불이 나고 1919년 삼일독립만세 후 초학(初學)마저 폐문되었다고 한다.

종학 운영은 종약 규정에 따라 의창에서 사장(師長)은 쌀 9말, 훈장(訓長)은 쌀 7말, 학생은 쌀 6말을 지급해주었다. 학생들에게까지 급료를 준 것은 종학에 입학하여 주야로 학업에만 집중하도록 하기 위해서이다. 이 제도는 1919년까지만 존속되었고 그 이후에는 종손만 종중에서 교육비를 지원해주었다.

이렇게 문중교육에 심혈을 기울인 결과 파평윤씨는 17세기에 이미 광산김씨, 은진송씨와 더불어 호서의 명족으로 일컬어졌고,[7] 조선후기를 통해 문과급제자 41명, 사마시 합격자 67명(노성 거주자만)을 배출함으로써 그 위상을 확고히 하였다.

### 노성민란과 동학농민운동[8]

논산지역에서의 민란은 동학농민운동이 전국적으로 확대되기 직전인 1893년 12월에 노성에서 발생하였다. 노성민란은 노성현감의 탐학행위에서 비롯된 것이었다. 전 노성현감이 전운소에서 운송하다 남은 미곡 400석 중에 200석을 착복하였는데, 신임 현감 황후연이 200석을 농민들에게 부담 지웠다. 이에 반발하여 농민들이 봉기를 일으켜 관아를 점령하고 현감 황후연을 쫓아내었던 것이다. 이 사건의 주모자는 유치복이었고, 처음 봉기를 주장한 사람은 윤상건(1864~?), 박관화, 이성오, 윤상집, 윤성칠, 윤자형 등이었다. 이들은 봉기에 적극 가담한 자들이었지만 난이 진압된 이후 모두 도망하여 피신하였고, 1894년 4월에 주동자를 따라 참여했던 백윤상(白允相)과 백화서(白化西)만 처벌을 받았다.

노성민란은 다른 지역민란에서처럼 양반들로 구성된 주동자들이 전임 수령의 부정과 징세폐단의 일부를 교정하려는 수준에서 통문을 보내고 민회도 열었다. 그렇지만 대다수 가난한 주민들은 이보다 훨씬 광범위하고 근본적인 요구를 제시하였다. 그리하여 노성현의 파평윤씨들이 주론자로 지목되어 체포되거나 피신해야만 했던 것이다.

노성민란에서 보여준 파평윤씨의 악덕 지방관과 세도정치에 맞서는 처세관은 그 후로도 이어졌다. 동학농민군이 1894년 음력 9월 13일(양력 10월 11일) 반제국주의의 기치 아래 일본군을 몰아내기 위하여 다시 봉기하였다. 이때 대원군은 일본의 영향력을 몰아내기 위하여 자신의 밀사를 전봉준을 비롯한 동학지도자에게 파견하는 한편, 교리와 승지 등의 왕의 측근 신하를 지낸 송정섭, 이용호, 이건영에게 고종의 밀지를 발급하고 삼남지역에 파견하여 동학농민군은 물론이고 보수유림과 심지어 지방관까지 창의하도록 독려하였다. 이러한 대원군의 시도는 송정섭을 매개로 노성현의 파평윤씨와 연계되면서 동학과 유림이 연합하여 의병을 일으킬 준비를 하기 시작하였다.

1894년 8월 송정섭은 윤자신에게 고종의 밀지를 가져와 파평윤씨와 함께 의병을 일으키고자 하였다. 송정섭은 정수암을 거점으로 활동을 전개하였다. 9월초에 송정섭은 정수암에 들른 최익현에게 국왕이 창의하라는 밀지를 내렸다는 사실을 알리고 최익현의 참여를 부탁하여 의병을 구성하였다. 의병 지휘부는 소모장 최익현, 참모 송정섭, 종사관 윤자삼, 윤상옥, 표정의 김진사, 고산의 윤진사로 구성되었다. 종사관들은 모두 만석지기의 큰 부자였다고 한다.

최익현이 돌아간 뒤 송정섭은 창의를 권하는 윤음을 가지고 동학 12포를 순시하였고, 이를 계기로 각지 동학조직과 유림의병 간에 연계가 이루어졌다. 또한 파평윤씨들과 인근 사대부들도 정수암으로 빈번히 출입하면서 의병 창의를 논의하였고, 부호들은 군량미로 양식을 내놓았다. 뿐만 아니라 밀지의 진위여부를 확인한 노성현감 김정규도 쌀을 내어 의병의 기의에 도움을 주기도 했다. 이렇게 노성 근방의 보수유림, 수령, 동학농민군이 연합해서 창의를 준비해나갔던 것이다.

그러나 8월 말에 대원군에 의한 동학농민군 동원계획이 누설되자, 대원군은 일본공사를 찾아가 사신은 그러한 계획을 시도하지 않았다고 변명해야 했다. 이를 계기로 대원군의 위세는 크게 손상을 받았고, 9월 9일 동학농민군 진압부대의 파견이 결정되고 대원군이 보낸 밀지는 국왕의 밀지가 아닌 위조된 것이라 하여 대원군과 연계된 세력을 탄압할 기미를 보이자, 9월 20일 최익현이 정수암에 있는 송정섭과 연락을 취함으로써 정수암에 모여 있던 유림세력은 모두 흩어지게 되었다.

결국 동학농민군과 보수유림이 고종의 밀지에 따라 거의하려던 계획은 이렇게 준비과정에서 좌절되고 말았다. 서로 용납하기 어려운 세력들이 민족적 위기를 극복하고 연합의병을 결성하려고 했던 것은 민족사적 의의가 적지 않다. 이러한 연합이 가능했던 까닭은 보수양반과 동학농민군이 상호 간에 동의하고 공유할 수 있었던 명분, 즉 충군애국, 보국안민인 것이다. 즉 유교적 분위기가 강하고 양반층의 향촌사회 장악력이 어느 지역보다도 강했던 곳에서 동학농민군과 유림들이 서로 연합할 수 있었던 까닭은 동학농민군이 유교적 충군애국을 명분으로 전면에 강하게 내세웠기 때문이었다.

논산지역에서 을미의병을 전후한 시기에도 거병의 움직임이 있었다. 1905년 4월에 최익현이 궐리사에서 유회를 열어 의병을 일으킬 것을 강구하였는데, 영남의 정재규, 호남의 기우만 등이 이에 호응하였다. 그러나 최익현의 궐리사 유회에 파평윤씨 문중은 참여하지 않았다고 한다. 그것은 궐리사가 노론 주도로 건립된 노성현 내 노론의 거점이었기 때문이다.

## 일제강점기 마을의 변화와 주민들의 경험

### 마을운영의 변화와 주민들의 경험

병사리의 마을운영은 이원적으로 이루어졌다. 병사1리는 파평윤씨의 영향력이 강한 마을이었으므로 파평윤씨 종계와 이장체제, 병사2리 접지미는 동중계와 이장의 이원체제로 이루어졌다. 마을운영이 이원적이라고는 하지만 마을사람들에게 강한 영향력을 미친 것은 종계와 동중계이다.

파평윤씨 문중은 일제시기에 종장 – 도유사 – 유사체제로 운영되었으며 종장의 권한이 막강하였다. 종장은 '종벌' 을 내리기도 하였는데, 심한 경우에는 마을에서 쫓아내는 일도 있었다. 이 종벌은 해방 이후에 없어졌다.

접지미에는 언제부터인지는 모르지만 '접지산 동회(洞會)' 가 있었다. 현재 남아 있는 「접지산동회장정(接支山洞會章程)」(1947) 서문에 의하면 '선조로부터 우리들에 이르기까지 백여 년이 되었다' 라는 기록과 '원래 5~6호에서 인구와 호수가 증가하여 하나의 洞을 접지산동중이라고 칭하였다' 는 기록이 있다. 참고로 『여지도서』(1759)에는 편호 26호로 기록되어 있고 「접지산동회장정」(1947)에 등록된 회원은 임원을 포함하여 69명으로 당시 호수가 69호임을 알 수 있다. 이로 보아 접지산리는 5~6호로 시작하여 마을을 이루었고 동회의 최초 결성시기는 정확히 알 수 없지만 비교적 이른 시기에 이루어졌으며 1947년에 동계규약(洞稧規約)을 재정비한 것으로 보인다.

1947년 당시 동회의 임원은 회장 박제상(朴濟相), 부회장 박용래(朴龍來), 서기 朴魯煥(박노환), 회계 김산복(金筭福), 평의원 5인(朴魯興, 金昌培, 朴容鎭, 金喜奉, 金已童)이 있었다. 그리고 회원 69명 가운데 밀양박씨가 37명(54%)이고, 김씨가 13명(19%)으로 밀양박씨 종족마을의 면모를 보여주고 있다. 그 후에 신입회원이 있을 때마다 추기(追記)하였고 사망하였거나 전출한 회원은 두 줄을 그어 신입과 탈퇴 상황을 기록하고 있다.

동회에서는 동답(洞畓) 4두락을 매입하여 매년 도조를 받아 가난한 집의 호세를 일부 납부하고 동중 경비로 사용하였다. 동중계장은 종신제로 운영되었고, 영향력이 커서 행실이 바르지 못한 사람들을 혼내기도 하였다고 한다. 접지미 동중계의 전통은 지금도 전해오고 있어 외지인이 새로 이사 오면 입회비를 받는다. 입회비는 그 액수가 정해져 있지는 않고 추수한 후에 형편에 따라 5만 원~10만 원 정도를 낸다.

접지미마을은 노성면에서 '공동조합'이 설치된 마을이다. 공동조합은 마을의 조직과 활동을 효율적으로 운영하기 위해 면의 지시로 1940년 이전에 6년 계획으로 설치되어 해방 이전에 계획이 종료된 기구이다. 공동조합은 면에서 가장 모범적인 마을 하나를 선정하여 시행되었다고 한다. 공동조합의 조직은 회장 1명, 총무 1명, 회계 1명, 회원으로 구성되어 있으며 회원은 병사2리 주민들이었다. 회장직과 총무직은 일반적 개념과 같았으며 회계의 임무는 정보전달이 주목적이었다고 한다. 당시의 회장은 박제상 씨, 총무는 구장이었고 종손인 박노환 씨, 회계는 김산복 씨였다. 공동조합의 운영은 일제의 지시로 이루어졌으며 특이하게도 계획이 마무리되면 '공동조합을 졸업했다'라고 표현하였다.

접지미마을 사람들의 일제시기의 기억은 접지미 방죽에서 3·1 만세운동을 불렀다는 것에서부터 시작된다. 접지미방죽은 1872년에 간행된 <노성현 지도>에 표기되어 있어, 정확한 축조 시기는 알 수 없지만 조선시대에 이미 방죽이 있었음을 알 수 있다. 따라서 주민들에게는 방죽과 관련된 경험과 기억들도 많이 있었을 것이다. 1941년경 흉년이 들자 일제는 구호하기 위하여 방죽의 퇴적물을 파내는 일을 하였다고 한다. 1평 파는 데 80전을 주었다.

일제시기에 면별로 청년훈련소가 있었다. 청년훈련소는 노성공립보통학교에 있었는데 보통학교 졸업생만 참여하여 노성면 내에서 40명 정도 참여하였다. 훈련은 1주일에 2번 학교 운동장에 모여서 받았다. 훈련교관은 학교 교사였고 청년단에게 통일복과 운동화, 칼을 무상으로 지급하였다. 청년단원들은 통일복, 운동화를 착용하고 칼을 차고 훈련소와 집을 오갔다고 한다. 병사리에서는 7~8명이 훈련소에 다녔고, 한다. 훈련단원 중에서 전쟁터로 뽑혀 나가기도 하였다.

일제 말기 국민총동원이 실시되면서 마을사람들은 징용, 보국대로 끌려 나갔다. 병사2리 박노업 씨가 간 곳은 압록강 수력발전소를 만드는 곳이었다. 그곳에서는 일본인, 중국인, 한국인 들이 함께 일했는데 중국 사람도 많았다고 한다. 생활은 '함바' 라고 한 칸에 보통 40~50명씩 자는 숙소에서 가마니 깔고 군대식으로 하였다. 중국 사람과 한국 사람들은 생활이나 노동하는 데도 분리되어 있었고, 일본 사람들은 감독만 하고 일은 하지 않았다고 한다. 노동자들은 아침마다 조회를 하였고 점심시간이 되면 사이렌 소리와 함께 1시간 쉬고, 저녁 6시에 일이 끝나 보통 8시간 이상 일을 하였지만 월급은 한 푼도 못 받았다고 한다.

## 병사리 사람들의 항일민족운동

조선 중기에 입향한 이후 논산 일대에 퍼져 세거해왔던 파평윤씨 사람들의 영향력은 막강하였다. 조선 말기 노성 민란이 일어났을 때에도 파평윤씨들은 농민의 입장에서 그들을 대변해주는 역할을 하였다. 이러한 파평윤씨 가문은 일제강점기 일제의 무단침탈에 대해 항거하는 모습 또한 보여주었다.

파평윤씨 가문으로 독립운동에 투신하여 공적을 인정받은 사람은 윤이병을 비롯하여 5~6명이고 수원백씨가 1명 있다. 그 가운데 본적이나 주소를 병사리로 두고 있는 사람은 3~4명이다.

윤태병(尹太炳(炳允), 1887~?)은 윤상기(尹相起, 1898~1939), 백남식(白南式, 1880~1950)과 함께 1920년경에 대한건국단을 조직하여 단장으로 활동하였다. 대한건국단은 국내에서 조직되었던 독립운동단체로, 독립사상을 고취하고 군자금을 모금하기 위하여 조직하였다. 이들은 1920년 3월 6일 단장 윤태병과 단원 윤상기 · 이상설(李商雪) · 조병채(趙炳彩)가 무장을 하고, 전라북도 금산군 금산면 하류리에 사는 부호 송석기(宋錫驥)의 집에 가서 군자금 300여 원을 모금하고, 대한건국단 활동자금으로 1만 원을 제공하겠다는 내용의 서약서를 받아냈다. 그리고 같은 날 밤 이웃에 사는 윤상응(尹相應)의 집에 가서 역시 군자금 200원을 모금하고, 5,000원의 자금을 제공하겠다는 내용의 서약서를 수령하였다. 이어 단원들은 조선의 독립과 항일사상을 고취시키는 것을 내용으로 한 대한건국단취지서를 가지고 전국으로 흩어져 부호

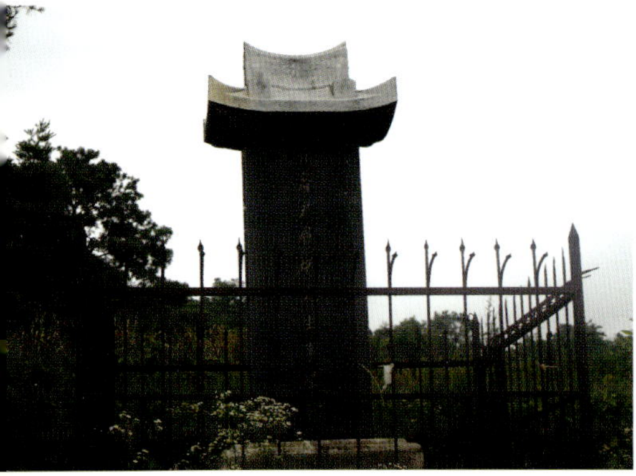

윤이병 사적비

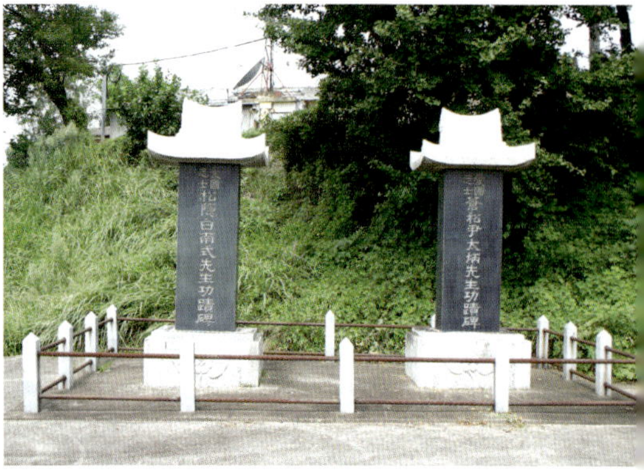

윤태병 · 백남식 공적비

들로부터 군자금을 모금하였는데, 윤태병 · 백남식은 충청북도, 조병채는 경상남도, 윤상기와 김세진(金世鎭)은 경기도, 이상설은 서울 등지에서 활동하였다. 1921년 4월 이상설 · 윤태병 · 윤상기 · 김세진 · 조병채 · 백남식이 전국 각지에서 일본경찰에 붙잡혔다.

윤교병(尹喬炳, 1881~1930)은 병사리 출신으로 1919년 이후 군자금 모금에 적극 활동하다 체포되어 1921년 10월에 징역 2년형을 받았다.

윤상긍(尹相肯, 1893~1940)은 상월면 상도리 출신으로, 1920년 박성빈(朴聖彬)이 간도(間島)에서 조직한 광복단(光復團)의 국내특파원인 김국경(金國景)과 함께 광복단의 통신원에 임명되어 군자금 모집과 독립군 장병 모집을 위해 활동하다가 체포되어 징역 6개월을 받았다.

윤이병(尹履炳, 1885~1921)은 병사리 출신으로 1895년 일제의 민비시해 만행이 자행되자 여러 차례 복수토역소(復讐討逆疏)를 올렸으며, 고종의 밀령을 받아 민비시해의 죄상을 조사, 보고하려다가 실패하였고, 정부 내의 친일분자를 숙청하려다가 실패하였다. 그러나 이후에도 그의 항일투쟁은 1921년 죽을 때까지 27년간 끊임없이 지속되었다. 그는 1903년 일본 제일은행권 국내유통 반대운동을 전개하였고, 1905년에는 을사조약 파기와 을사오적의 처형을 주장하는 격문을 돌렸다. 1906년에는 향리에 동아개진교육회(東亞開進敎育會)를 창립하고 국권회복을 위한 교육구국운동에 진력하였다. 또한 그는 1907년 서울에서 동우회(同友會)를 조직, 제2대 회장이 되어 매국단체 일진회(一進會)를 성토하였으며, 이 해 고종이 퇴위당하자 대한자강회(大韓自强會)와 연합하여 격렬한 반대시위운동을 전개하고 을사오적의 처단을 주장하면서, 이완용(李完用)의 집에 방화를 제의하여 이를 소각하는 등 구국운동을 전개하였다. 이 운동으로 인하여 윤이병은 3년간 전라남도 지도(智島)에 유배당하였다.

윤이병의 독립운동은 일제강점 이후에도 계속되었다. 1913년 9월에는 의병운동을 계승하는 독립운동단체로 동지들과 함께 독립의군부(獨立義軍部)를 조직하였다가 1914년 4월 일제에 붙잡혔다. 3·1운동 때에는 서울 적선동에서 독립만세시위운동에 참가하였고, 3월 상순에 한남주(韓南珠) 등과 13도 대표의 국민대회(國民大會) 결의를 지지하고 한성정부안(조선민국수립안)에 의거한 임시정부수립을 요구하며 선전활동을 하다가 일본경찰에 잡혀 징역 10월형을 언도받았다. 이렇듯 윤이병의 항일투쟁은 27년간이나 계속되었으나, 옥중에서 병을 얻어 석방 직후 사망하였다. 저서로는 『성재유고』가 있다.

윤홍중(尹弘重, 1875~1933)은 병사리 출신이고 윤이병의 아들로 1916년에 노백린(盧伯麟), 김좌진(金佐鎭) 등 동지들과 광복단 조직에 가입하여 활동하였다. 1919년에는 일본정부 요인 및 중요기관을 폭파하려다 왜경에게 피체되어 옥고를 치렀다.

## 해방 후 마을의 변화

### 해방과 한국전쟁기의 경험

해방 이후 그동안 숨죽여 왔던 정당, 사회단체들은 제 모습을 드러내고 활동하기 시작하였다. 정당 및 사회단체들은 좌익과 우익으로 갈라져 이념 전쟁으로 치달았다. 우익진영의 사회단체는 독립촉성논산협의회(회장 尹珩重), 대한독립촉성논산청년회, 논산의용단과 논산부녀회가 있었다. 좌익진영의 사회단체는 논산인민위원회(위원장

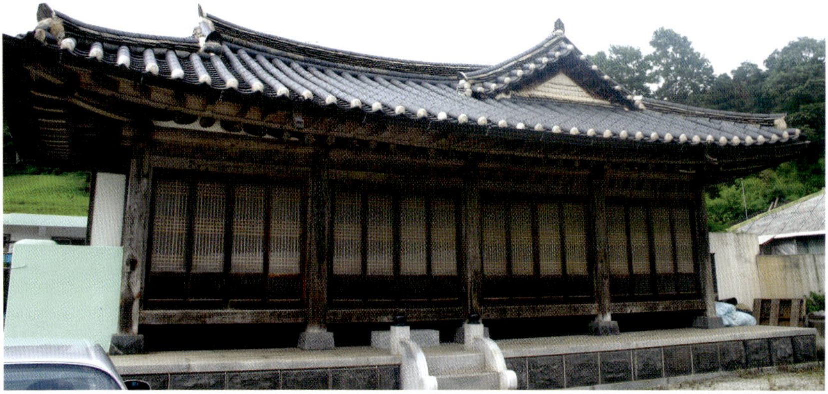

**내촌 수찬공 재실 – 인민위원회가 있던 장소**

尹熙重, 부위원장 윤한병), 논산읍 인민위원회, 논산읍 합동노동조합, 논산농민조합 그리고 논산청년동맹이 있었다.

또한 이와 별도로 1949년에 각종 우익 청년단체들을 통합하여 대한청년단을 결성하였다. 대한청년단에는 대동청년단, 청년조선총동맹, 국민회청년단, 대한독립청년단, 서북청년회 등 약 20여 개의 우익 청년단체가 참가하였다. 그리고 광범위한 조직망을 이용해 약 200만의 단원을 규합하여 계몽활동, 군사훈련을 비롯한 각종 활동을 전개하였으나, 그 활동이 이승만 지원활동에 치우쳤다는 지적도 있다. 청년단은 마을별로 조직되었는데, 병사1리, 2리의 청년단원은 110명 정도 되었다. 당시 소위(훈련대장)가 면 단위로 1명씩 배치되었고 마을 단위 청년단의 임원은 청년단장, 훈련계장, 총무가 있었으며 접지미마을의 경우 박**씨가 훈련계장을 맡았다고 한다. 청년단의 훈련은 마을별로 아침 6시에 하였고, 면 단위 훈련은 보통학교 운동장에서 이루어졌다. 청년단원들은 가을에 한번 운동회를 하기도 하였다.

한국전쟁 발발 후에는 향토방위를 위한 청년방위대라는 반군사조직으로 개편되었다. 인공 치하에 인민군은 청년단을 인민군 총사령부에 모이라고 하여 대한청년단을 이용하려고 하였으나 9·28 수복 후에 퇴로하는 인민군으로부터 도망쳐 목숨을 구하였다고 한다. 이후 대한청년단은 조직은 컸지만 활동은 그다지 활발하지 않았고 1953년 민병대가 창설되면서 이승만의 명령으로 해산되었다.

이러한 해방 후 정당 및 사회단체들의 활동과 이념 갈등은 몇몇 지식인 집단과 해방 전부터 사회주의 사상을 접하고 숨죽여 활동하였던 사람들이 드러난 것이다. 좌우익의 이념 대립이 마을단위까지 등장하게 된 것은 한국전쟁의 발발로 인민군이 장악하면서부터이다. 병사1리의 파평윤씨 문중과 병사2리의 밀양박씨 문중을 비롯한 마을 주민들도 좌익과 우익으로 갈라져 사회단체에 가입하여 활동하기 시작하였다. 병사리에도 인민위원회, 여맹위원회 등의 조직들이 생기고 직책을 맡은 사람들도 있었다. 그렇지만 대개가 뚜렷한 사상을 가지고 직책을 맡은 것이 아니라 어쩔 수 없이 맡아야 했던 경우가 많았다고 한다. 그리하여 대개 인민위원회 위원장은 이장이 맡았다고 한다. 또한 의용군 훈련소가 병사, 내골, 종학에 설치되어 의용군들이 여기에서 숙식을 해결하면서 훈련을 받았다고 한다. 이렇게 파평윤씨 문중의 재실과 종학이 각 조직체 사무실과 의용군 훈련소로 이용될 수밖에 없었고 파평윤씨와 밀양박씨 가운데 그리고 파평윤씨의 고직과 산직을 하는 사람들의 자식 가운데 고등교육을 받고 사회주의 사상에 경도된 자들도 있었다.

### 농지개혁과 주민변동

병사리를 조사·연구하면서 가장 궁금하였던 것이 바로 주민 구성 문제였다. 병사리에 가면 마을 곳곳에 있는 파평윤씨의 재실, 묘소, 영당과 종학에 이르기까지 파평윤씨 문중의 유서가 많이 남아 있는 마을임을 한 눈에 알 수 있다. 그리하여 병사리는 파평윤씨의 종족마을이라 인식되어 왔다. 그러나 실제로 마을에 특히 병사1리에 거주하는 파평윤씨는 얼마되지 않는다. 『조선の 성』(1920)에 의하면 병사리에는 파평윤씨 21호, 장구리에는 17호가 거주하였다. 이 일제강점기의 통계를 보아도 병사리에 거주했던 파평윤씨는 21호에 불과하였고 실제 거주하는 종인들의 수를 기준으로 볼 때 종족마을이라는 말이 무색할 정도인 것이다. 그러면 병사마을의 주민구성은 어떠하였는가. 이 문제는 병사1리와 2리를 별도로 보아야 한다. 그것은 병사1리와 2리

는 행정구역상 병사리로 묶여 있지만 내용적으로는 특성이 다른 마을이기 때문이다.

일제강점기 병사1리의 주민구성은 1924년경 파평윤씨의 종토인 32필지의 대지에 살고 있던 사람들로 유추해 볼 수 있다. 이들은 주로 대병과 소병에 거주하였던 사람들로 12개의 성씨로 정씨 7호, 박씨 5호, 김씨 5호, 백씨 5호, 강씨 2호, 오씨 2호, 이 · 허 · 고 · 길 · 지 · 윤씨가 각각 1호로 구성되어 있다. 이들은 파평윤씨 종토인 대지에 살면서 터도지를 면제받는 대신 노역(세사에 노동력 제공 등)을 제공하였다고 한다. 또한 이들 중 23명은 대종계 전답이나 의창 혹은 파주종계 종답을 경작하는 소

〈표2〉 소작지 규모와 작인수

| 소작지 규모(평) | 작인수 |
|---|---|
| 0~499 | 41 |
| 500~999 | 30 |
| 1000~1499 | 26 |
| 1500~1999 | 26 |
| 2000~2499 | 16 |
| 2500~2999 | 7 |
| 3000~3499 | 3 |
| 3500~3999 | 3 |
| 4000~4499 | 2 |
| 4500~4999 | 2 |
| 5000~5499 | 2 |
| 5500~5999 | 1 |
| 합계 | 159 |

〈표3〉 작인의 성씨별 분포

| 성씨 | 작인수 |
|---|---|
| 강 | 5 |
| 고 | 1 |
| 곽 | 1 |
| 김 | 26 |
| 려 | 1 |
| 류 | 1 |
| 문 | 3 |
| 미 | 1 |
| 민 | 1 |
| 박 | 36 |
| 백 | 15 |
| 송 | 4 |
| 신 | 2 |
| 엄 | 1 |
| 오 | 2 |
| 윤 | 23 |
| 이 | 9 |
| 임 | 1 |
| 장 | 2 |
| 정 | 7 |
| 조 | 2 |
| 차 | 5 |
| 최 | 9 |
| 홍 | 1 |
| 합계 | 159 |

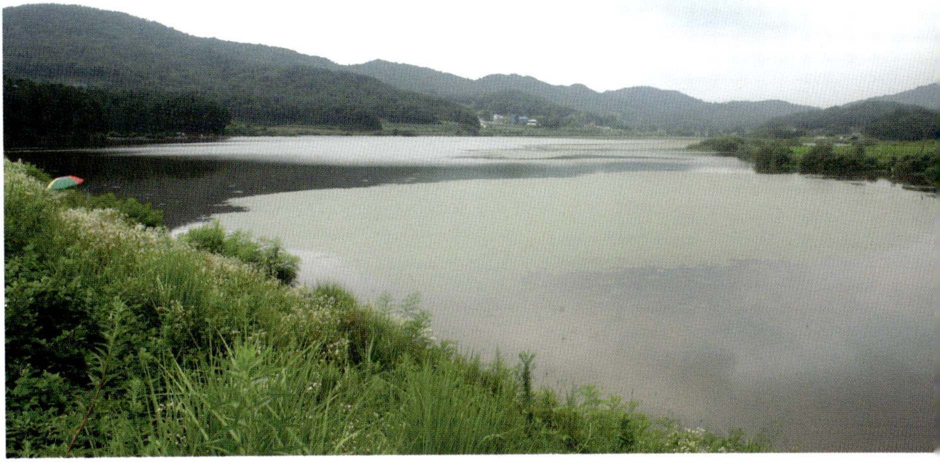

**병사저수지**

작인들로 판명되었다. 즉 이들은 문중에서 집터를 빌리고 다시 문중에서 소작지를 대여하여 생계를 유지했던 자들이었다. 증언에 의하면 문중에서는 노비들 중 영민한 사람들을 뽑아 산직이나 고직을 시켰는데, 이들은 병사리 산림과 창고 등을 관리하고, 윤씨 문중을 배경으로 주민들에게 위세를 부리기도 하였다.[9]

한편 이들은 윤씨 문중의 산직이나 고직을 하면서 문중으로부터 고직, 산직에 대한 사례답으로 무상경작지와 유상경작지(소작답)를 받아 당시 많게는 50마지기까지 농사를 지었다. 그리하여 이들은 일제강점기에 윤씨들보다 더 잘 살았고 자식들을 고등교육까지 시키기도 하였다고 한다. 이들은 농지개혁을 통해 종중 땅을 불하받아 마을의 주축세력으로 남아 있기도 하고, 생활기반을 마련하여 인근 마을이나 외지로 떠난 사람들도 있다.

<표2>는 병사리 거주 소작농들이 분배받은 토지(병사리 소재)의 규모와 작인수이다. 이는 일제강점기 소작지 규모와 작인수를 나타내는 것이기도 하다. 병사리에는 159명의 소작인이 있었는데, 500평 미만의 소작인들이 41명으로 제일 많고 그 다음

으로 1,000평 미만이 71명으로 약 45% 정도를 차지하고 2,500평 미만이 87%를 차지하고 있다. 이로 보아 몇몇 사람들은 제외하고는 대다수 마을사람들의 소작 규모는 영세하였음을 알 수 있다. 물론 이 가운데 자기 소유 경작지가 있어 소작 규모가 적을 가능성도 있다. 그렇지만 전반적으로 병사리 사람들의 경작규모와 생활수준은 그리 높은 편은 아니었던 것 같다. 농지개혁 당시에 농지를 분배받은 소작인들의 성씨별 분포를 보면 병사1리에는 윤씨와 백씨가, 2리에는 박씨가 많았다. 그리고 김씨가 높은 비중을 차지하지만 한 집안이라고 볼 수는 없다.

병사저수지 축조 또한 병사마을의 주민변동에 영향을 미친 요인이다. 병사저수지는 1953년에 8만 평의 중대형 저수지로 준공되었다. 저수지 축조로 인하여 저수지 주변 농토를 가진 사람들은 보상을 받고 인근의 농토를 재구입하거나 다른 지역으로 이주를 하여야 했다.

이처럼 농지개혁과 병사저수지의 축조로 마을사람들의 이동이 있어 현재 병사리에 거주하는 사람들의 성씨별 분포는 1950년대에 비해 상당한 차이를 보이고 있다.[10] 가장 뚜렷한 차이는 윤씨들과 백씨들 가구수의 감소이다.

### 파평윤문의 문중재산과 영향력

파평윤씨는 병사리 일대에 세거하면서 재실, 종학을 설립하여 문중수호와 문중자재 교육에 심혈을 기울인 것은 주지의 사실이다. 그러나 마을에 남아 있는 많은 유서와 달리 실제로 마을에 거주한 파평윤씨들의 수는 종족마을이라는 것을 무색케 한다. 조선시대와 일제강점 이후의 행정구역과 마을의 성격도 다르다. 조선시대 파평윤씨들이 주로 거주하였던 곳은 유봉, 내촌, 장구리, 죽림리 일대이고 파평윤씨 종족마을이라고 할 수 있다. 하지만 일제강점 이후부터 현재까지 병사리에 거주하는 파평윤씨의 가구수는 얼마 되지 않는다.

이에 반하여 병사리에 파평윤씨 문중 토지는 73,793평(답 : 55,897평, 전 : 11,672평, 대지 : 6,224평)으로 농지개혁 당시 전체 소작지의 약1/4에 해당하는 규모이다. 인근 지역까지 합산하면 윤씨 문중은 총 16만 평에 달하는 농지에 120여 명의 작인이 있었다.[11] 이를 감안해 보면 문중의 경제적 토대가 어느 정도인지 알 수 있고 파평윤씨 문중이 병사리는 물론 노성 일대에 미치는 영향은 짐작해볼 수 있다.

일제 말기에 병사마을의 이장은 윤정중(尹貞重)씨가 10여 년 맡았었고, 일제강점기에 노성면장으로 윤원중(尹元重, 재임기간: ?~1919), 임병응(林炳應, 1920~1925), 윤상칠(尹相七, 1926~1934), 윤각병(尹覺炳, 1935~1939)이 재임하였고 논산의 지주 가운데 윤씨 집안 사람이 많은 편이어서 당시 파평윤씨의 영향력은 노성은 물론 논산에서도 막강하였다고 볼 수 있다.

그런데 1940년대 후반 농지개혁이 시작되면서 파평윤씨 문중은 큰 변화를 겪었다. 윤씨 문중은 문중 토지는 개혁대상에서 제외될 것이라는 풍문을 믿고 농지개혁에 대한 대비책을 세우지 못하였다고 한다. 병사리에 소재한 종중의 토지 73,497평(총 126필지)이 분배되었는데, 1925년도에 종중 명의로 이관된 병사리 소재 토지가 논이 55,897평, 밭이 11,672평, 대지가 6,224평으로 합계 73,793평이었음을 감안해 볼 때 문중의 대부분의 토지가 작인들에게 분배되었다는 것을 알 수 있다.

농지개혁 법령에 따라 문중의 종답은 묘 1기당 3마지기(600평)의 농지만 인정되었기 때문에 윤씨 문중은 시급히 인근의 윤씨 묘 10기를 합산하여 30마지기(6,000평)만 남길 수 있었다고 한다. 그 후 문중은 분배농지에 대한 대가로 받은 지가증권을 헐값에 처분하여 그 돈으로 농지를 재구매했고, 1953년도 병사저수지에 수몰된 문중 토지 보상금으로 농지를 구매했다.

현재 문중 이름으로 등기된 농지는 약 75마지기 정도이지만, 실제 농토는 약 100마지기 정도이며, 종학당이 위치한 범바위산 등 일부는 종원들로부터 희사받기도 하였다. 또한 대대로 내려오는 임야와 대지, 과수원 등은 분배 대상에서 제외되었으므로 윤씨 문중은 상당한 문중 재산을 재형성할 수 있었다.

21세기 현대에도 파평윤씨의 문중 토지는 계속 남아 있고, 지주경영을 계속하고 있다. 면적은 일제강점기에 비해 훨씬 못 미치는 규모이지만, 논이 14,791평, 밭이 4,239평, 대지가 6,985평, 임야가 255,789평이다. 임야와 대지를 제외한 농지 규모는 불과 19,020평이다. 이 농지가 위치한 지역은 주로 병사리에 분포되어 있다. 그러나 이제 문중은 토지를 매개로 지역민들에게 영향을 끼치기보다는 문중의 문화 · 역사적 재산을 매개로 지역민들과 관계를 새롭게 맺고 있다.[12] 이는 파평윤문에서 병사리 게이트볼장을 마을에 무상 대여해주고 있는 것에서도 알 수 있다.

### 새마을운동

해방과 한국전쟁, 농지개혁, 저수지 축조 등을 거치면서 병사리는 많은 변화가 있었다. 그 가운데 저수지 축조로 인한 마을의 지형변화와 농지의 축소, 그리고 한국전쟁, 농지개혁, 저수지 축조로 인한 주민 구성의 변화를 들 수 있다. 이러한 변화를 겪고 병사리에 안착한 마을사람들은 또 한번의 변화, 개발의 바람을 맞았다. 그것은 1970년대에 전개된 새마을운동이다.

병사리의 새마을운동은 1973년 마을길 넓히기 사업으로부터 시작되었는데, 당시 병사리는 낙후마을로 지정되어 정부에서 집중적으로 지원을 해주었다. 마을길 넓히기는 여느 마을에서와 마찬가지로 주민들의 부역으로 이루어졌다. 남성들은 가래를 이용하여 길을 넓히고, 여성들은 자갈을 담은 세숫대야를 머리에 이고 날라 땅을 메웠다. 그리고 지붕 개량을 하였다. 병사마을은 새마을사업 실적이 좋아 우수마을로 2회 표창을 받아 상금도 탔다.

이 시기에 논산 – 노성간 국도가 확장되었다. 그러나 당시 만들어진 도로는 포장도로가 아니고, 자갈을 깔아놓은 도로였기 때문에 차량, 경운기 등 교통량이 많거나 많은 비가 왔을 때는 자갈이 유실되어 길이 움푹 파이는 경우가 많았다. 이럴 때면 다시 자갈을 깔아 패인 곳을 메워야 하는데, 도로를 관리 · 정비하는 것은 마을 주민들의 몫이었다. 도로 관리는 마을별로 구간을 할당하여 자기 마을의 할당 부분(병사마을 관할 도로)을 관리해야 했다. 이를 위해 마을 주민들에게 '사릿대'를 징수하였다. 사릿대는 자갈을 사서 도로에 깔기 위한 돈으로 자갈 값인 셈이다. 사릿대를 걷지 않을 때는 주민들의 부역으로 자갈을 지고 이어다 깔았다. 이를 마을에서는 '도로부역'이라 하였다.

(이 연 숙)

## 주(註)

1) 이 화회문기(和會文記)는 유연의 3년상을 마친 1573년 8월 12일에 자녀들이 모여서 재산을 나누고 작성한 문서이다. 이 문서는 원래 세 부가 만들어졌으나, 두 부는 없어지고 한 부만이 한씨 가에 보관되어 오던 것이 뒤에 윤씨 가문으로 전해졌다고 문서에 추기(追記)되어 있다. 또한 이 문서는 조선전기의 재산상속이 자녀에게 균등분배 상속하고 있던 관행을 보여주고 있는 바, 자녀의 이름도 출생순으로 기록하고 있음을 알 수 있다.

2) 1544년에는 사간원사간으로서 기묘사화로 화를 입은 조광조(趙光祖) 등의 신원(伸寃)을 청한 바 있다.

3) 조선시대 파평윤씨 관련 서술은 『노종오방파의 유서와 전통』(유정중 편저, 1999), 『노성중학파』(공주대 박물관 편, 2006)와 파평윤씨 대종중에서 만든 자료들을 참고하였다.

4) 「大宗中의 沿革」(파평윤씨 노종파 대종중에서 편집한 자료)

5) 김현숙, 「19 · 20세기 파평윤씨 문중의 농지소유와 농업경영 - 충남 논산시 노성면 병사리를 중심으로」, 『충남지역 마을공동체의 생애와 정체성』, 충남대학교 충청문화연구소 마을연구단 3차년도 심포지움 자료집. 2007.

6) 「宗學園 重修記」(파평윤씨 노종파에서 편집한 자료)

7) 송시열은 회덕향안 서문에서 호서의 3대 명족으로 연산의 광산김씨, 회덕의 은진송씨 그리고 니산의 파평윤씨를 지목하였다.

8) 『논산시지』(2005)와 장영민의 논문(「대원군의 동학동민군 · 보수 양반 동원 기도에 관한 일고찰」, 『중산 정덕기 박사 회갑 기념 한국학 논총』, 1996)을 참조하였다.

9) 김현숙, 앞의 논문 참조

10) 이 책의 「사회생활과 문화」편 참조.

11) 김현숙, 앞의 논문 참조.

12) 김현숙, 앞의 논문 참조

# 경제활동

## 경제활동 개관

노성면 병사리는 지형적으로 평야지대에 속해서 경지가 넓고 주거하기에 편리하여 예전부터 노성면에서 윤택한 마을에 속했다고 한다. 현재까지 병사리는 전형적인 농촌 모습을 유지하고 있다. 인근 지역에 몇 개의 공장이 입지해 있지만 활발한 생산활동 없이 침체되어 있고, 마을 내에는 번듯한 상점 하나가 없다. 마을 입구에 서 있는 낡고 오래된 영세상점 두 개가 고작인데, 철에 따라 저수지를 찾는 강태공들이 간혹 드나들 뿐이다.

명문 파평윤씨 가의 종족마을로 위풍을 떨쳤던 옛날 모습의 흔적은 마을 군데군데에 남아 있지만, 병사리는 오늘날 개발의 지평에서 멀어진 채 고요하고 소박한 농촌의 모습을 간직하고 있다. 마을 주민들은 노성면에 소재하고 있는 농협 마트나 '논산'의 재래시장에서 대부분의 생필품을 구매한다.

마을 전체의 경지는 1리가 약 10만 평, 2리가 약 15만 6천 평으로 총 25만 6천 평에 달한다. 마을 전체 경지에서 성씨 집단의 종답이 차지하는 규모는 과거에 비해 지속적으로 줄고 있으나, 여전히 1리에는 파평윤씨의 종답이 약 2만 평, 2리 역시 밀양박씨 종답이 많은 부분을 차지하고 있다. 마을의 전체 경작지는 과거에 비하면 많이 감소했는데, 이는 병사1리에 위치하고 있는 저수지의 축조(1950년경)와 2리에 있는 육군항공학교의 건립(1990년대 중반)에 기인한 바 크다.

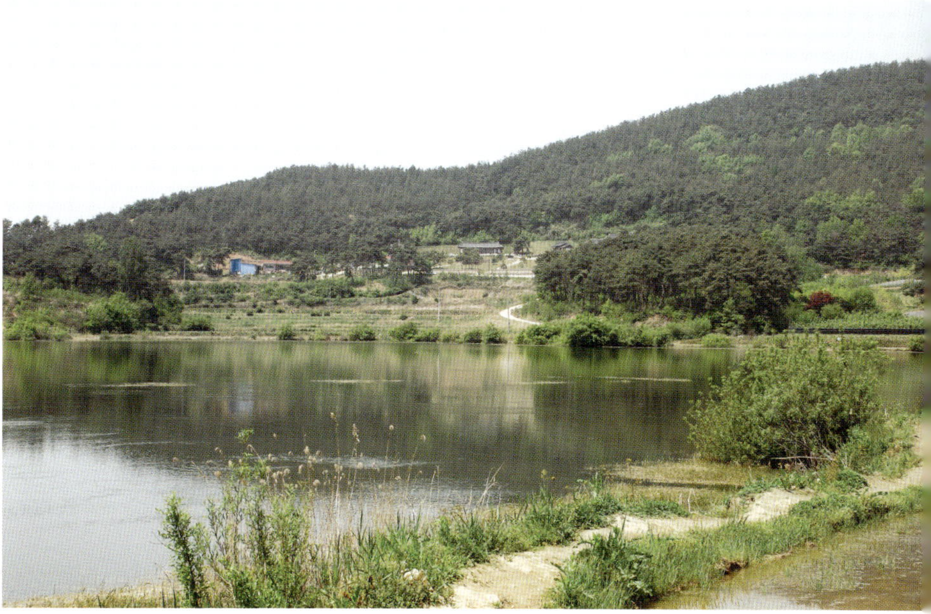

**병사마을에서 바라본 병사저수지 :** 1950년대에 축조되어 농사에 필요한 물 걱정을 덜었다.

현재 가구수를 살펴보면, 1리에는 약 50호, 2리에는 62호가 살고 있으며, 1리에 비하면 2리의 주민수가 많고 경제활동도 활발한 편이다. 가구별 연령층을 보면 40대 가장이 5가구, 50대 가장이 11가구에 불과하고, 나머지는 60대 이상으로 구성되어 있어 대부분의 다른 농촌과 비슷하게 주민의 고령화 수준이 심각한 상태이다.

마을의 대표적인 경제활동은 벼농사이다. 1990년대 중반 이후 쌀값이 하락하였지만 대부분의 농가가 벼농사와 소규모의 밭농사를 기본으로 하고 그밖에 시설영농, 과수, 인삼, 담배를 경작하는 복합영농을 하면서 소득을 보전하고 있다.

1970~1980년대에는 대다수의 가구에서 특수작물로 잎담배를 경작하였으나 1980년대 후반부터 담배값이 하락한 데다 검수과정이 엄격해지고, 주민의 고령화로 인력 조달의 어려움까지 가중되면서 현재 담배 경작 가구는 3가구에 불과하다. 반면 1980년대부터 특수작물(딸기)을 재배하는 농가가 점차 늘어났고, 최근 5~6년 전부

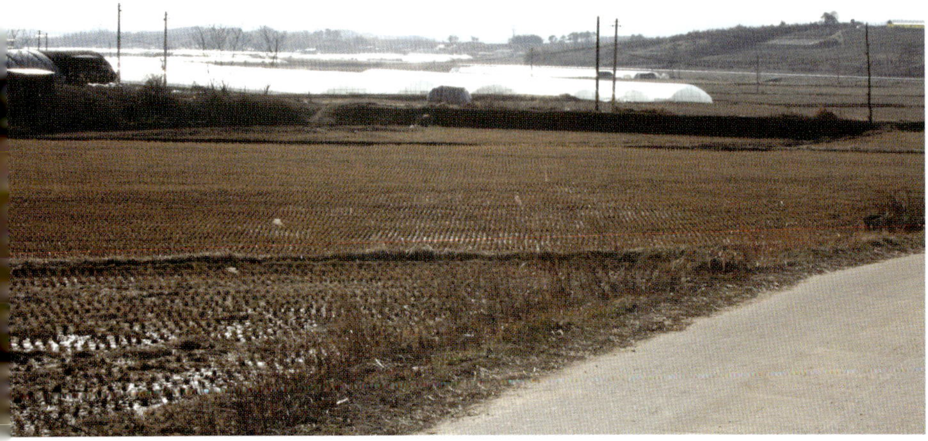

**병사리의 드넓은 들녘 :** 논과 하우스가 혼재해 있다.

터는 인삼을 경작하는 가구도 나타났다.

대다수의 농가는 소유한 토지 외에 임차지를 경작하는데, 그동안 마을 주민들의 고령화에도 불구하고 마을 내에 임차지의 규모가 크게 증가하지 않았다. 이는 고령의 주민들도 대부분 벼농사를 직접하고 있고, 행정중심복합도시 건설 정책에 따라 해당 지역을 떠나게 된 연기군과 공주시 주민들이 이 지역에 대토를 함으로써 경지의 일부를 점유했기 때문인 것으로 추측된다.

임차료는 종중토와 일반 토지에 따라 다르고, 전답(田畓)에 따라서도 다르다. 종답(宗畓)의 임차료는 2006년 현재 200평당 쌀 80kg(현금으로 약 15만 원) 수준인데 비해 밭(하우스)은 200평당 쌀 160kg으로, 전과 답의 임차료는 약 2배의 차이가 나고 있으며, 임차료는 쌀이 아니라 현금으로 지불된다.

한편, 대다수 주민이 전업농이지만, 주민 일부는 직장이나 점포를 운영하면서, 혹

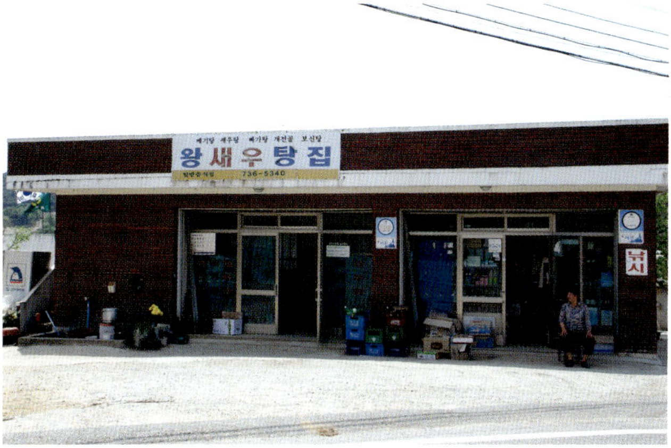

마을의 식당과 점포

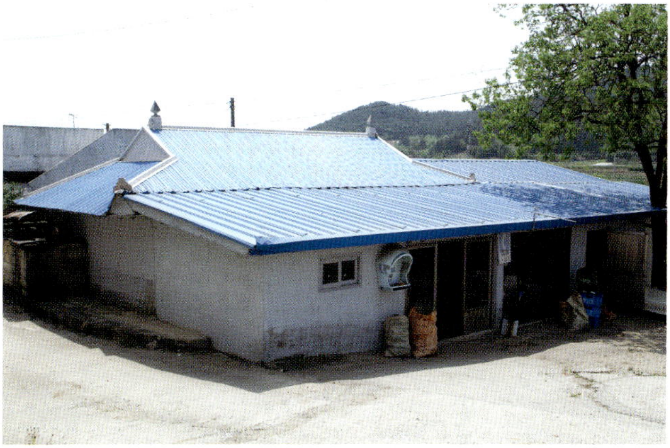
마을 안의 영세점포

은 틈틈이 임노동을 하면서 농업을 겸하고 있다. 겸업농가의 구성을 보면 직장을 겸하고 있는 농가가 5~6호, 식당 혹은 점포를 겸하는 농가가 2호이다. 그밖에 농번기에 한시적으로 임노동을 하면서 소득을 얻는 여성들이 있다.

직장을 겸하고 있는 농가는 40~50대 층으로, 점포를 겸하고 있거나 틈틈이 임노동을 겸하고 있는 주민들에 비해 젊다. 마을에 영세 상점 두 곳이 있는데, 인근 지역에 대형마트(농협 마트)가 생기면서부터 판매가 부진한 상태에 있다. 과거에는 주로

'농주(農酒)' 를 팔았다고 하는데 농업의 기계화가 진행되면서 농주는 판매되지 않고 저수지로 낚시를 오는 관광객들에게 낚시에 필요한 도구와 잡화를 판매한다.[1] 식당도 한 곳 있지만 3년 전부터는 거의 문을 닫은 상태다.

농번기에 부분적으로 임노동을 하는 여성들이 일부 있다. 마을에 담배경작이 활발했을 당시 상당수의 여성들이 틈틈이 임노동을 하였는데, 최근에는 딸기농가에서 임노동을 한다. 이들 일부는 논산 성동면 수박농가에 가서 임노동을 하기도 한다. 그런데 다른 농촌마을과 비슷하게 농가의 임노동에 종사하는 주민 대부분은 여성이며, 이들 중 상당수는 70~80대의 고령층이다.

한편, 토지를 소유하지 못한 가구도 약 30호나 된다. 이들 일부는 국민기초생활수급권자로 정부의 지원에 의존하여 생계를 유지하거나 자녀들의 도움을 받으면서 살아간다. 그러나 이들 상당수는 토지를 임차하여 일정한 규모의 농업을 하고 있어 전업적으로 임노동에만 종사하는 주민은 없다.

## 미작농업

### 벼농사

병사1리에서 40호, 2리에서는 약 48호가 벼농사를 한다. 가구당 평균 벼농사 규모는 약 2천~3천3백 평에 달한다. 마을에서 벼농사를 가장 크게 하는 사람은 윤예중 씨로, 그의 경작 규모는 3만 평에 달한다. 그밖에 1만 평 이상의 벼농사를 하는 가구는 8가구(박창무, 박항규, 백승정, 박노혁, 김종철, 박의준, 박노두, 송영현)에 달한다. 이들 대농은 마을의 젊은 층에 속하며, 농기계를 소유하고 있다. 이들이 소유하고 있는 농기계의 종류는 파종기, 콤바인, 트랙터, 경운기, 탈곡기, 건조기, 이앙기 등이다.

농기계를 소유하고 있는 전업농가 일부는 마을사람들의 위탁영농을 맡아 한다. 이들이 특정한 농기계를 가지고 일정한 작업을 해주는 데는 비용이 정해져 있다. 트랙터는 2백 평당 3만~3만 5천 원, 이앙기는 2만 5천 원, 콤바인은 3만~3만 5천 원이다.

평균적인 소농가들은 대부분 위탁영농에 의존하여 벼농사를 한다. 농기계와 위탁

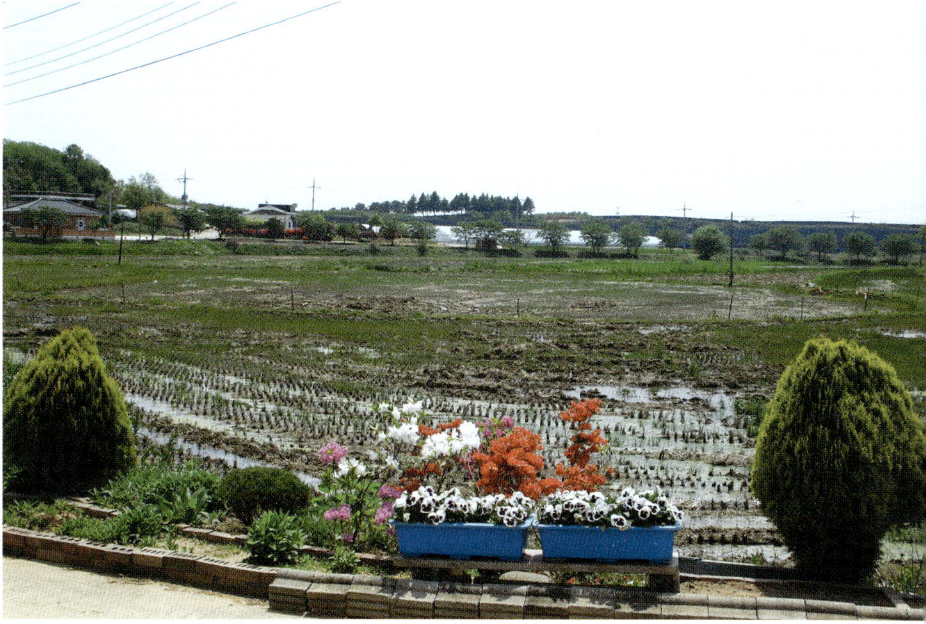

모내기를 기다리고 있는 논

영농이 일반화됨에 따라 벼농사에 들이는 육체적 노동이 줄었기 때문에 고령의 주민들도 여간해서 벼농사를 포기하지 않는다.

미작농가는 대부분 3월에 '못자리'를 시작하여 5월에는 모내기, 6월에는 거름, 10월에는 수확, 11월에는 매상한다. 소농은 말할 것도 없고 대농도 대부분 농기계를 활용하여 스스로 노동을 하지만 대농가 상당수는 '모내기'와 '수확' 때 일정한 수의 인부들을 고용한다. 모내기에는 주로 여성들이 고용되고, 수확기에는 남성인력이 고정적으로 고용된다. 이에 동원되는 인부들의 임금은 성별에 따라 차이가 있고 2008년 현재 여성은 3만 원, 남성은 6만 원 수준이다.

쌀 소출량은 2백 평당, 쌀 80kg들이 4개 수준으로 다른 마을에 비하면 비교적 소출이 좋은 편이다. 이는 부분적으로 마을이 평지로 이루어져 있어 일조량이 많기 때문이다. 수확한 쌀은 정부에(공공비축미) 전체 생산량의 20%를 매상하고 나머지는

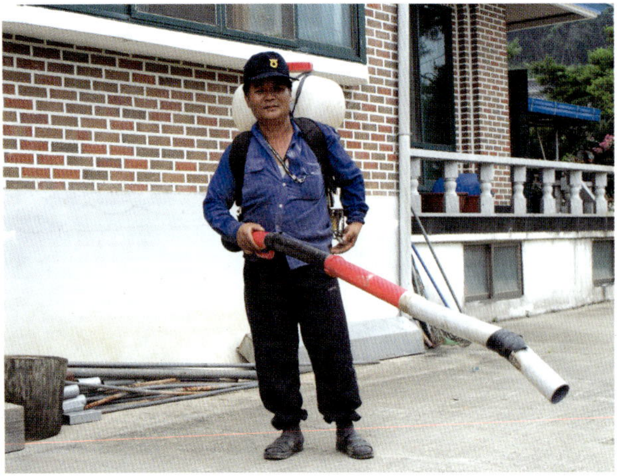

비료뿌리개

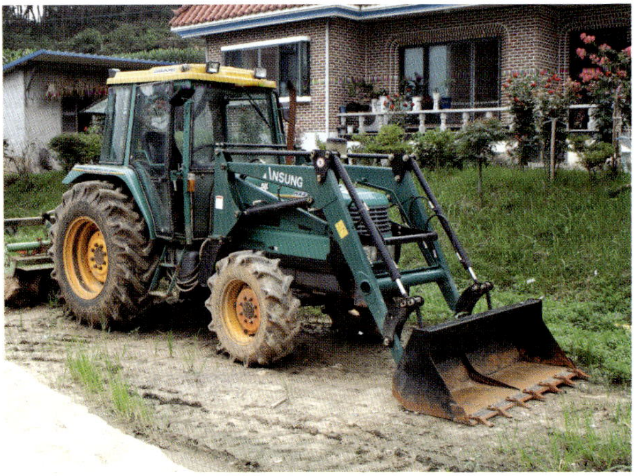


트랙터

일반정미소에 매상한다. 일부는 '벼' 상태로 상인들에게 팔기도 한다. 농협 수매는 '일미' 품종을 제외하고 거의 이루어지지 않는다고 한다.

## 밭농사

마을에 있는 대부분의 농가는 소규모의 밭작물을 재배한다. 작목은 콩과 고추, 깨

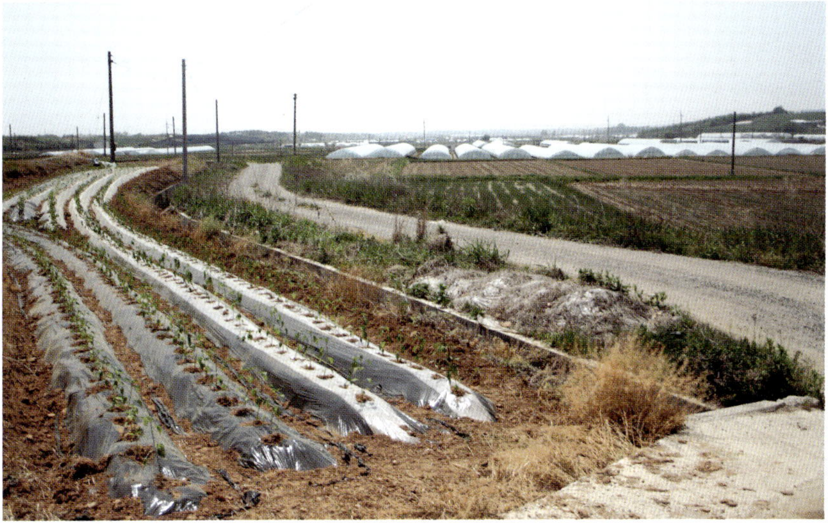

길가 주변의 채전(菜田)

등이다. 콩은 대개 논두렁에 심는다. 채전(菜田)의 규모는 농가별로 상이하지만, 좁게는 2백 평에서 넓게는 1천여 평에 이른다. 수확한 작물은 본인과 외지에 사는 자녀와 친척들의 먹거리로 소비하고 남는 소액은 판매된다. 그러나 전문적인 판매를 목적으로 밭작물을 재배하는 농가는 없다.

## 특수작물의 재배와 축산

### 시설농업 : 딸기와 멜론

시설농가는 14호에 달하는데, 11호는 딸기를, 3호는 수박을 주작목으로 하고 있어 이 마을의 시설농업은 딸기가 주를 이룬다. 다른 농촌마을에서와 마찬가지로 시설농가 대부분은 비교적 젊은 층으로 이루어져 있으며, 이들 대부분은 벼농사를 함께 하고 있고, 일부는 축산이나 임노동을 병행하는 경우도 있다.

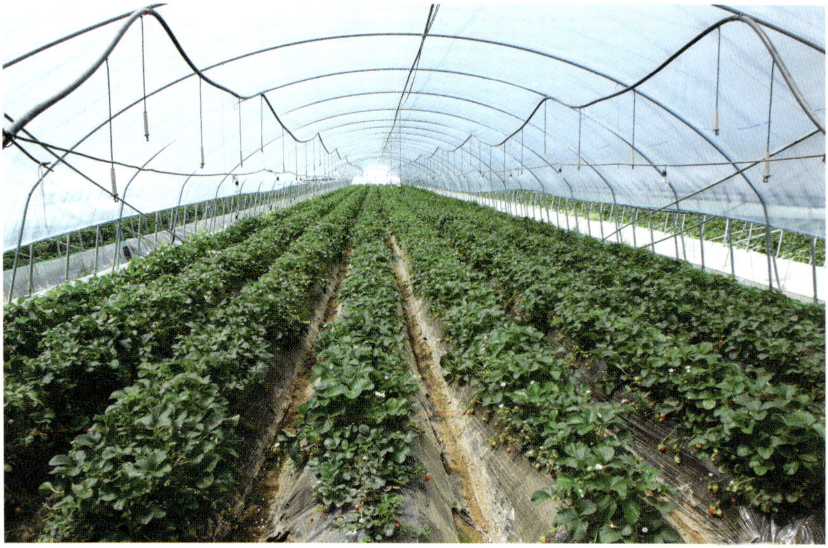

**딸기하우스 내부 :** 수확기에 있는 딸기

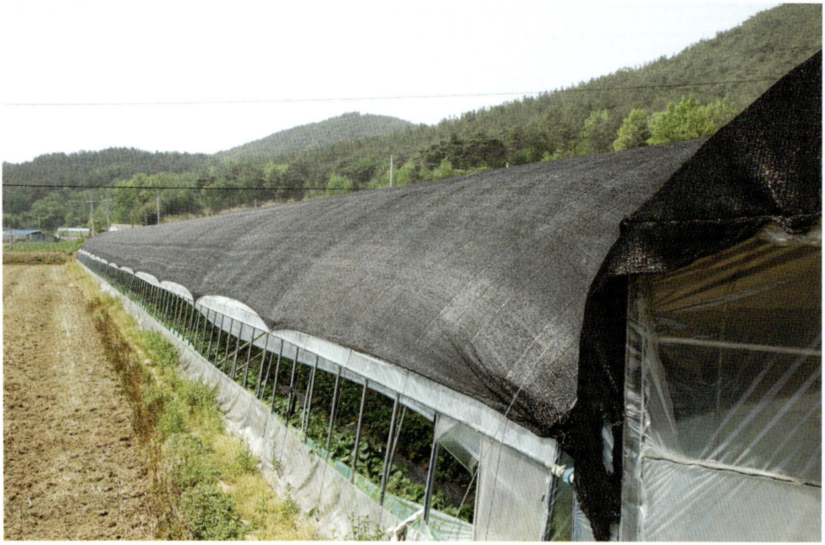

**차광막을 씌운 하우스 :** 시설 내의 온도를 내려서 딸기의 무름을 예방하고 수확을 극대화하기 위해 설치한다.

마을에 딸기재배가 시작된 것은 1978년 무렵이다. 1980년대에 이르면서 딸기 시설농가가 늘어났다. 2000년을 전후해서 시설농가 수에 다소 변동이 있었으나 현재 딸기농가 수는 11호에 이른다.[2)]

박항규 씨(남, 55세)는 마을에서 처음으로 딸기재배를 시작하여 오늘에 이르고 있는데, 현재는 10동 규모의 경작을 하고 있어 마을에서는 가장 큰 시설농가이다. 나머지는 2~7동 규모의 농가들이다.

대다수의 농가는 딸기 수확 후 후작으로 멜론을 심고, 수박을 주작목으로 하는 농가도 수박 수확 후 멜론을 심는다. 멜론은 6~10월까지 경작하는데, 후작으로 멜론을 재배하는 것은 하우스의 공간 활용을 높여 소득 향상을 도모하고자 함이지만, 대다수는 시설 전체가 아닌 절반 정도에 멜론을 파종하고 일부 시설은 휴경상태로 둔다. 이는 인력의 부족과 여름철 시설 내의 고온에서 경작 효율이 떨어지기 때문이기도 하지만, 지력(地力)을 보존하여 다음 해의 딸기생산에 지장을 받지 않기 위함이다.

### 경작과정과 노동력

딸기는 특수작물 중에서도 경작기간이 길고 많은 노동력을 필요로 하기 때문에 재배하기가 용이하지 않다. 전체 경작기간은 14개월에 달해 수박 등 다른 작목에 비하면 경작기간이 길지만, 연작(連作) 문제는 심각하지 않은 편이라서 일정한 장소에서 장기간 재배를 할 수 있는 장점이 있다.

경작과정을 단계별로 구분해보면 다음과 같다. 첫째, 3~4월이 되면 육묘를 기른다. 육묘는 하우스나 노지(露地)에 파종하는데, 최근에는 병충해 방지와 품종의 변화로 하우스에 파종하는 농가가 늘고 있다. 육묘는 5~6개월 동안 '씨묘'를 키우는 과정으로, 연간 딸기 수확의 성패가 이에 달려 있다고 할 정도로 중요하다. 이 과정에서 김을 매주고 병충해가 들지 않도록 철저히 소독을 해주어야 한다.

둘째, 9월이 되면 몸이 불어난 육묘를 하우스에 파종하는 소위 '정식(定植)'을 한다. '정식' 이후 300시간의 '수면' 상태를 유지한다.

셋째, 수면 상태가 끝나면 '보온'을 해야 한다. 보온은 영상 5도 이상으로 기온을 유지해주는 것인데, 해동(解冬)하는 3~4월까지 지속한다. 영상 5도의 온도를 유지해

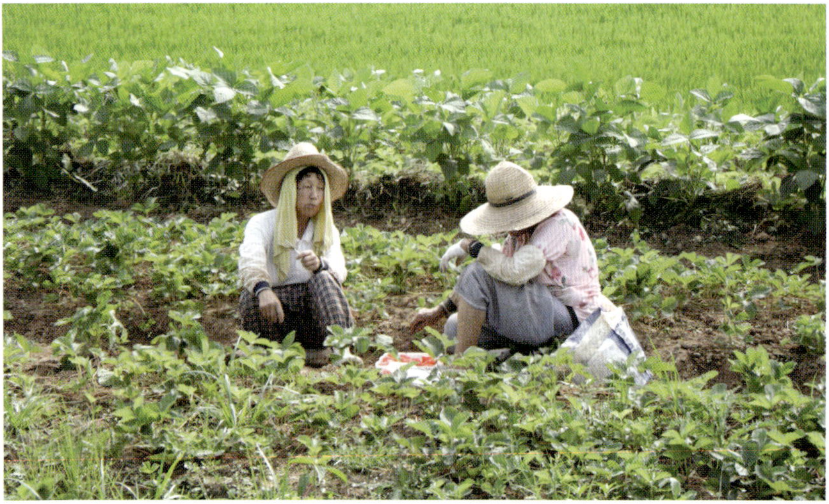

**노지의 딸기(육묘)밭에서 제초작업을 하고 있는 여성들 : 요즘 노지에서는 육묘를 재배하지 않는다.**

주기 위해 지하수를 끌어올려 수막으로 온도를 유지하는 수막재배를 한다. 꽃이 피고 열매를 맺을 때까지 계속적인 영양공급과 수분, 온도관리가 필요하다. 따라서 보온 중에 비료, 물, 영양제 등을 주기적으로 공급하며, 꽃이 피기 시작하면 '벌'을 넣어 수정하는 과정도 필요하다.

넷째, 수확을 한다. 대부분 2~5월에는 딸기를 수확한다. 처음 꽃이 핀 후 45~50일이 지나면 수확을 시작하는데, 기온과 품종에 따라 작황은 차이를 보인다. 기온이 올라갈수록 성숙이 활발하고, 품종에 따라서 촉성재배도 가능하기 때문이다. 겨울철인 2월경에는 일주일에 1~2회를 수확하고 3, 4, 5월로 갈수록 수확을 자주하고 4월 이후에는 매일 수확한다.

다섯째, 딸기를 수확하고 난 후 후작으로 멜론을 생산한다. 멜론을 수확한 후 하우스 토질을 관리하면서 다음 해의 딸기경작을 준비한다. 토질을 관리하기 위해 보통은 경작지를 깊이 갈고 볏짚과 가공퇴비, 비료 등을 공급한다.

최근 병사리에서는 촉성재배를 하여 딸기를 12월부터 수확하는 농가가 많다. 겨울철 딸기는 봄철의 그것에 비해 고가로 거래되기 때문에 촉성재배를 하면 수익성을 향상시킬 수 있다. 따라서 대부분 농가는 기존의 '육보(딸기의 품종)'를 촉성재배가 가능한 '설향(일명 논산3호)' 품종으로 바꾸는 추세에 있다. 아울러 딸기의 수확기간을 연장하기 위해 날씨가 더워지는 4월 이후에는 차광막을 설치하여 하우스 내의 온도를 낮추는 시도도 이루어지고 있다.

한편, 경작단계에 따른 노동력 현황을 살펴보면, 전체 경작과정 중 육묘의 파종, 김매주기, 정식과 정식 이후의 손질, 그리고 수확 때마다 일상적 노동력 이외의 추가 노동력이 요구되는데, 각 농가는 경작 규모에 따라 상당수의 인부들을 동원하고 있다. 특히 정식 이후 손질 과정에서 가장 많은 인력이 필요하고, 기온이 올라 딸기의 성숙이 활발해지는 4월 중순 후의 수확 작업에 몇몇의 인부들이 지속적으로 필요하다.

인부들은 90%가 여성인데, 이들은 여러 동네에서 동원된다. 이들의 하루 임금은 현재 3만원 수준이다. 시설농가는 대부분 단골 인부들을 확보하여 필요할 때마다 이들을 동원하고 있으나, 단골들이 고령화되고 더러는 사망하였기 때문에 인부 조달의 어려움이 증가하고 있다.

이에 마을의 딸기농가는 작목반을 구성하여 육묘의 파종과 비닐의 교체작업 때 '품앗이'로 노동력을 교환하고 있다. 현재 딸기 작목반의 규모는 20여 농가에 이르고 있는데, 읍내리, 송당리, 병사리, 호암리 등 4개 마을의 딸기농가가 참여한다.

## 판매와 소득

병사1리의 시설농가 대부분은 수확한 딸기를 개별적으로 선별하고 포장해서 농협에 보낸다. 출하 철이 되면, 상품을 수거하기 위해 농협 차량이 일정한 시간대에 마을을 다닌다. 이들은 수확한 딸기 전량을 상품화하여 노성농협에 위탁판매하고, 수수료로 전체 수익의 7%를 지불하고 있다. 농가에 따라 인터넷을 통해서, 또는 직접 방문자에 대해 직거래를 하는 경우도 일부 있지만, 전체적으로는 많지 않은 편이다.

반면 2리의 시설농가 대부분은 2006년까지 비슷한 판매형태를 유지하였으나, 2007년부터 일부 농가가 '과수영농조합'을 통해 판매하고 있다. 이곳에 매상하면서부터 수확한 딸기를 상품화하는 데 들여야 하는 농가의 일손을 줄일 수 있게 되었으

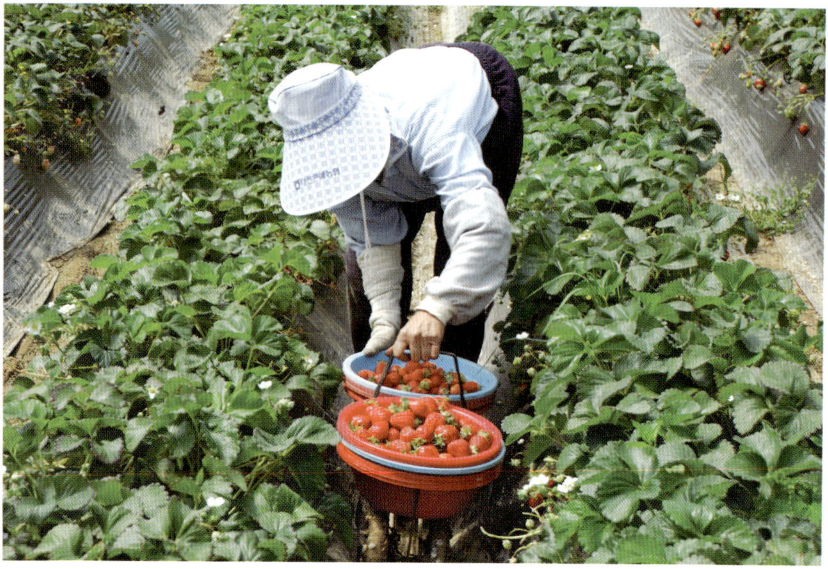

5월 초순 딸기를 수확하는 모습

나, 조합에 지불하는 농가의 수수료는 기존의 농협 위탁판매에 비해 늘어났다.

" 수확 시기가 되면 하루 2회 영농조합에서 딸기를 수거해 가는데, 이곳으로 납품하면서 많이 편해졌다. 예전에는 수확한 딸기를 분류하고 포장까지 해야 납품하였지만, 영농조합에 딸기를 납품하면서부터는 상품을 상 · 중 · 하 세 등급으로 대강만 분류해서 출하하기 때문이다. 영농조합 측에서 수거한 상품을 다시 재분류하여 포장하고 판매하기 때문에, 딸기를 상품화하는 과정에서 드는 농가의 일손은 크게 줄게 되었다. 덕분에 저녁에 있는 모임에도 참석할 수 있어 좋다." (박의준, 50세)

"딸기로 얻는 소득은 해별, 계절별, 월별로 등락이 있지만, 최근 몇 년간 딸기값은 다른 작목에 비해 월등히 좋은 편이었다고 한다. 2007년에도 딸기 소득이 좋은 편이었지만, 2008년에는 더욱 좋아졌다. 1월 초 상품화된 딸기 2㎏에 1만 6천~1만 7천 원, 2월초~4월

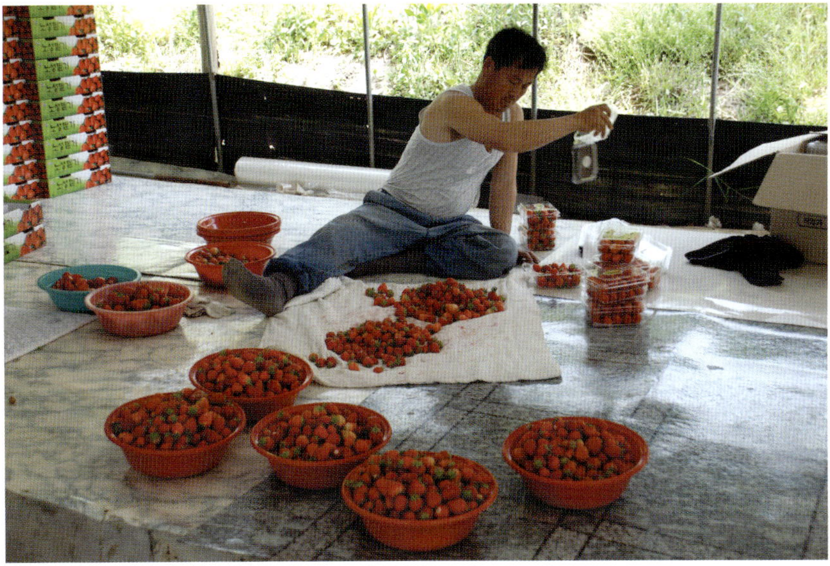


**포장작업 :** 수확한 딸기를 크기별(상 · 중 · 하)로 분류하여 포장하고 있다.

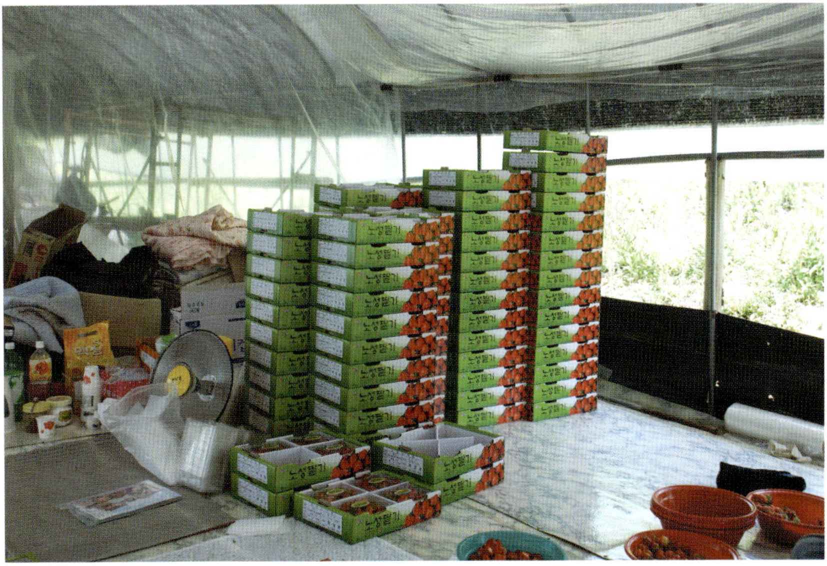


**상품화 작업을 마친 딸기 :** 출하를 기다리고 있다.

까지는 1만~1만 2천 원의 가격대를 일정하게 유지하고 있다.

그러나 딸기재배에는 많은 비용이 들고, 경작과정에서 발생하는 병충해 때문에 수확량과 상품의 질이 일정하지 않은 어려움이 있다고 한다. 이렇게 딸기를 경작하는 시설농가는 해마다 비닐을 교체해주어야 하고, 그 밖에도 병충해를 예방하고 상품의 질을 높이기 위한 유지보수비가 많은 편이다. 올해에 하우스의 비닐값은 3동(1동의 규모는 약 200평)을 교체하는 데 작년의 180만 원에서 250만 원까지 상승하여 비용 부담이 매우 증가하였다." (박상범, 49세)

"하우스 약 10동에 딸기를 하고 있는데, 딸기로 얻은 수익(租收入)은 2007년 기준으로 연간 약 8천5백만 원에 달하지만, 비용이 50%를 상회한다. 시설의 비닐값과 유지보수비가 많다. 해마다 비닐을 교체해주지 않으면 보름가량이나 수확이 늦어져 소득에 상당한 영향을 미치기 때문에 해마다 비닐을 바꾸어야 하고, 그 밖에도 포장비, 인건비(연간 인건비는 3백만 원 이상), 영양제, 임대료, 관정(管井)을 파는 데 드는 비용 및 전기료 등 비용이 만만치 않다." (박항규, 55세)

"관정을 파서 지하수를 끌어올려 수막재배를 하고 있는데 지하수의 양이 줄어 온도를 유지하는 데 한계가 있다. 관정을 파는 데도 많은 돈이 들고, 지하수를 끌어 올려 물주고 온도를 유지를 하는 데 드는 전기비용도 만만치 않다. 또 여러 병 때문에 경작하면서 애를 많이 먹었다. …… 시설농가의 상당수는 농업기술센터에서 개최하는 기술 및 품질 향상을 위한 교육(연평균 10회)에 참여하면서 도움을 얻고 있다." (박상범, 49세)

## 과수

과수농가는 1리에서 6호, 2리에 3호가 있다. 이 마을에서 과수재배가 시작된 것은 1970년대부터이며, 처음 과수원을 시작한 주민은 박영근 씨다. 1980년대와 1990년대에 걸쳐 과수농가가 점차 확대되었다. 과수농가는 주로 사과와 배를 재배하고 있는데, 과수원의 규모는 1~5천 평에 달하고 있다.

과수는 시설영농에 비하면 비용이 적게 드는 편이다. 경작과정에도 달리 임노동을

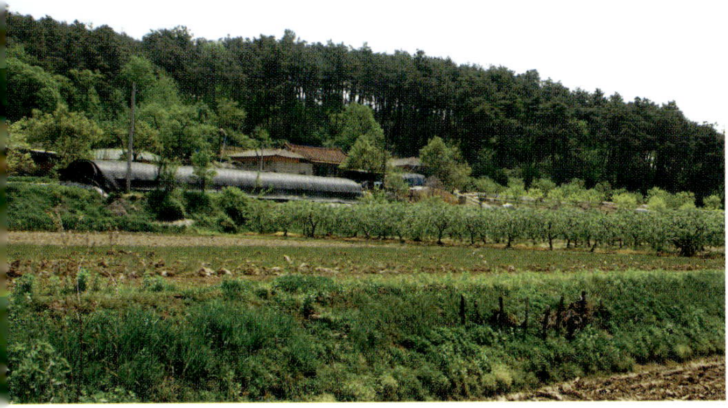

밭 너머에 있는 과수원

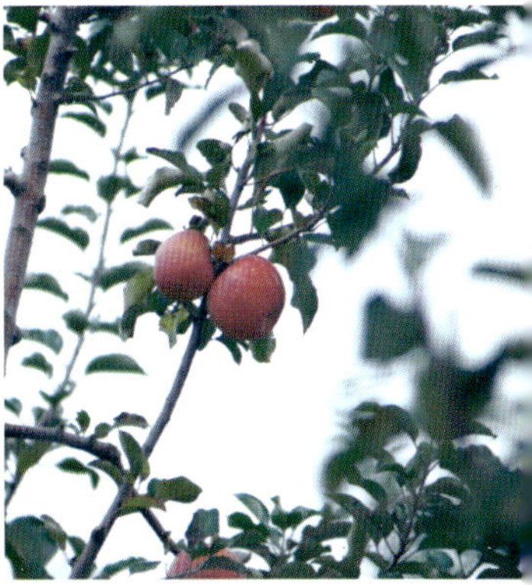

익어가는 사과

고용하지 않고, 부부와 가족 노동력으로 경작한다. 1~2월에 하는 전지(가지치기)와 일상적인 소독은 부부가 하지만, 적과(摘果 : 열매를 고르는 일), 봉지 싸기, 수확 때에는 몇몇 인부들이 추가로 필요한데, 주로 마을 주민들이나 가족들의 도움을 받는다.

수확한 사과와 배는 15kg 또는 7.5kg 단위로 포장하여, 방문객 및 단골 소비자와의 직거래를 주로 한다. 일부 농가는 농협에 위탁하여 판매한다. 소비자 직거래는 입소문을 통해 상품을 찾는 고객들에게 직접 상품을 파는 방식이다. 최근 인터넷을 통한 택배 방식으로 거래가 이루어지기도 하지만, 아직 소규모에 그치고 있다.

박민규 씨(64세, 남)의 경우 2천 평의 과수원에 배를 경작하여 2006년 3~4천만 원의 소득을(조수입)올렸고, 강원중 씨(76세, 남)는 1천2백 평의 과수원에서 사과를 재배하여 연간 2천만 원의 소득을 얻었는데, 비료 및 농약 등 과수를 하기 위한 경작 비용은 전체 수입의 약 30%에 달한다고 한다.

2007년 강씨의 과수는 '썩음병'으로 작황이 좋지 않아, 드문드문 새 과수목을 심었지만, 장기적으로는 과수원을 '논'으로 대체해갈 계획이다. 강씨에 따르면 벼농사의 소득은 약하지만 육체적 노력이 절약되어 고령화한 농민에게 벼농사가 용이하다는 것이다.

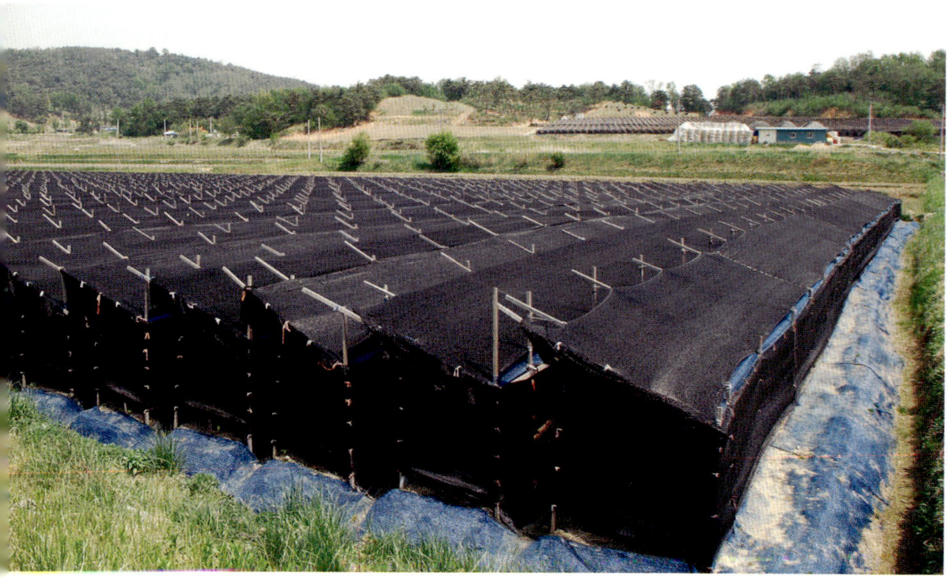

**차광막을 씌운 인삼밭 :** 차광막은 햇빛을 가리기 위해 하는 시설이다.

## 인삼

이 마을에서 처음으로 인삼이 재배된 것은 1990년 무렵으로, 박모 씨가 가장 먼저 시작하였다. 예전에는 인삼을 재배하러 마을에 온 외지인들에게 토지를 임대해주고 직접 경작은 하지 않다가, 5~6년 전부터 몇몇 농가가 인삼을 직접 경작하게 된 것이다. 현재 마을 전체에서 3호가 인삼을 경작하는데, 이들은 모두 '논'에 인삼을 경작하며 3~4년 근을 생산한다. 경작 규모는 1천2백~1천4백 칸에 달한다.

인삼은 연작 피해가 심한 편이어서 한 번 경작을 한 경지에서는 10년 이상 재경작이 어렵다고 한다. 따라서 다른 사람과 경지를 바꾸거나 경지를 달리 정리해야 하는데, 대개는 2미터 이상의 땅을 파서 경지를 조성해야 하기 때문에 비용이 많이 든다.

인삼의 경기가 가장 좋았던 것은 2004~2006년이었다. 그 후에는 국내의 과잉생산과 아울러 해외농산물의 수입 증가로 인삼 가격이 급락하였다. 더욱이 인삼농사에는 많은 인력이 요구되는데, 현재 마을 주민의 고령화로 인력조달에 어려움을 겪고 있다. 인삼농가는 다른 지역에서 인부들을 조달하거나 마을 근처의 '인력공사'를 통해 인력을 조달받는다.

인삼의 판매는 대개 상인들을 대상으로 포전 매매를 한다. 이는 성장한 인삼을 수확 전의 상태에서 밭 단위로 매매하는 것이므로, 수확작업에 필요한 일손을 줄여주는 장점이 있다. 인삼 수확철이 되면 인삼업자들로부터 연락이 오거나 중간 상인들이 마을로 들어오는데, 이들과 경작자 사이에 거래가 이루어진다.

파종에서 수확까지 인삼재배에 소요되는 비용은 평당 2만 원 수준이다. 비용은 농약, 임금, 경지임대료, 자재대금 등이다.

### 담배

잎담배는 1970~1980년대만 해도 이 마을의 주작목이었다. 경작이 활발할 때는 35~40호에 이르는 가구가 담배를 경작했다. 이 마을의 토양은 '마사토(磨沙土)'로, 황토와 석비레가 섞여 있어 담배, 고구마, 고추 등의 재배에 적합하다고 한다.[3)]

1990년대에 들어서면서 담배값은 급락한 반면, 인력조달의 어려움은 가중되어 수지타산이 맞지 않자 대다수의 가구가 경작을 중지하였고 현재는 3호만 남았다. 담배의 경작규모는 6천~8천 평에 이른다.

잎담배의 경작과정은 육묘, 파종, 곁순 따기, 잡초제거, 수확 등으로 구분된다. 잎담배 수확은 6월 중순부터 시작하여 8월 말까지 이루어지는데, 우선 잎을 따고, 이를 '건조기'에 일주일 동안 건조하여 노랗게 될 때까지 찌고, 이를 다시 건조한 다음, 창고에 저장해 두었다가 등급별로 분류하는(하엽, 중엽, 본엽, 상엽, 본엽, 천엽) '조리' 과정(색깔을 고르는 과정)을 거친다.

수확기에는 많은 노동력이 필요하다. 수확이 이루어지는 전체기간 중 주별로 9~10명의 인부가 필요하기 때문에 적어도 7~8명의 인부들을 사야 한다. 이들의 임금은 2008년 현재 여성 3만 원, 남성 5만 원 수준으로 인건비에 대한 부담도 크지만 인부들을 조달하는 일도 쉽지 않다.

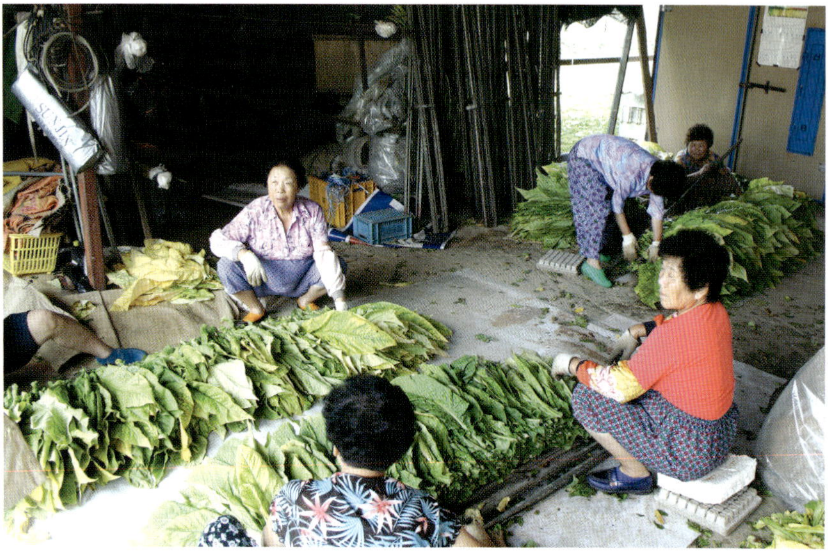

잎담배의 작업

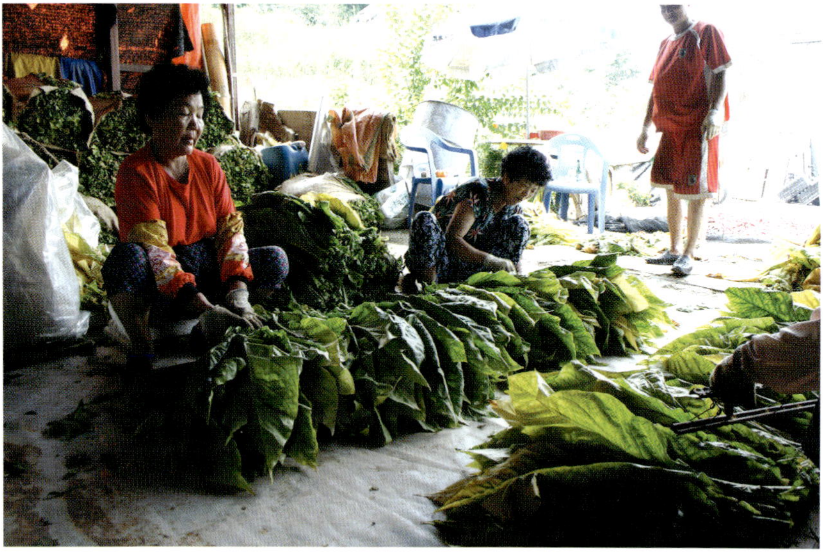

**잎담배 작업 :** 잎을 정리하고 분류하여 묶고 있다.

"나는 약 30년 동안 담배를 경작하였다. 담배 농사는 일손이 많이 필요하다. 마을에 담배 농사가 활발할 때는 '품앗이' 로 인력을 조달하였으나, 현재는 거의 노동력을 사서 조달한다. 마을 내 노동력이 부족하기 때문에 많은 일손이 필요한 수확기에는 경작자 간에 수확 일정을 의논해야 할 정도로 인력조달의 어려움이 크다.…내년부터는 담배를 그만하고 '축산' 이나 '시설(수박과 멜론)' 로 전환해볼까 한다. 인력을 조달하는 일이 너무 어렵기 때문이다. 논산시 전체 담배농가가 400가구에서 현재는 16가구로 감소하였다. 담배농사가 얼마나 지속될지는 불확실하다." (이성구, 66세)

'조리' 과정을 거친 연엽초를 등급별로 30킬로 단위로 묶어 전매청이나 연초조합에 납품하는데, 연엽초의 등급에 따라 가격 차이가 있고[4] 같은 등급의 상품에 대해서도 다시 순위가 정해진다. 전매청 감정원은 생산자가 납품한 각각의 등급상품에 대해 다시 3~4개의 등급으로 순위를 매기고[5] 순위에 따라 가격을 지불한다. 과거에는 엽연초의 '수량' 에 따라 소득이 정해졌다면 현재는 엽연초의 품질에 따라 소득이 정해지는 것이다. 이러한 변화는 금연홍보가 전국적으로 확대되면서 무엇보다도 담배의 '품질' 이 강조되고 이에 따라 검수과정이 까다로워졌기 때문이다.

약 7천 평에 담배를 경작하여 얻는 소득은 연간 4천만 원(조수입)에 달하나 노동력, 유류, 농기계 및 경지임대료, 농약 등의 비용을 고려하면 약 2천만 원 정도의 수익이 남는다. 이는 예전의 소득과 비교하여 다소 감소한 것이다. 담배농가의 수익이 감소한 것은 전매청의 민영화, 담배 수입 개방과 금연 홍보의 확대, 인건비의 상승 때문이라고 한다.

## 축산

이 마을의 축산농가 수는 6호이다. 축산의 규모는 한우 5~32두, 젖소 40두에 달해 전문적인 축산농가로 보기는 어렵고 단지 부업의 차원에서 축산을 겸하는 것으로 볼 수 있다. 축산농가 대다수는 벼농사를, 일부는 시설농업이나 과수를 동시에 하고 있다.

규모가 있는 축산농가는 3호에 불과한데, 이들 역시 최근 2~3년간 소값이 하락하

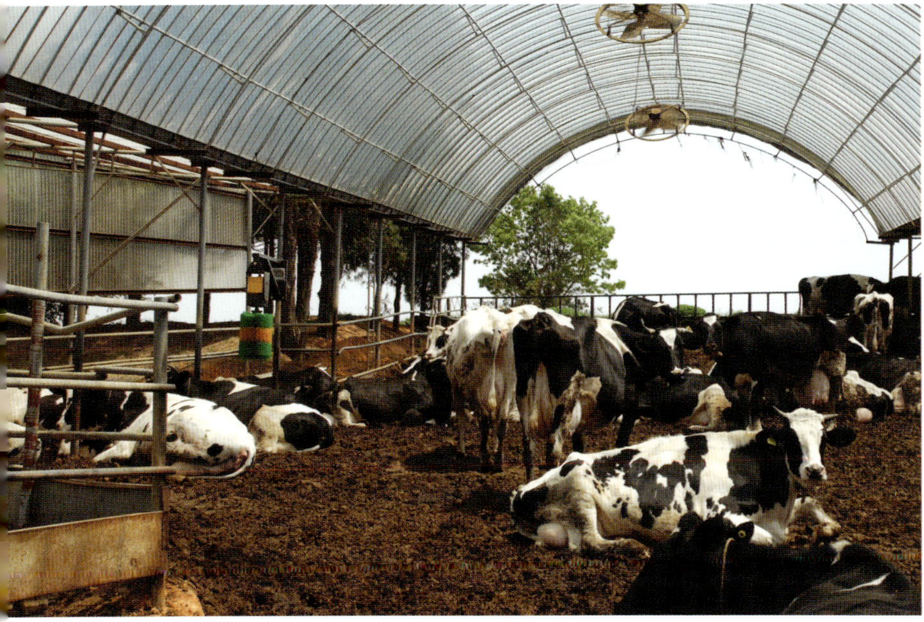

젖소 축사의 모습

면서 규모를 줄여왔다. 각 농가는 가족노동력을 동원하여 축산을 한다. 소를 수정하여 출산시키고, 태어난 황소는 5~6개월, 암소는 보통 6~7년까지 키워 내다 판다.

IMF시기만 해도 황소 송아지 1두에 120~130만 원, 암소는 150만 원에 거래되었다고 한다. 그 후 소값은 지속적인 상승세를 타다가 2006년부터 하락세로 돌아섰다. 2007년 현재, 5~6개월간 자란 황소는 180~200만 원, 6~7년 키운 암소는 300~400만 원의 시세를 유지하다가 2008년 현재 미국산 소고기 수입이라는 정책의 여파로 소값은 지속적인 하락세를 보여 축산농가의 시름이 커져가고 있다.

'수정'과 소를 먹이는 사료 구입에 비용이 드는데, 사료값은 포당 7~8천 원 수준이며 소 1두에 연간 1백 포가 필요하다.

상기하였듯이, 현재까지 전형적인 농촌의 모습을 유지하고 있는 병사리는 대부분의 농촌과 마찬가지로 시간이 지나면서 벼농사 외에 다양한 작목들을 경작하는 복합영농이 이루어지고 있다. 다른 한편, 연기군의 수도권 이전 정책의 영향으로 최근 노성면, 상월지역에 외지인들의 대토(代土)가 증가하였고 이에 따라 마을의 지가(地價)는 2006~2007년 사이에 평당 5만~5만 5천 원까지 상승하였다. 마을의 지가상승은 토지를 소유한 농민들에게 일견 희망으로 비춰질 수 있지만, 동시에 부담으로 작용하기도 한다. 임차지를 얻어 농업을 하는 대다수의 농가에게 임차료의 부담이 상승하기 때문이다. 따라서 일부의 생산농가를 제외한 대부분 농가는 단순재생산 수준을 유지하고 있다.

## 경제적 전망

병사리는 현재까지 전형적인 농촌 모습을 유지하고 있으며 상대적으로 넓은 경지를 가지고 있어 가구별 경작규모도 큰 편으로 볼 수 있다. 그러나 대부분의 농촌과 마찬가지로 시간이 지나면서 벼농사 외에 다양한 작목들을 경작하는 복합영농의 경향이 뚜렷하다. 1970~1980년대에는 벼농사 외에 잎담배, 1980년대에는 특수작물(딸기)과 과수, 1990년대는 과수와 인삼이 함께 경작되는 추세이다.

그렇지만 시간이 지나도 주민들의 경제활동은 여전히 단순한 구조를 이루고 있다. 겸업농가와 전업적 임노동자는 크게 증가하지 않았다. 겸업과 비농가의 수는 마을과 도심과의 거리, 교통망, 마을의 개발수준, 주민의 연령 등 여러 요인에 의해 영향을 받는다. 병사리 근처에는 육군항공학교와 몇 개의 공장이 입지해 있지만, 공장 자체가 부실하거나 생산활동이 활발하지 못해 주민들의 고용에 긍정적인 영향을 미치지 못하고 있다. 따라서 현재 전업적인 취업자는 없고, 겸업농가도 고작 7~8호에 달할 뿐이다. 이렇듯 병사리는 가깝게는 논산시와 접해 있고, 대전광역시에서도 1시간 거리에 있지만, 주민의 경제활동 구조는 비교적 단순한 모습을 보이고 있다.

그럼에도 불구하고 대다수 주민들은 현재의 경제적 수준이 과거에 비해 나아진 것으로 평가하는데, 향후 농업 외 소득원이 다양해지지 않는다면 마을의 미래가 밝다고만은 할 수 없을 것이다. 아울러 현재 주민들의 태도를 고려하면 마을의 미래는 다소 불투명해 보인다.

첫째, 마을 주민들 대다수는 자녀들에게 농업을 물려줄 뜻이 없다. 자신이 고령화되어 노동력을 상실하면 현재의 전답을 팔아 노후를 보내겠다는 것이 주민들의 생각이다. 비교적 수입이 좋은 딸기농가의 경우에도 자녀에게 농업을 물려주고 싶어 하지 않는다. 값싼 수입 농산물의 유입으로 한국 농업의 전망이 어둡다고 판단하기 때문이다.

둘째, 생산적 농가들도 대부분 경작을 확대하지 않는다. 주민들이 고령화됨에 따라 농가는 인력 조달의 어려움을 겪고 있고, 저농산물 가격 정책으로 상품가격이 불안정해 섣불리 경작규모를 늘리는 것을 주저한다. 더욱이 최근 마을의 지가는 급상승 추세를 보여 경작규모를 늘리기가 용이하지도 않다. 따라서 대부분 농가는 생계유지 차원의 단순재생산 구조를 유지하고 있다.

이밖에도 마을구성원의 고령화 수준을 고려하면 마을의 미래는 불확실한 측면이 있다. 주민의 고령화가 심한 마을에서는 마을의 발전이나 소득 향상을 위한 대책이 적극적으로 논의되기 어렵다. 이 마을의 인구 역시 대부분 60~70대 연령층이고, 최근 공가(空家)도 늘어나고 있는 추세여서(6~7호) 색다른 시도를 하기 어려운 조건에 있다.

결국 이러한 모습들은 이 마을을 포함하는 특별한 개발과 농촌을 활성화할 대대적인 정책적 노력이 모색되지 않는 한 쉽사리 반전되기는 어려울 것으로 보인다.

(유 보 경)

## 주(註)

1) 저수지를 찾아 낚시를 하는 사람들은 봄철에 가장 많다고 한다.

2) 딸기농가는 1리에 박항규, 박상범, 강봉식 씨, 2리에 김임중, 송영현, 박의준, 박노두, 박철규, 정해숙, 윤석중, 이기성 씨 등이 있다.

3) '푸석푸석한 돌(가루)이 많이 섞인 흙'을 석비레라 한다. 마사토는 여기에 황토가 섞인 흙으로, 각

종 작물 재배에 유리한 것으로 알려져 있다.

4) 엽연초 중 가장 상등급이라 할 수 있는 '본엽' 의 생산량은 전체 수확량의 1/3에 불과하다.

5) 하엽, 중엽, 본엽으로 각각 분류된 상품은  다시 3개 순위로 분류되며, 상엽과 천엽으로 각각 분류된 상품은 다시 4개 순위로 분류된다.

6) 3년 전 마을 지가는 평당 2만 8천~3만 원에 달함.

# 사회생활과 문화

## 인구와 가족구성

### 인구구성과 변화

1980년도 논산군 통계연보를 보면, 노성면 병사리의 인구는 151가구에 719명이 거주하는 것으로 기록되어 있다. 당시의 인구를 가구수로 나누어 보면 병사리의 가구당 평균 가구원수는 약 5.9명이 되는 셈이다. 그러나 1982년의 병사리의 인구는 122가구에 600명으로, 그리고 1987년에는 116가구 470명으로 급격히 감소한다. 그리고 1990년에는 118가구 452명으로 줄어들어 10년 사이에 병사리 인구 가운데 267명이 감소한 것으로 나타난다. 이처럼 지속적으로 감소해온 병사리의 인구는 1995년에 들어서도 401명으로 감소하고 11년 후인 2006년에는 295명으로 줄어들어 가구당 평균 가구원수는 2.2명을 약간 상회하는데 그치고 있다. 결과적으로 공식적인 통계자료에 의하면 1980년 이후 병사리 인구의 59%인 424명이 병사리를 떠났거나 사망한 것이다. 그러나 이러한 수치는 주민등록상의 통계에 근거한 것으로 실제와는 상당한 차이가 있다.

2007년도 12월 말 실제조사에 의하면, 병사리 인구는 전체 96가구에 226명이 살고 있다는 것이 이를 증명한다. 통계상의 수치보다도 훨씬 적은 인구와 가구가 병사리의 현재를 구성하고 있는 것이다. 그 원인은 매우 다양하다. 주민등록만 병사리에 남겨두고 외지에 나가 거주하는 사람들에 의한 가구수의 증가와 주민등록상 인구의 축소, 주민등록을 이전하지 않고 현실적으로 마을에 거주함으로써 발생하는 괴리 그

〈표1〉 병사리의 인구 변화

| 년도/ | 병사1리 | | | | 병사2리 | | | |
|---|---|---|---|---|---|---|---|---|
| | 가구수 | 인구(계) | 남 자 | 여 자 | 가구수 | 인구(계) | 남 자 | 여 자 |
| 1980 | 52 | 255 | 129 | 126 | 69 | 464 | 239 | 225 |
| 1982 | 51 | 239 | 127 | 117 | 71 | 361 | 184 | 177 |
| 1984 | 51 | 254 | 136 | 118 | 69 | 382 | 193 | 189 |
| 1987 | 50 | 193 | 93 | 100 | 66 | 273 | 139 | 134 |
| 1989 | 51 | 199 | 101 | 98 | 72 | 285 | 149 | 136 |
| 1990 | 49 | 186 | 94 | 92 | 69 | 266 | 135 | 131 |
| 1995 | 49 | 155 | 81 | 74 | 73 | 246 | 128 | 118 |
| 2005 | 50 | 120 | 61 | 59 | 81 | 187 | 102 | 85 |
| 2006 | 54 | 118 | 62 | 56 | 75 | 177 | 93 | 84 |

* 논산군(시) 통계 연보(각 년도)

리고 위장전입 등이 중요한 원인이다. 주민들에 의하면 전입자의 경우 간혹 토지 구매를 위하여 마을에 거주하지 않으면서 주민등록만을 이전시킨 위장전입자도 있을 것이라는 증언이 이러한 사실을 뒷받침한다.

물론, 전입자들 가운데는 병사리 출신으로 도회지에 나가 살다가 삶이 여의치 않아 도회지 생활을 정리하고 유턴(U-turn)한 사람도 있다. 그러나 그러한 사람들은 소수에 불과할 뿐이고 주민등록과 실제 거주지의 불일치에서 발생하는 불균형이 주 원인인 것이다. 아무튼 병사리의 인구는 지난 1980년 이후 지속적으로 감소하였다. 게다가 농촌의 젊은이들이 농한기에 나타나는 계절적 실업을 모면하고 저(低)농산물 가격에 따른 빈곤으로부터 탈출하기 위해 보다 일자리가 풍부한 인근의 도시로 이주하는 이농(離農)에 따른 영향도 적지 않을 것이다.

한편, 병사리의 인구 감소에 비해 가구수의 변화는 그다지 크게 나타나지 않는다. 1980년에는 121가구가 병사리에 거주하는 것으로 나타나고 있는데 1987년에는 116가구, 1990년에는 118가구, 1995년에는 122가구로, 그리고 2006년에는 122가구로 큰 변화는 확인되지 않는다. 가구수에 있어서 큰 변화가 나타나지 않는 것은 가구구성원수에 관계없이 주민등록상에 한 명이 거주해도 한 가구로 통계되기 때문이다.

돈벌이가 있어야지. 농작물로 돈 번다는 것은 말도 안 되는 거여. 돈이 되어야지. 힘들어서 누구 여기 와서 살어. 할 수 없이 농지가 조금 있으니까 그걸 어쩔 수 없어 붙잡고 있는 거지. 노인들이 태반이여. 젊은 자식들이야 다 지들 살라구 나가 있지.(백승정)

다음으로 병사리 마을을 실제로 구성하는 주민들을 연령별로 살펴보면 아래 <표2>와 같다. 표에서 확인할 수 있듯이 병사리를 구성하는 인구 중 60대 이상이 전체 인구의 37.4%를 점하고 있다. 이는 우리나라 2007년도 전체 인구 가운데 60대 이상이 차지하는 비율 12.95%보다 훨씬 높은 수치로 병사리의 인구는 전국과 비교해보아도 상당히 고령화되어 있는 마을이라는 것을 확인할 수 있다.

〈표2〉 병사리의 연령별 인구현황(2007, 12월 현재)

| 연령별 | 병사1리 | | 병사2리 | | 전체 구성비(%) | 전국의 연령별 인구(%) |
|---|---|---|---|---|---|---|
| | 남(%) | 여(%) | 남(%) | 여(%) | | |
| 80세~ | 1(1.2) | 4(3.5) | 1(0.6) | 4(2.5) | 3.6 | 5.3 |
| 70~79세 | 9(7.8) | 10(8.7) | 5(3.2) | 11(7.0) | 12.8 | |
| 60~69세 | 4(3.4) | 9(7.8) | 23(14.7) | 20(12.7) | 21.0 | 7.5 |
| 50~59세 | 7(6.1) | 8(6.9) | 9(5.7) | 11(7.0) | 12.8 | 10.8 |
| 40~49세 | 10(8.7) | 9(7.8) | 9(5.7) | 7(4.5) | 12.8 | 17.0 |
| 30~39세 | 6(5.2) | 4(3.4) | 14(8.9) | 9(5.7) | 12.0 | 17.4 |
| 20~29세 | 8(6.9) | 9(7.8) | 12(7.6) | 5(3.2) | 12.5 | 15.5 |
| 1~19세 | 11(9.6) | 6(5.2) | 5(3.2) | 12(7.6) | 12.5 | 26.5 |
| 계 | 56(48.9) | 59(51.1) | 78(49.6) | 79(50.2) | 100 | 100 |

* 2007년도 주민등록대장, 통계청 인구총조사(http://www.kosis.kr/)

60대만을 비교해도 전국통계에서 60대가 차지하는 비율이 7.5%인데 반해 병사리의 경우는 21.0%로 전국의 경우보다 13.5%가 높은 상태이다. 또 농촌마을에서 중추적인 역할을 담당하는 40대와 50대의 경우를 살펴보면, 40대의 경우가 12.8%이고

50대 역시 12.8%를 차지한다. 이 수치는 전국규모의 동 연령대의 인구비율과 비교해 볼때 40대의 경우는 17.0%보다 4.2%가 낮고, 50대의 10.8%보다 2.0%가 높다. 30대 역시 전국규모의 인구구성보다 5.4%가 낮다. 이러한 경향은 20대와 10대의 경우도 마찬가지다. 결과적으로 병사리 인구의 연령별 구성에 있어 전반적으로 60대 이상이 차지하는 비율이 높고 50대 이하 젊은 세대로 내려갈수록 낮아지고 있어 병사리 인구의 고령화가 점점 심화되고 있는 역종형의 인구구조를 나타낸다.

인구의 고령화는 노동력 수급의 문제는 물론 노인들의 일상생활로부터 파생하는 복지문제 등 다양한 문제들이 잠재하고 있어 향후 중층적으로 작용할 것으로 판단된다. 더욱이 이들을 보호해야 할 젊은층의 감소는 이 문제들을 더욱 심화시킬 것이다. 흥미로운 일은 병사리 인구에서 전체적으로 여자의 비율이 남자의 비율보다 약간 높게 나타나고 있는데, 60대 이상의 경우에는 남자보다 여자의 생존율이 높다는 것을 의미하지만 50대의 경우에는 도회지로 나간 자녀들의 주택문제를 해결하기 위하여 아버지가 주민등록을 옮긴 경우도 있다. 그러나 40대와 30대에서 여자보다 남자의 수가 많은 것은 결혼적령기를 맞이했으면서도 결혼하지 못한 농촌총각의 예를 나타낸다.

응. 남자가 많을 겨. 아직 결혼 못한 사람들이지 뭐. 누가 이리 시집올라고 하나. 뭐 먹을게 있간디. 뭐 보고 살게 있다고 와. 여기가 워딘디. 있는 사람도 나갈 판에 멀라고 와.(박OO)

이점은 농촌사회의 현실을 극명하게 보여주는 것이다. 열악한 교육환경, 주거, 교통, 문화시설의 침체에 따른 농촌기피현상이나 농촌이탈현상을 반증하는 것이다.

## 가족규모와 구성형태

실제조사 결과에 의하면 병사리 마을의 가구구성은 다음 <표3>과 같다. 마을의 실거주자를 중심으로 할 때 가구당 평균 가구원은 2.3명이다. 이 수치는 2004년의 농업 기본통계조사에서 나타나는 농가 가구원수의 전국평균인 2.75명에 비해 낮은 것으로 병사리 가구구성에도 그대로 반영되고 있다. 2007년 12월 말 현재 병사리의 가구 유형을 살펴보면, 부부만 거주하는 가구가 증가하고 있는데 부부는 다음과 같이 분류된다. 먼저 자녀들이 성장하여 외지에 정착 · 거주하는 자녀들의 완전출향에 의해 발생하는 노인부부가구와 또 한편으로는 자녀들이 상급학교로 진학하면서 도회지에 거주하는 임시출향에 의한 중년부부들의 경우를 말한다. 이들 부부만으로 구성되는 가구가 38가구로 전체 가구의 40.0%를 차지한다. 이 수치는 면부의 28.0%보다 12.0%가 높으며 전국의 13.8%보다 26.2%나 높은 것이다. 게다가 마을 내에 아무런 가족이 없이 홀로 거주하는 독거노인가구도 22가구로 전체의 23.2%나 된다. 이 유형은 면부보다는 약간 낮지만 전국보다는 6.2%가 높은 수치이다. 독거노인가구의 경우 자녀들은 모두 외지에 거주하고 노인부부 중 어느 한쪽이 사망하여 마을에서 홀로 거주하는 노인들이 대부분이다. 부부가구와 이들 독거노인가구를 합하면 병사리 전체 가구의 63.2%를 차지한다. 농사철을 비롯한 바쁜 시기에 마을에 들어서면 빈 둥지(empty nest)의 한적하고 슬쓸한 분위기를 느끼는 것은 이 때문이기도 하다. 다음으로 부부와 자녀로 구성된 2세대 가족은 16가구로 전체의 16.8%를 차지한다. 그리고 우리나라 농촌사회에서 전형적으로 보였던 조부모와 부부 + 자녀로 이루어지는 3세대 가구는 8가구에 불과하다. 병사2리에는 기타 가족이 세 가구가 있다. 이들은 노모와 딸 그리고 외손녀와 함께 거주하는 경우이며, 손녀딸만을 데리고 있는 할머니, 부부 + 자녀와 시동생을 데리고  거주하는 경우이다.

〈표3〉 병사리의 가구 유형별 구성비

| 분 류 | 가구 구성 수(호) | | 구성비(%) | 면부 (2005년 %) | 전국 (2005년 %) |
|---|---|---|---|---|---|
| | 병사1리 | 병사2리 | | | |
| 1인 가구(노인) | 11 | 11 | 23.2 | 26.2 | 17.0 |
| 부부가구 | 15 | 23 | 40.0 | 28.0 | 13.8 |
| 부부 + 자녀 | 7 | 9 | 16.8 | 22.5 | 47.1 |
| 편부 + 자녀 | – | – | – | 1.1 | 1.5 |
| 편모 + 자녀 | 2 | 6 | 8.4 | 4.2 | 6.4 |
| 3세대이상 | 4 | 4 | 8.4 | 8.2 | 7.3 |
| 기 타 | – | 3 | 3.2 | 9.8 | 6.9 |
| 합 계 | 39 | 56 | 100 | 100 | 100 |

* 실제조사에 의해 재구성, 통계청 인구총조사(http://www.kosis.kr/)

# 친족관계와 문중조직

## 성씨의 구성

성씨별로 마을 주민들의 구성을 살펴보면, 병사리는 파평윤씨 문중과 밀양박씨 문중이 중심을 이루었다고 볼 수 있으나 현재는 거의 각성바지 마을처럼 다양한 성씨들이 거주하고 있다. <표4>는 실제조사에 의해 작성된 병사리의 성씨별 구성을 정리한 것이다. 병사1리의 경우 파평윤씨는 7가구, 밀양박씨가 10여 가구로 가장 많고 수원백씨나 김씨, 진주강씨 등 다양한 성씨가 거주하고 있다. 병사1리가 파평윤씨 재실마을임에도 불구하고 가장 많이 거주하는 성씨가 밀양박씨라는 점이 흥미롭다.

〈표4〉 병사리의 성씨별 구성

| 병사1리 | | 병사2리 | |
|---|---|---|---|
| 성 씨 | 가구 수 | 성 씨 | 가구 수 |
| 밀양박씨 | 10 | 밀양박씨 | 14 |
| 파평윤씨 | 7 | 김 씨 | 10 |
| 김해김씨 | 5 | 이 씨 | 8 |
| 수원백씨 | 4 | 파평윤씨 | 4 |
| 진주강씨 | 3 | 유 씨 | 3 |
| 기 타 | 10 | 기 타 | 17 |

한편, 병사2리는 밀양박씨가 14가구로 가장 많고 김씨가 10여 가구, 파평윤씨가 4가구이며 이씨, 유씨, 정씨, 최씨 등이 골고루 분포되어 살고 있어 우리나라 농촌에서 흔히 보이는 집성촌의 성격이 매우 희박하다고 할 수 있다. 그러나 병사1리의 파평윤씨들의 경우 대부분 노종파의 종인들로 항렬을 계산하여 서로 아저씨, 아주머니로 호명하며, 대부, 조카로 호칭한다. 물론 병사2리의 밀양박씨들도 마찬가지다. 종손을 중심으로 조카님, 아저씨, 아주머니란 호칭은 대부분 문중의 항렬에 의해 부르는 명칭들이다.

병사1리의 파평윤씨나 병사2리의 밀양박씨들은 문중조직을 형성하고 연례적인 행사를 조직하거나 문중의 발전을 도모한다. 재실을 마련하여 시제를 지내고 시제의 준비를 위하여 문중의 조직을 동원한다. 이들 조직은 문중에 따라 대종회(大宗會) 혹은 종회(宗會), 종중계(宗中稧)라고 호명하는데 문중의 구성원 가운데 회장, 유사, 계장 등의 임원을 선출하여 종중사업이 원활하게 이루어지도록 배려하고 있다. 이러한 문중은 각 문중에 속한 사람들의 일상생활에서 커다란 영향력을 행사해왔다. 그 문중의 사회적 평판에 따라 사교의 범위나 행동거지, 관혼상제의 예식 절차 등이 엄격하게 제한되어 왔다. 특히 통혼에서 문중의 성격은 결혼의 성패를 좌우하기도 했다.

병사1리의 파평윤씨 집안을 보면, 주로 풍양조씨, 안동권씨, 동래정씨, 반남박씨, 진주강씨 집안과 통혼한 것으로 알려진다. 이들 파평윤씨 집안과 사돈의 연을 맺은 가문들의 면면을 볼 때 대부분 조선시대의 세도가문들이라고 칭할 만하다.

### 파평윤씨의 대종회

익히 잘 알려져 있듯이 노성면 병사1리는 호서지방 3대 거족 중 하나로 언급되는 파평윤씨 종족마을이다. 병사1리 파평윤씨 노종파는 1600년대 중기에 족계와 문중조직, 문중 서원의 발달을 토대로 종족마을을 형성해왔다. 이러한 사실은 병사리에 소장되고 있는 다양한 종회록이나 종약을 통해서도 짐작할 수 있는데, 현재는 병사1리의 파평윤씨 문중은 단 일곱 가구에 지나지 않아 그 세력을 가늠키는 어려우나 여전히 문중의 활동은 왕성하게 이루어지고 있다.

파평윤씨 문중은 노종파 병사 대종중의 『노종가례』를 제작하여 문중의 재산 상태나 제사 관행, 원 시조와 병사리 입향조에 이르는 가계도 등을 전승하고 있다. 문중의 제반 활동은 종중조직인 대종회에서 정한 규칙과 그 규칙에 의해 선출된 임원들에 의해 이루어진다. 대종회의 주업무는 선조의 위업을 현창하며 종중을 유지·보존하기 위하여 족보를 간행하거나 문헌, 유물 등을 수집·편찬할 뿐만 아니라, 세일사(歲一祀) 등의 제사를 모시는 일이다. 문중 활동을 추진하기 위해 소요되는 일체의 경비도 문중 재산에 기초한 재실의 세입으로 이루어진다.

『노종가례』의 종약편에 문중조직인 대종회(大宗會)를 조직하는 목적이 기록되어 있으며 순거노식(舜擧魯直)의 종약말문에는 종약제정의 의미와 종원들에 대한 당부가 고스란히 담겨져 있다. 파평윤씨 종회의 기원은 순거노식의 글로 미루어 그가 활약했던 1645년경으로 추측할 수 있다. 무려 400여 년의 전통을 면면히 이어오며 후손들에게서 재생산되어 유전되고 있는 것이다.

> 그러므로 우리 자손들은 선조의 제사에 서로 독려하여 참석하고 서로 공손하게 참사하여 출소를 정성스럽게 돌보아야 할 것이다. 이렇게 되면 마음으로부터 서로 아끼게 되고 흡족한 정을 나눌 수 있게 될 것이다. 그러나 끊임없이 인도를 밝게 가르치지 않고 도리에 힘쓰도록 계속 노력하지 않으면 대가 멀어져 갈수록 가까움이 멀어지게 되고 친족 간에 우애도 오래가지 못하게 될 것이다. 그러므로 이 모임을 만드는 것이니 모두 옛사람의 가르침을 옳게 이어받아 참으로 우리 종례에 큰 행이 되도록 하고 사람의 도리로서 잘 지키도록 해야 할 것이다(노종가례 중에서).

이 글에서 알 수 있듯이 종회를 조직하는 목적은 선조의 가르침을 본받고 선조의 제사에 대한 적극적인 참여를 기초로 문중 간 상호존중과 돈독한 정의 교류에 힘쓰며, 도리수학(道理修學)을 통하여 친족 간의 우애도모를 과제로 하는 것이다. 이러한 파평윤씨 대종회의 구성원은 노종파로서 21세 돈(暾)의 후손들 가운데 성년들로 한정하며, 구성원 각자는 선조들이 정하여 내려주신 존조, 경종의 숭고한 종약정신을 바탕으로 위업을 현창하며 선조의 분묘, 위토, 재산을 수호 · 발전시키고 종친 상호 간의 상부상조 돈목과 종족 번영, 발전 향상을 위해 힘써야 한다고 정하고 있다. 따라서 그 목적을 달성하기 위하여 종인된 사람들은 종사 참여 및 종약 존수의 의무를 수행하여야 하며, 종중은 종중수호 유지발전, 종약규약 존수, 종재보존현황 공개, 경리장부 공개와 결산보고의 의무를 지는 것이다. 또 종회는 종친 상호 간의 상조를 도모하고 종족의 번영과 친목을 유지하기 위하여 다양한 사업을 기획 · 실행하는데, 족보, 문헌, 유물 등을 수집 · 편찬 · 보존하는 사업이나 종족 번영을 위한 후손교육, 선행을 통한 충 · 효도의 앙양, 일가 찾기, 서로 돕는 상부상조사업을 전개하는 일 등이 대종회의 중요한 사업이다. 그 가운데 매년 음력 3월 첫 일요일 종산에 안치된 승지공, 참판공, 설봉공, 동토공의 향사를 지내는 일은 파평윤씨 대종회의 중요한 사업이다.

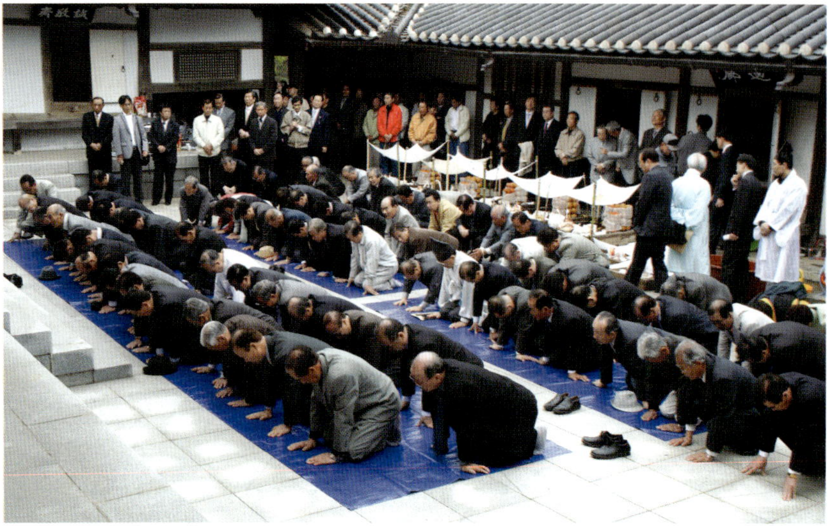

영사당에서 망향제를 지내는 광경

이러한 대종중은 총회와 종회장단을 구성하며 임원으로는 약간 명의 고문과 1명의 명예회장, 대종손, 종회장, 부종회장(2명 이내), 10여 명의 전형위원, 15명 내지 25명 내외의 운영위원, 확대임원회, 전문(분과)위원회를 두고 있으며, 집행기구이자 사무국으로서 도유사, 유사, 감사를 두고 있다. 그 가운데 도유사는 대종중의 총관리 책임자이며 그 아래 해장유사와 전문유사를 둔다. 이들 대종중의 임원의 임기는 4년으로 하며 보궐 시는 전임자의 잔여임기로 하고, 차기임원이 선출되지 않았을 때는 임기만료라도 재임하도록 한다고 규정하고 있다. 대종중의 임원 중에서도 도유사와 유사들의 임무가 중요하다. 도유사는 실질적인 사무집행책임자로서 종회장의 명을 받아 운영위원회의 의결사항을 처리하며 유사들을 지도하고 당연직 운영위원이 된다. 그 아래의 유사는 집행기관의 구성원이 되며 도유사의 지도하에 종회장의 명과 운영위원회의 의결사항을 집행한다. 이런 점으로 미루어 볼 때 도유사와 유사가 대종중의 사업을 집행하는 집행책임자인 셈이다. 대종회의 실질적 책임자이자 종회장은 문중조직의 정점을 이루며 인격과 학식을 겸비한 사람을 선출하여 종

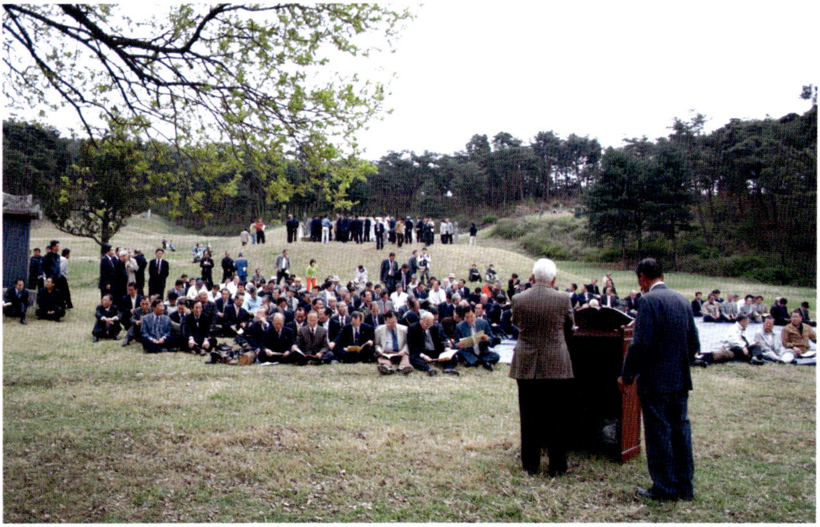

**세일사를 마치고 대종중회의**

회 전체를 관할하게 하고 있다. 파평윤씨 대종회의 종회장은 윤덕병 씨로 현재 한국 야쿠르트 회장을 역임하고 있다. 1999년도에 4억 2000여만 원을 희사하여 380년 전에 건립된 효렴재를 해체하고 새로 건립하였으며 성경재와 영사당을 보수하기도 했다.

대종회는 정기총회와 임시총회로 정하고 정기총회는 매년 음력 3월 첫째 일요일, 세일사를 마친 후에 개최하며, 임시총회는 종사에 긴급을 요하는 중대사가 발생하였을 때 소집하거나 전체 임원의 2/3 이상이 요구하였을 때 종회장이 소집한다. 임시총회의 경우에는 총회개최 2주일 전에 수도일간신문 2개지 이상에 이를 공고하여야 한다고 규정하고 있다. 대종회의 총회는 임원선출이나 종약(정관, 규약)의 제정 및 개정, 감사보고의 의결접수, 예산결산의 심의승인, 운영위원회로부터 부의된 요건심의, 종인의 포상 및 징계 등을 결정한다. 종약에는 대종중의 구성원들에 대한 상벌규정도 기록하고 있는데 대종중의 명예를 훼손한 자나 불효패륜행위를 한 자, 종족 간 이간 또는 분쟁을 초래케 한 자, 종중 발전을 저해 또는 종재를 횡령하거나 의도적으로 손

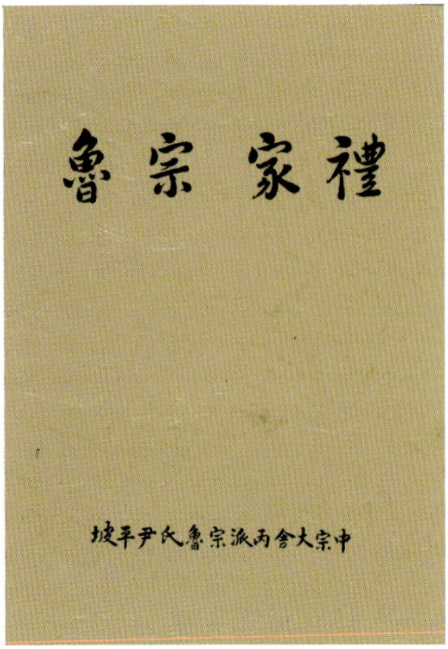


파평윤씨 노종파 노종가례

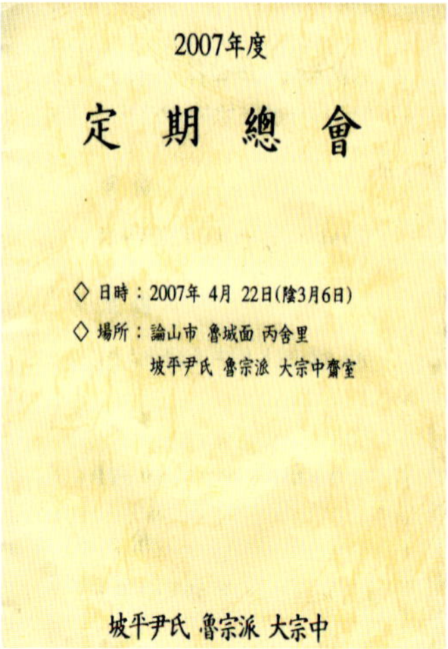


파평윤씨 노종파 총회자료집

해를 끼친 자, 종사를 빙자하여 성금 또는 모금을 하여 유용 · 착복한 종인에 대해서는 징계하며 징계의 내용은 견책, 5년 이하의 참사불허, 피해보상, 자격정지 및 종사 참여 불허, 할진 계벌을 실시한다.

총회순서는 개회, 옛 선조에 대한 추모, 종회장의 인사, 감사 보고와 의안 심의, 임원 선거, 기타 토의의 순으로 이루어지며, 정기총회 자료집을 발행하여 종인들에게 나누어주고 그 내용을 열람케 하고 있다.

2006년도 재실 세입 결산을 보면 전년도 이월금과 종토수입, 예금이자와 잡수입 그리고 성금이 과목으로 분류되어 기록되어 있으며, 재실 세출 결산에는 제사비를 비롯하여 관리비, 수용비, 공공요금, 회의비, 여비, 부담금과 예비비를 항과 목으로 나누어 기록하고 있다. 세입 결산 총액으로는 10,354,259원과 세출 결산 총액은 75,170,880원, 잔액 2,836,379원이 명시되어 있는데, 이 재산은 단순히 문중의 행사나 재실의 보존 등에 사용된다. 마을과의 관련속에서 대종중의 재산이 사용되었는가는 확인되지 않으며 마을에서 파평윤씨의 영향력도 가늠할 수가 없다. 단지 문중의 활동에 병사리 파평윤씨들이 모두 동원되며 부족한 일손은 일군이란 명목으로 마을 내의 타 성씨들에 의해서 채워진다.

### 밀양박씨의 종중회

병사2리를 접지미(接支山)마을이라고도 한다. 앞에서 살펴본 것처럼 병사2리에는 다양한 성씨들이 산재(散在)하여 거주하고 있는데, 각 성씨들의 입향 과정이나 정착 동기는 일일이 확인할 수 없다. 그 가운데서도 접지미마을의 밀양박씨들이 마을의 다수를 차지하며 마을에 대한 기여의 정도를 감안하여 대표적인 성씨로 구분하는 것이다.

접지미 밀양박씨는 7대조인 안건공의 후손들로 종중을 이루며 종중회(宗中會)를 조직하여 그 명맥을 지키고 있다. 종회의 기원이나 유래는 명확히 확인되지 않는데 종회칙의 제정년도(1993년 12월 26일)를 고려할 때 그리 오래되지 않았을 것으로 추측된다. 회칙은 1993년에 제정 · 공포되어 2004년 12월에 개정하며 2005년 1월부터 시행한다고 기록되어 있기 때문이다. 종중회의 회원은 안건공 후손으로서 만19세 이

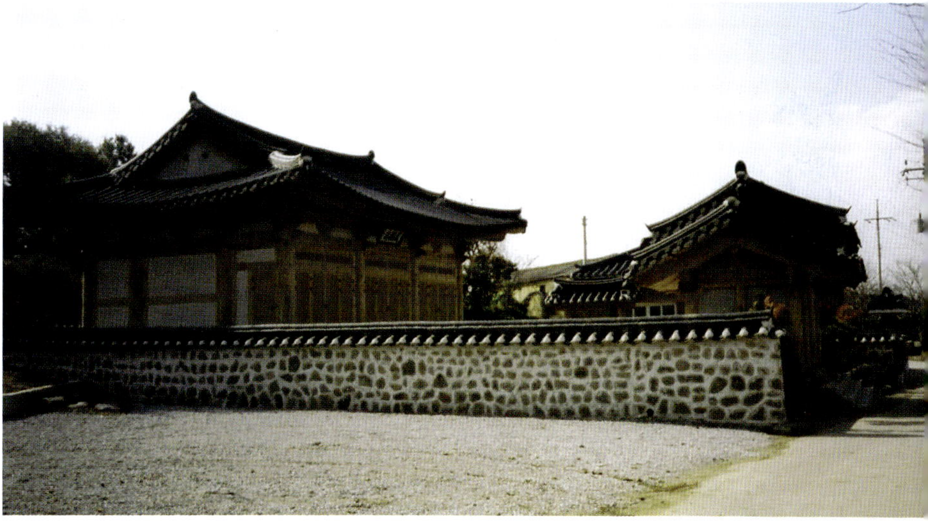

최근 신축된 밀양박씨 문중의 재실 겸 사당인 봉린재

상의 남자에 한하며 종중에 관련된 일들을 수행할 의무를 갖는데 이들 구성원들은 종중 간의 우애와 친목, 상부상조를 도모하며 조상에 대한 예를 갖추고 조상을 기리는 일에 힘쓴다. 이러한 이념은 종회회칙의 목적에 잘 나타나 있다.

> 본회는 종친 간의 친화를 돈독히 하고 숭조의 이념을 바탕으로 하여 선조현양에 관련된 사업을 시행함에 있다.

한편, 밀양박씨 종중은 종중사업을 원활히 하기 위하여 서울, 대전, 논산, 공주에 지부를 설치하고 각 지역별 화수회(花樹會)가 이를 운영한다. 따라서 병사리의 밀양박씨들은 논산화수회에 속하며 해마다 친족들이 한 자리에 모여 그간의 안부를 전하고 친목을 도모하며 문중의 유대를 공고히 한다. 특히 이 날 문중의 어른들은 아이들과 젊은이들에게 할아버지 묘를 견학시키고 선조에 대한 예를 가르치며 조상의 권고와 음덕을 전한다. 이러한 문중 행사를 포함한 업무들은 종중회의를 통하여 심의 · 의

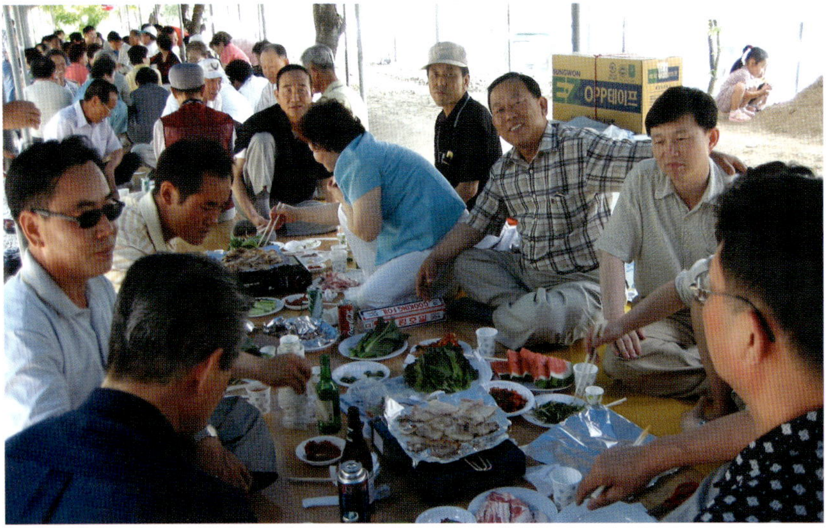


**밀양박씨 화수회의 장면**

결된다.

밀양박씨 종중회의는 총회와 이사회로 구분하는데 총회는 다시 정기총회와 임시회로 구분한다. 정기총회는 매년 12월에 회장이 소집하고, 임시총회는 회장 또는 이사 과반수 이상의 서면 제청이 있을 때 회장이 소집한다. 총회의 성립요건은 참석회원의 과반수 찬성으로 의결한다. 총회에 부쳐지는 안건은 주로 종중의 예산 및 결산에 관한 사항과 재산의 취득 및 처분에 관한 사항 그리고 종중의 사업계획에 관한 사항들이다. 또 종중을 이끌고 나아갈 임원의 선임에 관한 사항이나 회칙의 제정 및 개정에 대한 일들도 총회의 중요한 안건들이다.

종중의 사업을 주관하는 이사회는 회장과 이사로 구성하며 이사회의 성립은 재적이사 과반수의 참석으로 성립하며 참석이사 과반수의 찬성으로 의결한다. 이사회의 주업무는 총회에서 위임된 사항이나 예산안에 관한 사항, 사업계획안 심의 사항, 재산취득과 처분계획안 심의 등을 의결하는 것이다.

종중사업을 관할하기 위하여 임원을 두는데 임원은 회장 1인, 이사 10인, 총무이사 1인, 이사를 겸하는 지부장 4인, 감사 2인으로 구성된다. 회장은 종회를 대표하고 종중재산관리 및 종중업무일체를 처리하며 각종회의를 소집한다. 그 아래의 총무이사는 종무전반의 서무와 의전, 재산관리와 금전출납을 담당하며 회장 유고시 회장선출 때까지 업무를 대행한다고 규정하고 있다. 임원이 회칙을 위반하고 배임행위를 행할 시는 임기중이라도 총회의 의결에 의하여 해임한다고 규정되어 있어 임원의 행동거지를 일정 정도 제한하고 있다.

또 회원이 종토, 또는 재산상 막대한 손해를 입히거나 선조에 대한 수치, 종친 간의 명예를 손상케 했을 경우 총회의 의결에 의하여 제명 또는 할보할 수 있다는 규정을 정하고 있는데 이는 문중의 위엄과 종인의 명예를 통하여 밀양박씨 문중의 전통을 보전하고 유지하고자 하는 의미를 함의하고 있는 것이다.

밀양박씨 문중의 중요한 사업으로는 대종중 시제를 지내는 일이다. 향시일은 종중회장의 주제하에 매년 음력 10월 15일 직전 일요일에 거행하는데 이때 소요되는 비용은 종회 재산으로 충당하며 제물을 비롯한 일절을 총무이사 책임하에 준비한다.

특이한 것은 밀양박씨의 시향이 7대조부터 일곱 분을 모시고 있어 일곱 번 잔을

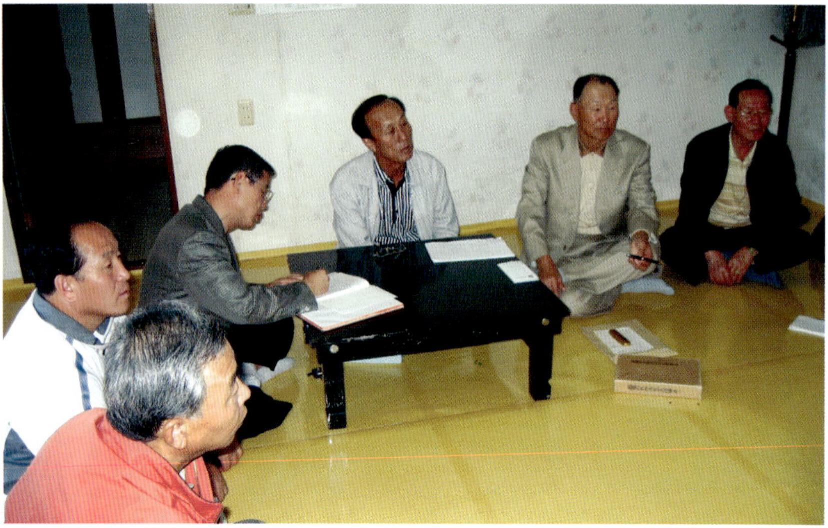

밀양박씨 종중 임원회의

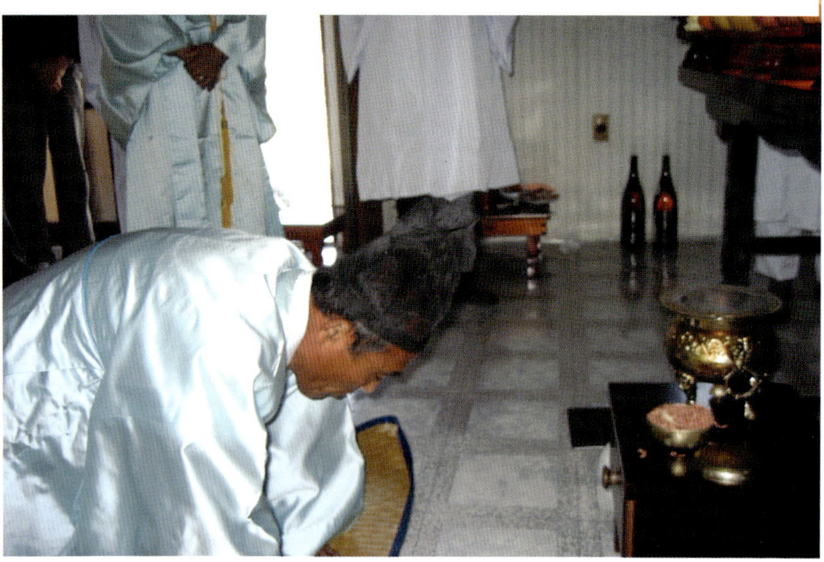

대종중 시제에서 종손의 강신례

올리고 있으며 제물 역시 일곱 번을 새로 차린다. 이때 제물은 삼사 실과로 사과, 배, 감, 밤, 대추, 포 그리고 떡, 산적, 회 등을 준비하여 진설하며 13대 종손(박종복 이장)이 재배하고 향을 올리는 전관례를 시작으로 거행된다. 종친회장이 술을 올리는 삼신례, 회장을 역임한 고문들에 의한 종헌례를 드리고 회장에 의해 지명된 축관이 축관례를 드린다. 축은 일곱 분에 대하여 일곱 개의 축문을 쓰고 제물을 새로 차리듯이 위패를 일곱 번 새로 들인다.

시제를 드릴 때는 종중으로부터 집사와 사회자, 축관이 지명되며 사회자의 지시에 따라 제가 치러진다. 음복례와 음식을 걷는 철변두, 그리고 축문을 태우는 망요례로 제를 마친다. 시제의 일정이 끝나면 종인들은 마련된 음식을 나누며 대화와 교제의 장을 이룬다. 할아버지들에 대한 기억을 더듬거나 조상들의 유훈, 친척들의 근황을 이야기한다.

이 대종중 시제는 마을 내에 있는 봉린재(鳳麟齋)에서 지낸다. 봉린재는 접지미마을의 방죽가에 위치하며 밀양박씨 문중의 재실겸 사당으로 이용된다. 규정공파 안건공 후손들에 의하여 신축되었는데 2007년 3월에 공사를 착공하고 10월초에 완공하여 2007년 11월 8일 첫 제를 지냈다. 총 공사비는 3억 5천여 만 원이 소요되었는데 이 비용은 밀양박씨 문중의 종토의 일부를 매매한 재산과 종토로부터 도지를 받아 모아둔 것을 활용했다고 한다. 구체적으로는 노성면에 육군 항공학교가 입주하면서 밀양박씨의 종토가 편입되고 그에 따른 보상비를 받아 건립하게 된 것이다.

병사2리에서 밀양박씨는 가장 많은 세대를 구성한다. 그만큼 마을에서의 영향력도 크다. 특히 이들은 주로 접지미마을의 봉린재 주변에 밀집하여 거주하고 있어 마을의 대소사를 치르는 데 없어서는 안 될 존재들이다. 뒤에서 살펴보겠지만 병사2리의 이장(박종복), 노인회장(박노업), 청년회장(박의준) 등이 모두 밀양박씨 집안 사람들로 동사(洞事)를 주관한다. 또 병사2리의 노인회관을 신축한 것도 밀양박씨 문중이 주도했다. 영농교실 옆의 낡은 회관 대신에 박씨 문중이 560만 원을 희사하여 땅을 사서 마을에 기부하고, 마을사람들이 성의껏 헌금을 하고 논산시청에서 4000만 원을 보조하여 3년 전에 새롭게 마을회관을 건립한 것이다.

게다가 10여 년 전 마을의 꽃길 조성의 일환으로 박씨 문중에서 150여 만 원어치

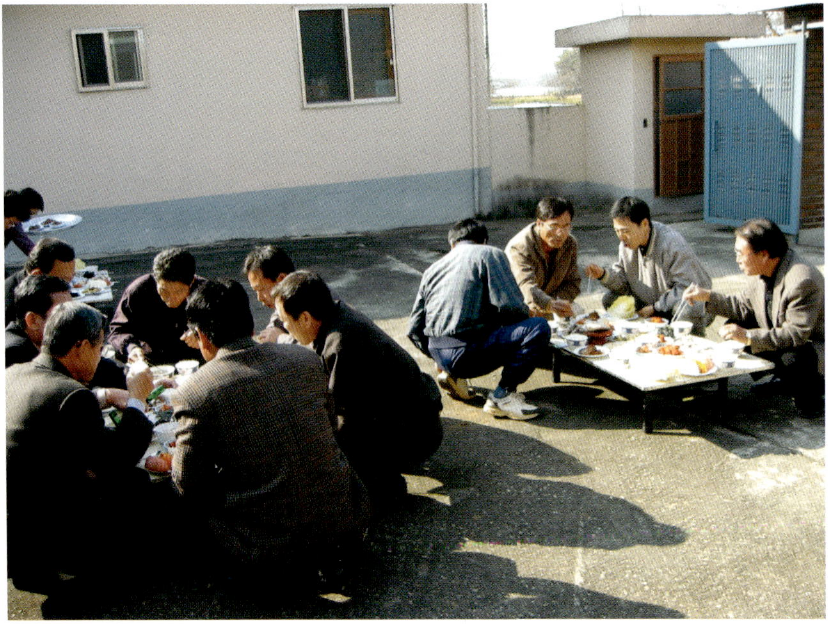

**시제후 음식을 나누는 종인들**

의 벚나무를 사서 기증하여 마을 어귀로부터 접지미방죽 가의 벚꽃길을 조성한 것이다. 이처럼 한 마을에 존재하는 문중은 종중과 마을의 전통을 중심으로 종인 및 마을에 거주하는 주민들과 더불어 다양한 사회적 관계를 형성한다. 때로는 마을의 발전을 도모하는 일을 주관하기도 하고 기여하기도 한다.

## 마을의 공적조직

병사리에는 다양한 조직들이 존재한다. 그중에서도 마을의 운영에 직접적으로 관여하는 조직은 이원적으로 나누어져 마을을 지휘, 관리한다. 병사1리의 경우 마을회와 반계(班契)가 양립하여 협력을 이루며 병사2리는 마을총회와 동중계가 마을의 운영에 깊이 관여하고 있다. 반계나 동중계가 행정기관의 감독하에 있지 않고 마을 내에서 자생한 조직인 반면, 마을회(마을총회)는 행정기관과 긴밀히 연계되어 각 마을의 이장이 이를 감독한다.

### 마을총회와 이장

마을총회는 일명 마을회라고도 부른다. 마을에 따라서는 동회(洞會) 혹은 대동회(大同會)가 마을회의 역할과 업무를 대신하는 경우도 있다. 마을회는 마을에 거주하는 주민들을 소집하여 마을의 대소사를 논의하면서 주민 의견을 청취하거나 제안을 반영하여 마을 운영을 도모한다는 점에서 마을의 최고 의결기구인 셈이다. 마을총회의 의장은 이장이며 이장을 보좌하는 총무가 마을총회를 진행한다.

병사리의 마을총회는 1리와 2리에서 각각 개최되고 있으나 개최시기는 서로 다르다. 병사1리가 12월 말이나 1월 초에 개최하는데 반해 병사2리는 대개 2월에 개최한다. 마을총회의 구성은 이장을 위시하여 새마을 지도자, 농협대의원, 부녀회장, 총무, 각 마을의 하부 단위를 담당하는 반장들과 마을 주민들로 구성된다.

병사2리의 경우 인근 자연마을인 내촌(1반), 접지미(2, 3반), 시집매(4반), 보가대(5반), 천근리(6반)로 구성되는데 마을 주민들은 마을총회가 개최되는 날이면 마을회관에 모여 마을이 직면하고 있는 공동사안을 의결한다. 마을총회에는 가구당 1명씩 참석하는 것을 원칙으로 하며 이장의 개회선언과 당일의 회의 안건을 간략하게 소개하고 나면 총무가 한해의 재정운영사항을 보고하면서 회의는 무르익어간다. 총무는 준비된 자료를 가지고 마을의 수입원과 그 수입이 어떻게 활용되었으며 현재 얼마가 남아 있는지를 소상히 보고한다. 필요한 경우에는 마을이장을 비롯하여 농협대의원, 새마을 지도자 등의 임원을 선출한다. 단, 부녀회장과 노인회장은 부녀회와 노인회에서 별도의 회의를 거쳐 선출한다.

그리고 이장은 차년도 사업에 대한 안건을 경청하며 차년도 마을에서 필요한 사업이 무엇인지 마을사람들의 의견을 청취하고 논의하여 동사를 갈무리하는 것이다. 사람이 거주하는 곳에서 사람들 사이에서 발생하는 다양한 문제들 가운데 집단적 처리가 필요하고 집단의 협력이 불가결한 곳에서 주민들끼리 조절장치를 마련하여 의견

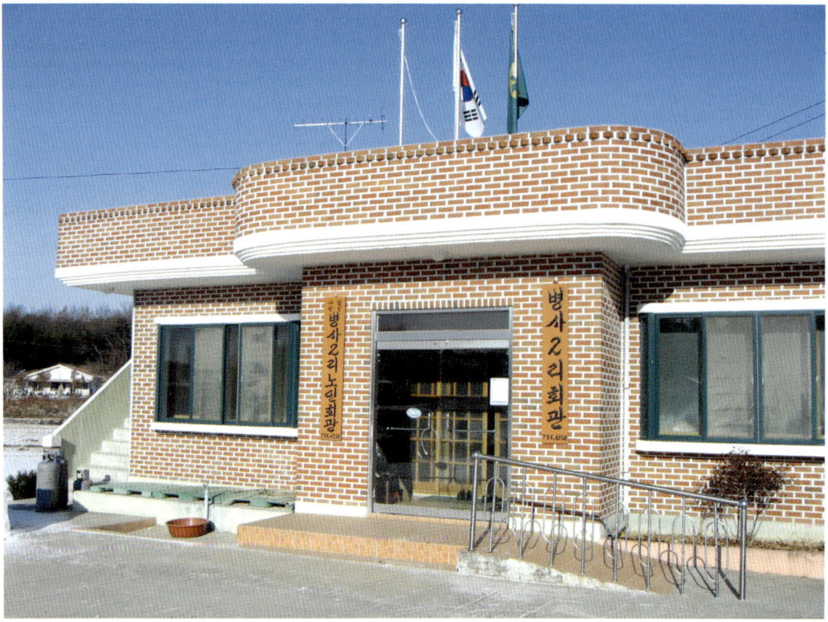


**마을총회가 열리는 병사2리 마을회관**

을 수렴하고 동의를 얻어 대소사를 결정하는 것이다.

### 이장

이장은 마을의 정치 및 행정의 대표자이자 마을의 이해와 정서를 반영하여 마을의 진로를 유인하는 공식적 지도자이다. 따라서 마을에 관한 다양한 업무를 수행하며 그 대가로 보수와 권한을 위임받아 왔다. 이장의 역할을 구체적으로 살펴보면 첫째, 면사무소와 관련된 행정업무로 일선 행정기관에서 하달하는 공문을 마을 주민들에게 지시하거나 하달, 또는 홍보하는 역할을 한다. 둘째는 마을의 생산물의 공동 출하 및 이와 관련된 업무에 대하여 마을 주민의 이익을 대변하거나 마을회관, 마을창고 등의 공유재산을 관리하는 업무를 관장한다. 이처럼 이장의 역할은 마을의 번영과 직결되며 마을 주민들의 안녕과 마을의 질서를 유지하는 실질적인 사안들과 관련된다. 따라서 이장을 마을의 리더로서 마을의 안녕과 질서를 유지하고 발전을 도모하는 향도라고 하는 것이며, 이러한 제반 역할을 수행하기 위하여 학식을 갖춘 사람이나 덕망이 있는 사람 혹은 활동력이 왕성한 사람들이 주로 이장으로 선출되어 왔던 것이다.

과거의 이장은 대체로 주민들 가운데 유력자의 추천이나 권유에 의해서 선출되기도 했지만, 요즘에는 마을총회에서 주민 투표에 의해 선출된다. 마을일이라는 것이 잘해도 욕먹는 일이고 못하면 못하는 대로 치사를 듣는 일은 아니라는 생각에 서로 고사하면서 마을 어른들의 추천으로 일을 맡는 경우가 많았는데 최근 들어 이러한 관행을 탈피하고 민주적인 절차에 따라 선출되고 있는 것이다. 병사1리의 마을이장을 주민들의 직접선거에 의해서 선출한 예는 아직 없다고 한다. 반면에 병사2리의 경우는 마을총회에서 주민들의 무기명 투표에 의해 이장을 선출한다. 마을의 허드렛일부터 행정기관의 지시에 이르기까지 마을의 대소사를 관할하는 대신에 이장은 이장조 혹은 모조라고 하는 수고비를 받았다. 이장조는 춘기와 추기로 나누어 가구당 각각 보리 한 말과 나락 한 말을 지급하거나 하루 이장집에 가 나락 한 말이나 보리 한 말에 해당하는 노동력을 제공하고 이장조를 면제받았던 것이다.

그러나 최근 들어 정부로부터 활동비 명목으로 보조금을 받으면서부터 이장조는 사라졌다. 정부(군청이나 시청)로부터 월 20만 원과 농협으로부터 6만 원 그리고 논산시로부터 이장 수당 4만 원을 합하여 총 30만 원이 지급된다. 그러나 그 가운데 이장 협의회비 4만 원을 지불하고 나면 실제로 이장에게는 26만 원의 이장 보수가 지급되는 셈이다. 농협에서 이장조를 지원하는 이유는 농협의 사업을 홍보하거나 조합원 관리, 농협주도의 사업 신청 및 영농자재 구입을 이장이 담당할 뿐만 아니라, 농협에서 구입한 자재대금을 대리 수납하여 농협에 납입하기도 하고 농협의 행정업무를 대행하며 공식적인 전달사항을 고지, 열람, 홍보해주기 때문이다. 현재 병사1리의 이장은 박영근(57세)에서 2008년부터 백승정 씨에게 이임되었고, 2리 이장은 박종복 씨가 20년째 맡아보고 있다.

〈표5〉 병사리의 역대이장

| 병사1리 | | 병사2리 | |
|---|---|---|---|
| 이장명 | 재임기간 | 이장명 | 재임기간 |
| 백영흠 | – | 이성구 | 1979~1984 |
| 차종규 | ~1996 | 박종복 | 1984~1986 |
| 박창무 | 1997~2006 | 이창무 | 1986~1988 |
| 박영근 | 2006~현재 | 박종복 | 1988~현재 |

병사1리는 마을 전체를 6개 반으로 나누어 반장을 두고 있다. 반장은 이장의 지명이나 권고에 의해 선출되어 이장을 보조하는 마을의 말단조직이다. 이장의 보조라고 해야 추곡 수매시에 매상의 할당량을 조정하거나 각 가정에 대한 공지문를 전달하는 소일들이고 마을의 환경정리나 도로보수 등에 반원들을 동원하는 일들이다. 그러나 최근에 마을의 마이크 시설이 완비되고 전화기의 보급이 확대되면서 예전보다 반장의 역할이 현저히 줄어들어 형식적인 존재에 불과하다는 지적이 있다.

또 마을에는 새마을 지도자를 임명하여 마을의 발전과 대소사를 논의한다. 병사1리의 새마을 지도자는 윤예준 씨가 맡고 있다. 새마을 지도자는 1970년대부터 추진해 오던 새마을운동이 80년대 민간주도형 운동으로 전환되면서 새마을운동을 계도할 목적으로 임명되어 왔으나 새마을운동이 한창이던 70년대, 80년대를 거치면서 그 역할과 기능이 약화되고 유명무실한 존재로 남아 있다.

### 부녀회

부녀회는 60년대, 70년대에 걸쳐 전국적으로 실시된 새마을운동의 바람을 타고 설치된 새마을 부녀회를 계승한 것이다. 마을의 부녀들을 중심으로 마을의 건전한 생활운동을 도모하기 위한 조직이었다. 병사1리의 부녀회 역시 새마을운동기에 쌀을 모으는 일에서 출발했다. 절미, 저축운동을 통한 잘살기운동, 생활개선운동, 가족계획이 당시의 중요한 부녀회 사업이었다면, 새마을 운동의 열기가 시들해지면서부터 마을 청소하기, 꽃길 가꾸기, 마을 어른들을 위한 경로잔치를 담당하거나 마을의 독거노인을 위한 사랑의 김치 담그기 등이 부녀회의 중요한 행사가 되었다.

부녀회원의 자격은 마을마다 다르다. 연령을 기준으로 부녀회원을 선별하는데 최근 마을 내에 거주하는 젊은이들이 급격히 감소하면서 마을의 여성들이면 누구나 회원자격을 부여받고 있다. 부녀회에 신규 가입하기 위해서는 가입비로 3만 원을 납부하여야 하며 총무가 이를 관할한다. 부녀회에는 회장과 총무를 두는데 현재 병사1리의 부녀회장은 박숙자 씨가, 총무는 조정숙 씨가 맡고 있다. 임원은 총회에서 선출한다. 부녀회의 총회는 정기적인 총회일정을 갖는 것이 아니고 마을총회가 끝나고 일정이 결정된다. 현재 부녀회장은 뚜렷한 임기를 정하지 않고 계속하고 있다.

병사2리의 부녀회원은 기혼자 전원을 회원으로 하며 이사를 오는 사람은 의무적으로 부녀회에 가입하여야 한다. 부녀회장은 연말에 총회를 거쳐 선출하는데 선출된 회장의 임기는 2년으로 현재 김봉순 씨가 맡고 있다. 또 회장 아래에는 총무를 두어 재정을 총괄케 한다. 부녀회는 총회가 끝나면 회원들끼리 음식을 마련하여 서로 나누며 정을 나누며 하루를 보낸다.

부녀회의 역할이 마을 주민들에 대한 보조역이라고는 하지만 부녀회를 빼놓고 마을 일을 상상하기란 쉽지가 않다. 요리를 만들고 손님을 접대하며 거동이 불편한 노인들에게 음식을 날라다 주는 일이 모두 부녀회의 일이다. 뿐만 아니라, 마을대항 체육대회 때 주민들의 사기를 북돋기 위해 음식을 마련하는 일, 노인잔치를 개최하여 노인들에 대한 감사를 표하는 음식을 마련하는 일도 부녀회로부터 출발한다. 겨울철에 노인회관에서 소일하는 노인들에게 식사를 대접하거나 주전부리를 제공하는 일도 부녀회의 몫이다. 이렇다 보니 마을의 대소사에서 부녀회는 절대적인 존재가 된다.

병사2리의 부녀회원들을 중심으로 한 접지미방죽의 마을 꽃길 가꾸기는 이미 논산시로부터 꽃길 조성 우수마을로 표창을 받았으니 마을 환경조성을 위한 부녀회의 노력도 짐작할 만하다.

### 노인회

노인회는 과거의 경로당이나 노인정을 중심으로 하는 마을 어른들의 회합이다. 어느 마을이나 그러한 노인들의 삶의 예지와 경륜에 의해 마을의 미풍과 양속이 유전,

계승되어 왔다. 그러다가 마을 노인회는 1970년대 말 공익사단법인 대한노인회가 발족되면서 그 휘하조직으로 소속된다. 병사리의 노인회는 다른 마을들과 마찬가지로 1980년대에 이르러 면사무소의 권유에 의해 설립되어 그다지 긴 역사를 갖고 있지는 않다. 병사1리 마을회관에 들어서면 노인회의 회칙과 임원명단이 액자로 잘 만들어져 걸려 있다. 병사1리의 경우 노인회의 가입은 만 60세가 되면 회원으로 가입할 수 있는 자격이 주어지며 회원으로 가입하는 사람은 회비 3만 원을 납부하여야 하며 회비 외에 희망자는 희사금을 납부할 수도 있다. 현재 노인회의 회원은 총 42명이며 회장은 윤석간 씨, 부회장은 원용준 씨, 총무는 김종수 씨가 맡고 있다. 이들 임원은 총회에서 선출하며 노인 회원으로 타인에 대하여 모범이 되거나 공로가 있는 자에게 상을 주며 과음하는 자나 이유 없이 시비하는 자, 노인회의 운영에 지장을 주는 자는 제명하는 것을 원칙으로 규정하고 있다.

병사2리의 노인회는 남녀를 구분하지 않고 하나의 노인회를 이루며 현재 회원은 43명이다. 회장과 부회장, 총무를 두어 노인회를 운영하는데, 회장(박노업, 82세)은 노인회를 대표하며 특별한 사안을 논의할 때 의장이 되고 부회장은 노인회장을 보좌하고 회장 유고시 그 대행을 맡는다. 총무는 노인회의 살림살이를 도맡아 노인회 기금의 관리나 수입과 지출에 관한 제반사항을 담당하며 시청 지원금의 입출을 관장한다. 노인회의 기금은 신입자의 입회비와 시청지원금, 출향인사의 후원금, 자녀들의 찬조금으로 조성되는데 병사2리의 경우 약 600여 만 원의 노인회 기금이 적립되어 있다.

병사2리의 노인회의 회원자격은 만 65세가 되면 자동적으로 등록회원으로 가입되며 신규 가입비로 대개 10만 원을 납부해야 한다. 그렇지만 최근 들어 이 금액이 농촌 노인들에게 부담이 된다는 지적이 있으면서 액수를 줄이려는 움직임이 나타나고 있다. 앞에서 보았듯이 노인회는 면사무소의 권유에 의해 조직되어 그 지시를 받으며 연간 150만 원의 지원을 받고 있는데 이 금액은 주로 겨울철의 회관 난방비로 지출되거나 전기, 전화요금으로 지불된다.

농촌마을 노인회의 일상이 주로 농사일에 종사하는 것처럼 병사2리 노인들 대부분이 농사일을 담당한다. 노인회관도 자연스럽게 농번기에는 이용하는 사람이 거의 없다. 가을 추수가 끝날 무렵까지 회관은 거의 폐쇄상태가 되고 11월경이나 되어야

회관을 개방한다. 겨울철 노인회관은 살맛이 난단다. 회원들끼리 얼마씩을 추렴하여 식재를 장만하여 점심을 지어 먹는다. 때로는 마을의 젊은 부인들이 식사준비를 하여 어른들을 대접하기도 하지만 회원들끼리 요리를 하고 상을 차려 음식을 나누며 지나온 세월을 이야기하고 남은 생을 계획하는 것이다.

병사2리 노인회는 올해 어버이날을 맞이하여 마을의 젊은이들에게 대접만 받았던 것을 대신하여 젊은이들의 노고를 위로하기 위하여 억지를 부려 잔치를 준비했다. 노인 회비를 이용하여 갖가지 음식을 장만하고 따듯하게 밥을 짓고 술을 마련하였다. 마을의 젊은이들을 초대하여 역으로 그들을 대접하는 일을 도모하여 상경하애(上敬下愛)의 미덕을 몸소 실천한 것이다.

### 청년회

청년회는 앞에서 살펴본 조직들과는 달리 상급행정기관과는 아무런 관련이 없는 마을 내의 자생적인 조직이다. 연령을 기준으로 하여 회원의 자격을 제한하고 있지만 농촌마을에 거주하는 주민들의 연령차를 감안하여 입회를 허용하고 있다. 그만큼 마을 청년회의 기원이나 형태는 마을별로 다르지만 부녀회만큼이나 요긴한 마을조직이다.

병사리에는 두 종류의 청년회가 존재한다. 병사1, 2리 통합청년회(이하 병사리 청년회)가 있으며 다른 하나는 마을별 청년회가 있다. 병사리 청년회는 목적이 일종의 위친계에 준하는데 약 30여 년 전에 마을의 젊은층 20여 명이 모여 결성한 조직으로 회원자격은 병사리에 거주하는 자이어야 하며 불량하지 않은 사람으로 제한하고 있다. 회원은 정기총회 때 3만 원의 회비를 납부한다. 마을 내에 상사가 발생하면 이들은 상여를 메기도 하고 산소역을 맡은 회원들은 장지를 조성하고 봉분을 만든다. 상을 당한 회원에 대해서는 약 30만 원을 보좌하여 격려하며 상을 원만히 치르도록 한다.

병사리 청년회의 정기총회는 음력 정월 보름에 개최한다. 이 날은 유사제로 돌아가며 음식을 장만하고 술을 마련하여 교제하며 윷놀이로 회원 간의 친목을 도모한다. 간간히 회원 간 단합을 위하여 등산을 하거나 회식자리를 마련하기도 한다.

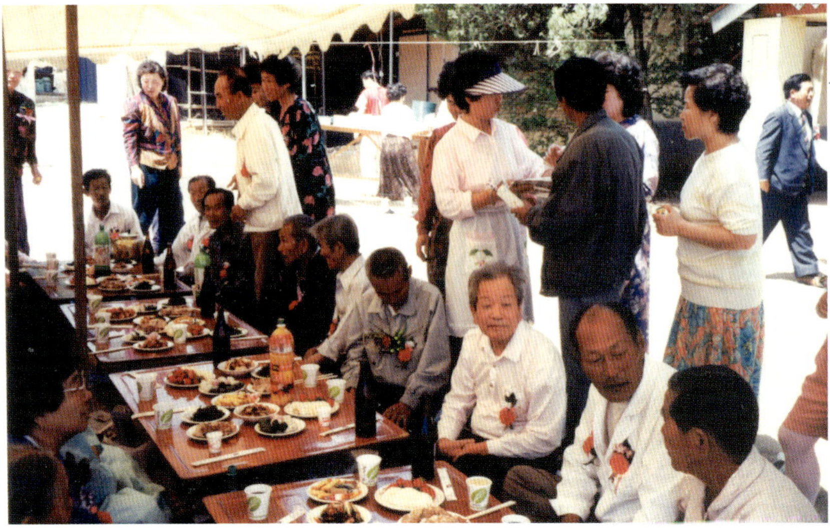

**병사2리의 청년회에 주최한 노인 경로잔치**

병사1리의 청년회장은 박항규 씨이며 병사2리의 청년회장은 박의준 씨로 청년회의 가장 큰 소임은 마을의 대소사에 협력하는 일과 마을 노인들을 위한 경로잔치를 개최하는 일이다. 물론 마을에 상가가 발생하면 청년회원들은 누구랄 것도 없이 하나 둘 상가에 모여들고 차일을 치거나 나무를 구해오는 일, 마을에서 보관하고 있는 의자나 탁자를 운반하여 상을 치를 준비를 한다. 최근에야 상가가 발생하면 대부부이 장례식장으로 모시다보니 그리 큰일이 아니지만 얼마 전까지만 해도 상을 치르는 일은 마을에서 가장 큰일이었다. 물론 장례식장에서 상을 치르더라도 손님을 맞이하는 일에서부터 장지까지 상여를 메거나 장지를 정리하는 일은 여전히 청년들의 몫이다.

병사2리의 청년회의 사업 가운데 중요한 일은 어버이날 경로잔치를 주최하는 일이나 노인회의 관광이다. 마을에 남아 있는 회원들 간에 경로잔치의 장소와 일정이 정해지면 마을을 떠나 있는 회원들에게 이를 통지하고 찬조를 부탁하는 일에서 식장을 정돈하고 부녀회와 의논하여 식재료를 구입하는 일, 짐을 운반하는 일들을 모두 청년회가 담당한다. 노인들에게 드릴 선물을 준비하고 돼지를 잡는다. 갖가지 반찬을 만들어 노인들의 입맛에 맞추고 또 식이 끝나면 제반 기물을 정리하여 보관창고까지 운반한다. 이날은 객지에 나가 있는 회원은 누구나 참석하여야 하며 불참자에게는 벌금을 부과하는 강제적 성격을 갖는다. 그만큼 병사2리에서 경로잔치는 중요하다. 서서히 사라져가는 경로사상을 하루만이라도 되새기고 보은(報恩)하고자 하는 청년회원들의 마음을 담은 행사이기 때문이다.

마을의 모든 일들이 어느 한 조직의 독단으로 이루어지지는 않는다. 청년회와 부녀회의 협력하에 마을회가 운영되며 마을회의 지원을 얻어 부녀회의 사업이 운영되거나 청년회의 업무가 추진되듯이 마을은 크고 작은 조직들의 상호작용과 협력을 바탕으로 이루어진다.

## 향촌의 미풍양속을 계승하는 계(契)

병사리는 마을의 전통을 유지하고 그것을 후손들에게 전하기 위한 마을의 조직으로 동계나 대동계 등이 존재한다. 오늘날에도 이들 조직은 마을 운영의 근간을 이루는 계칙을 중심으로 마을 재산을 축적하거나 관리를 담당하고 주민들의 행실을 제한하기도 한다. 또 축적된 재산의 일부를 주민들에게 대출하고 일정액의 이자를 수령하는 식리사업을 수행하기도 한다. 병사1리는 마을단위조직이 아니라 그 하부조직인 반별 주민모임으로 조직하여 매사의 상부상조를 도모하고 있다. 이를 통칭 반계라고 부른다. 한편 병사2리에는 접지미(접지산) 동중계(洞中契)가 자생적으로 조직되어 마을운영의 주체를 이루고 있다.

### 반계(班契)

병사1리는 총 6개반으로 구성되는데 각 반을 중심으로 반계를 조직하여 운영하고 있다. 1반과 4반이 각각 독자적으로 반계를 조직하여 운영하고 있으며 2반과 3반, 5반과 6반이 공동으로 반계체제를 이루고 있다. 여기서는 병사1리의 5~6반계에 대하여 살펴보자.

5반과 6반의 공동반계의 정확한 명칭은 "유봉새마을 친목계(이하 친목계)"라고 부른다. 새마을이라는 명칭이 적용되어 있는 점으로 미루어 정부에서 주도한 새마을 운동의 영향으로 조직된 것으로 추측된다. 친목계가 조직된 것이 1973년 1월 7일로 새마을운동이 활발하게 추진되던 시기와 맞물려 있다는 사실이 이를 뒷받침한다. 친목계 계원의 자격은 회칙에 나타나고 있는 것처럼, 유봉마을에 거주하는 사람으로 한정하며, 계의 설립목적은 유봉마을의 자손만대의 번영과 발전을 위하며 애경사시에 상부상조(相扶相助)함을 목적으로 한다고 기록되어 있다. 또 계의 성사를 위하여 계원들은 일정액의 자금을 출자하며 출자금을 통하여 어느 정도 계의 자산이 확보되면 유봉 동중 총의에 의하여 필요불가결한 곳에 사용한다고 규정하고 있다. 필요불가결한 용도란 친목계로서 계원들의 애경사나 친목 도모를 위한 교제, 계원 공동으로 사용할 수 있는 기구의 구입 등이다. 한편, 유봉마을에 거주하다가 타지로 이사하는 경우에는 계의 현재자산은 물론 설계(設契) 당시의 출자금에 대한 권리까지도 상실한다고 규정하고 있어 계 재산에 대한 권리행사를 엄격히 제한하고 있다. 아울러 외지로부터 유봉마을에 들어와 거주할 때는 설계 당시의 출자금에 해당하는 금액을 납입함으로써 입계(入契)할 수 있다.

계의 운영은 다수결 원리를 존중한다고 규정하고 있어 비록 소규모지만 민의를 수렴하고자 하는 의지도 엿보인다. 또 마을을 떠났다 다시 귀향하는 사람에 대하여 새로운 출자금을 부과하지 않고도 복계할 수 있다는 개방성을 표방하고 있다는 점도 병사리 반계의 특색이라고 할 수 있다. 또 계칙은 마을의 미풍양속을 해치는 자에 대하여 처벌을 정하고 입계할 때에는  총회의 의결에 따라 결정된 출자금을 납입해야 한다고 규정하고 있다. 설계 당시의 출자액이 쌀 한 말로 현재도 그대로 입계시의 출자액을 지키고 있다.

반계는 정기총회가 양력 12월 30일이고 임시총회가 7월 7석을 전후하여 개최되었으나 반마다 그 시기는 다르다. 정기총회 시에는 한 해의 업무보고와 계 자산의 수입과 지출에 대한 예 · 결산을 보고한다. 그리고 차년도의 사업구상을 논의하고 조촐한 식사를 나누며 계원 간의 친목 도모를 위한 윷놀이를 하기도 한다. 또 7월 임시총회 시에는 대개 마을 안팎을 청소하고 길섶의 풀베기 작업을 실시한다. 계를 개최하

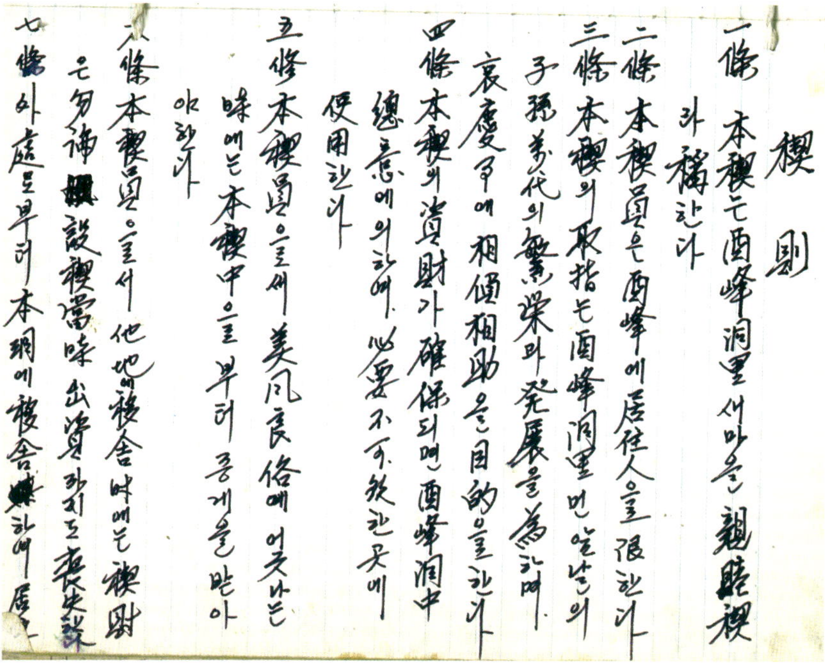

稧 則

一條 本稧는 酉峰洞里 새마을 親睦稧
라 稱한다

二條 本稧員은 酉峰에 居住人을 限한다

三條 本稧의 趣旨는 酉峰洞里 먼 앞날의
子孫萬代의 繁榮과 発展을 爲하며
哀慶事에 相互相助을 目的을 한다

四條 本稧의 資財가 確保되면 酉峰洞中
總意에 의하여 必要不可欠한 곳에
使用한다

五條 本稧員으로써 美風良俗에 어긋나는
時에는 本稧中으로 부터 동계을 받아
야 한다

六條 本稧員으로서 他地에 移舍時에는 稧則
은 勿論 [illegible] 設稧當時 出資금까지도 喪失됨

七條 外處로부터 本洞에 移舍 [illegible] 하여 居

병사1리의 반계 회칙 내용

는 날에는 한 가정에서 한 명은 반드시 참석하는 것을 원칙으로 하고 있으며 새로 이사 오는 사람도 의무적으로 계에 가입하도록 하고 신규 가입자에 대해서는 쌀 한 말을 가입비로 납입하여야 한다. 이 반계는 계장과 유사 2인에 의해 운영되며 이들은 연임이 가능하고 그 임기는 1년으로 한다.

<표6>는 역대 친목계의 계장 및 유사의 명단이다. 명단을 살펴보면 1977년까지는 계장이 선출되었으나 1979년부터 계장명이 명단에서 사라지는데 이것은 계장을 없애고 두 명의 유사체제로 전환되었음을 의미한다.

〈표6〉 병사1리 유봉 새마을 친목계장 및 유사명단

| 년 도 | 계 장 명 | 유 사 | 유 사 | 년 도 | 유 사 | 유 사 |
|---|---|---|---|---|---|---|
| 1973 | 박순석 | 박일만 | 윤재병 | 1991 | 윤석근 | 박상범 |
| 1974 | 박순석 | 박도흠 | 이강문 | 1992 | 윤예중 | 윤법중 |
| 1975 | 윤석귀 | 윤창병 | 박노환 | 1993 | 백승태 | 백도흠 |
| 1976 | 윤석귀 | 윤석희 | 백승원 | 1994 | 윤석간 | 이강문 |
| 1977 | 김용석 | 윤석홍 | 윤석근 | 1995 | 박상을 | 김종일 |
| 1979 | – | 백도흠 | 박순석 | 1996 | 윤석근 | 박상범 |
| 1980 | – | 박일만 | 박노환 | 1997 | 윤석홍 | 운여추 |
| 1981 | – | 박일만 | 이강문 | 1998 | 윤석간 | 백승원 |
| 1982 | – | 백영흠 | 윤권병 | 1999 | 박노환 | 유을흠 |
| 1983 | – | 윤석홍 | 윤재병 | 2000 | 이강문 | 강봉식 |
| 1984 | – | 이강문 | 윤권병 | 2001 | 윤예중 | 김학문 |
| 1985 | – | 김용석 | 박순석 | 2002 | 송영달 | 윤세중 |
| 1986 | – | 윤석근 | 윤여추 | 2003 | 박일만 | 홍국표 |
| 1987 | – | 윤도흠 | 이강문 | 2004 | 백승문 | 박상범 |
| 1988 | – | 윤석간 | 백승정 | 2005 | 강봉식 | 김종일 |
| 1989 | | 백영흠 | 박병완 | 2006 | 윤석근 | 박상천 |
| 1990 | – | 박노환 | 김종일 | 2007 | | |

이강문 씨나 윤석근 씨, 박일만 씨, 박노환 씨, 윤석홍 씨, 윤석간 씨 등은 지난 35년간 3회 이상 유사를 맡았다. 유사는 특정인을 선출하는 것이 아니라 마음의 여유를 가지고 계를 위하여 봉사하는 사람을 선출하는데, 대개가 계원들의 권유에 의해서 정해진다.

초창기의 계장은 마을의 행사를 치를 때면 이 날을 공지하고 계원들의 참석을 독려하며 마을일의 내용을 설명했는데, 계장체제를 탈피하면서 이러한 역할은 유사가 담당하게 되었다. 주로 여름철 마을 내의 제초작업이 주를 이루는데 전 계원들이 참석하여 제초작업을 마치고 부녀자들이 마련한 막걸리를 곁들인 점심을 나누며 친목을 도모했던 것이다. 그러나 이러한 미풍의 관행도 최근 들어 서서히 사라져 가는 형편이다.

요즘이야 워디 반계가 잘 되간디. 아 출퇴근하는 사람들도 생기고 다들 노인들 뿐이니께 병들어서 두 내외밖에 없는디 어치게 나와. 방송으로 아 오늘 제초작업하니께 나오시오 하고 예초기 한둬 대 가지고 나와서 젊은이들 몇 명이 해제끼면 되지 뭐. 그랑께 별로 잘 안

할라고 햐.(강원중)

그러나 유봉마을의 친목계는 지난 2008년도에 2007년도의 예산결산을 실시하고 계비에서 계원에게 합계 250만 원을 연리 6%로 대출하였으며 잔액이 85,000원이라는 점을 기록하고 있으며 장고와 북의 수리비, 외지인 찬조금액이나 식사재료비로 김, 반찬홍어, 미원, 생강, 설탕, 소주, 탁주, 돈육, 담배 금액이 기록되어 있다. 또 계에서 사용하는 스텐그릇의 구입이나 대저, 윷놀이 상품으로 주전자나 치약 등을 구입했다는 세목이 낱낱이 기록되어 있어 일상생활풍속의 변화를 확인할 수 있다.

### 접지산 동중계(洞中契)

병사2리의 전통을 계승하고 있는 동중계는 접지미마을의 마을조직으로 마을계라고도 부른다. 이것은 병사2리의 전 마을을 대상으로 하는 것이 아니고 접지미와 시집매사람들을 중심으로 조직되어 주민 간 상호친목을 도모하고 일치단결을 꾀하여 상호협력을 목적으로 하는 호혜적 조직이다. 계의 기원이나 발생 시기에 대해서는 명확하지 않다. 마을 어른들은 대략 100여 년이 넘는다고 추측하고 있지만 병사2리의 마을의 형성시기의 장구함을 고려하면 동중계의 기원은 더 멀리 거슬러 올라갈 수도 있을 것이다.

글쎄요. 동중계의 역사를 아는 사람은 읎을겨. 내 나이 80이 넘었지만 어려서부터 동중계를 하는 것을 봤어. 아마 수백 년은 되었을 겨. 우리 조상들부터 시작해서 오늘날까지 온 것인께.(박노업)

동중계의 회원자격은 본동에 거주하는 남녀로 만 18세 이상인 자에 한하며 18세 미만은 준회원이 된다. 계의 원활한 운영을 위해서 계장(회장) 1인과 부회장 1인, 서기와 회계를 각각 1인 그리고 다섯 명의 협의원을 두며 각 임기를 1년으로 규정하고 있으나 실제로는 계장과 2명의 유사가 역할을 수행하고 있다. 그러나 이런 임기규정은 무시되고 동중계장의 경우, 마을의 역사를 이해하고 마을의 살림살이에 정통한 연장자를 동중계장으로 임명한다. 동중계장으로 임명된 사람이 건강상의 문제로 사임하지 않거나 특별한 문제가 없을 때는 연임하는 것을 관행으로 하고 있다. 계장 아래에는 두 명의 유사를 둔다. 유사는 일명 총무라고 부르며 계장의 지시에 따라 동중계를 준비하고 계장과 상의를 통해 회계업무를 관장하고 동중에게 이를 보고하는데 현재 박노업 회장 아래 박노혁(68세), 윤석창(72세)씨가 유사로 활약하고 있다.

마을에 이사 오는 사람은 누구나 동중계에 가입해야 하며 가입 시에는 가입비를 납부해야 한다. 가입비는 일정하게 정해져 있지 않고 추수 후 5만 원에서 10만 원선에서 가입자의 형편에 따라 재량껏 납부한다. 이렇게 모은 돈을 적립하고 그 이자로 동중계가 개최되는 날 음식이나 술을 마련하여 동중이 함께 나눈다. 일제강점기까지 동중의 토지로 네 마지기의 동중 논이 있었는데 토지개혁 전에 이를 매매하여 모아둔 돈이 현재까지 동중계의 자본이 되고 있다. 현재 동중의 재산은 1,000여만 원이 적립되어 있다.

한편, 이 동중계의 중요한 역할은 주민 간의 친목과 상호협력을 도모하는 일로 과

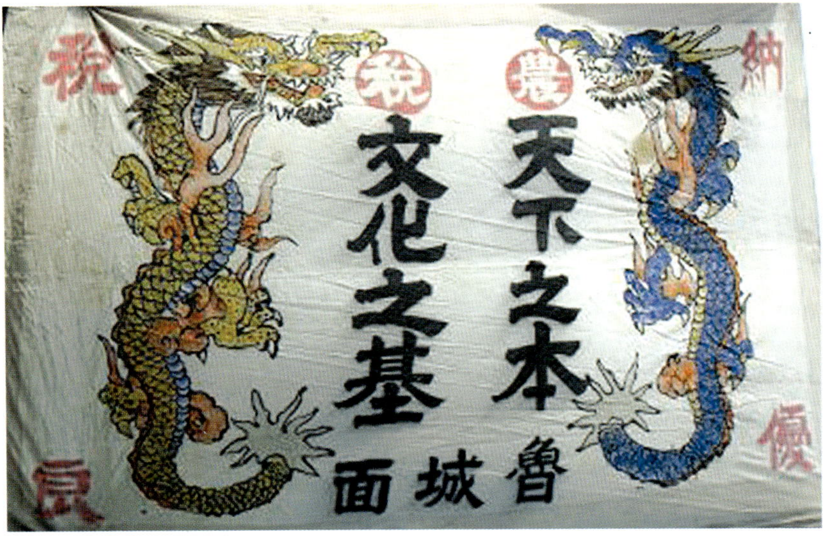

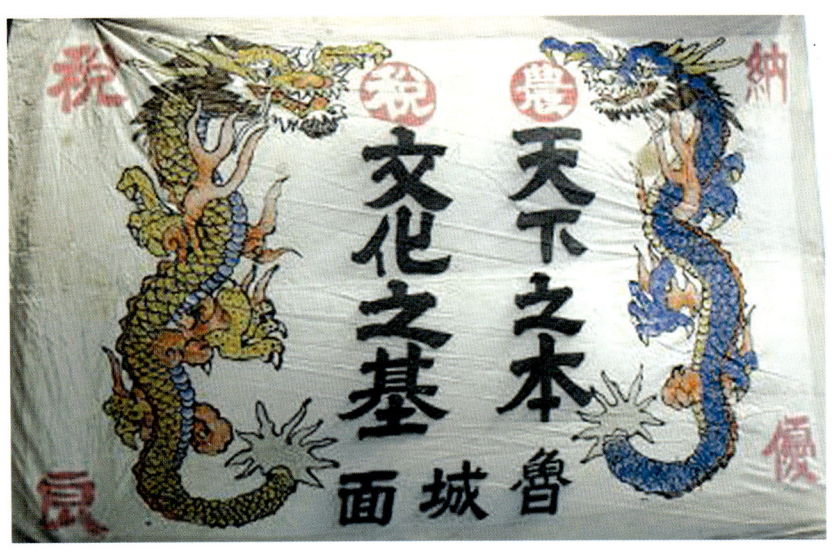

총독부로부터 하사받은 기

거에는 두레를 통하여 공동 작업을 실시하거나 마을에 초상이 발생하면 힘을 모아 초상을 치르는 일도 담당하였다. 두레 때가 되면 마을 내에서 일매를 잘 아는 몇몇 주민들의 협의로 두레 날짜를 조정하여 나이 드신 분들과 상의하고 마을 주민들 가운데 두레 책임자를 선출한다. 그리고 동중계장은 마을 내에서 일할 사람들을 동원하는데, 남자는 무조건 두레에 참여하여야 하며 불참자에 대하여는 궐(벌금)을 물게 한다. 벌금은 당시의 남자 성인의 일당으로 계산되어 정해진다. 두레에 참여하는 노동력은 가구당 한두 명이 출력하여 총 50여 명이 동원된다. 농지가 협소한 까닭에 두레는 2~3일이면 끝이 난다. 두레가 시작되기 전에 계원들은 마을의 두레 깃발을 바람을 쐬어 준비하고 논을 맬 때 두레기를 가지고 다녔으며 칠월 칠석에 두레메기(일명 꽁뱅이 먹는다고도 한다)를 한다. 두레를 하고 받은 품삯을 가지고 음식을 준비하여 출력한 사람들을 불러 술과 음식으로 노고를 달래는 것이다. 집집마다 쌀이나 보리 혹은 돈을 내고 어떤 집은 채소를 내어 음식을 장만하고 며칠간 놀고 먹는다. 가가호호를 돌며 풍물을 치고 고사를 지내는데 이때에도 변함없이 두레를 상징하는 농기가 등장한

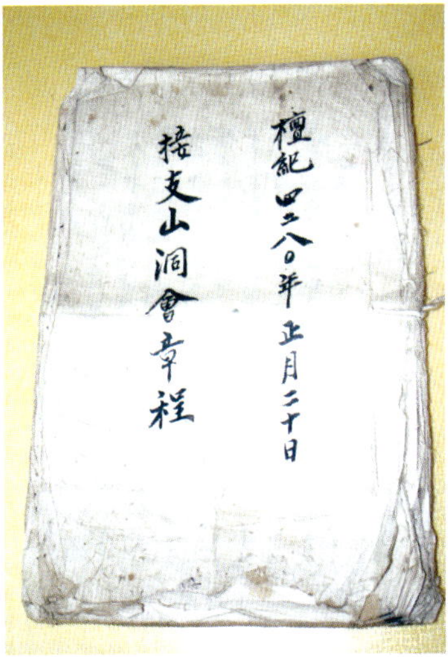


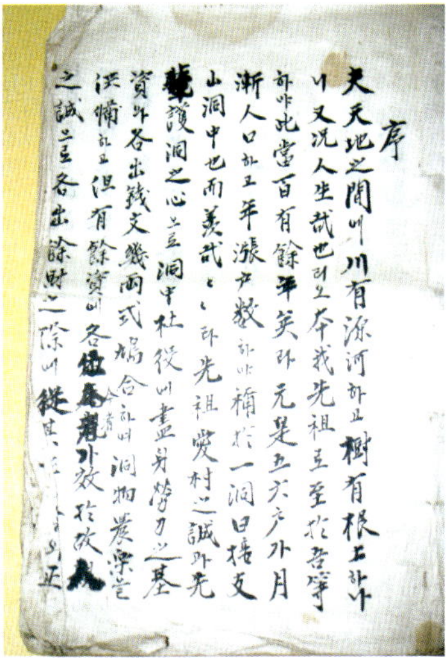


접지미 동계첩과 동계서문

다. 농기를 넘어뜨려서 볼기를 맞는 모습도 목격했다고 하니 두레에서 농기가 상징하는 의미는 상당히 컸던 것이다.

이 기는 역사가 있는 것이여. 일정시대 때 우리 마을이 세금 납부를 100%했어. 3년간이나. 그래서 우리 동네가 그 기를 받게 된 것인데 보관을 잘 못했어. 기에 용이 그려져 있지. 어디 흔하 간디. 그런 기를 가지고 있는 동네가. 충청남도에서 농악대회를 할 때 논산에서 우리 동네 기를 앞세우고 갔어. 그때 물감이 터져 더렵혀졌지.(박노엽)

기에는 세(稅) 문화지기(文化之基), 농(農) 천하지본(天下之本)이라고 적혀 있으며 폭이 약 3m, 넓이가 약 2m정도로 상당히 큰 깃발이다. 현재 깃대는 존재하지 않는다. 주민들의 기억에 의하면 깃대를 이루는 대나무는 마을의 젊은이들이 전라도 지역까지 걸어가 마련하여 어깨에 지고 왔다고 한다.

접지미 동중계의 동회장정을 살펴보면 동중계의 조직의 이유를 설명하고 동중계의 역할을 기록하고 있다.

序[1)]

무릇 천지 사이에 냇물은 물의 근원을 두고, 나무는 흙에 뿌리를 두니 하물며 인간이리오. 본래 나의 선조에서 우리들에 이르기가 백여 년 이라. 원래 5·6호이었던 것이 매월 인구가 늘고 매년 호수가 늘어서 일동(一洞)을 보조하니 일컬어 접지산 동중(洞中)이라고 하니 부러워함이라. 아름답다. 선조가 마을을 사랑하는 정성과 선배가 마을을 보호하는 마음으로 마을의 사역에 헌신적인 노력을 바탕으로 서로 약간의 돈을 모아서 동물과 농악 기구를 갖추고 남은 자본이 있어 앞의 여러분이 요사이에 고인의 정성을 본받아 재물을 갹출하는 사이에 형편에 따라 벼 몇 두를 마을에 내고 금전 얼마를 합하여 동답 4두락을 매수하고 해마다 도조를 받아 마을에 빈한한 가구의 세를 일부 납부하고 마을 경비로 사용하여 변용하니 어찌 아름다운 풍속이 아니겠는가.

1947년 1월 20일

이상은 동중계의 목적과 기능을 총체적으로 담고 있는 동회장정 서문을 완역한 것이다. 여기서 나타나듯이 접지산 동중계는 어른들의 마을 사랑의 마음이 합해지고 사랑의 표시로 약간씩의 돈을 모은 것이 그 바탕을 이루고 있다. 농악기구를 마련하여 마을의 풍류를 생산하고 재산을 형성하여 이웃의 빈한한 사람들의 세를 대납해주는 상부상조의 미풍을 진작시키기 위한 것으로 오랜 세월을 버티며 재생산되고 있는 것이다. 특히 동회장정에는 동중 규약을 위반하는 자에 대하여는 재산 취득금의 분익과 공유물의 사용을 불허하며 마을 사람으로서 도의와 언행을 부정하게 하고 풍속을 각란하는 사람에 대하여 마을 내 거주조차 허가하지 않는다고 규정하고 있어 동중계가 마을 내의 건전한 질서유지에 심혈을 기울였다는 사실을 짐작할 수 있다.

그리고 계첩에는 당시의 임원 및 회원으로부터 신규 가입하는 회원과 임원들의 명단을 기록하고 있으며 신규가입자의 가입년도를 표시하고 있다. 을미년(1955년)의 동중계 기록을 보면 화폐단위가 엔으로 표시되다가 병신년(1956년)에는 환으로 나타나고 있으며 마을 내에서 동중계를 개최할 때에 주로 소비된 상품이 생명태나 담배, 두부 등이었음을 보여주고 있다.

한편 소규모의 자연마을인 보가대에서는 병사1리의 반계와 유사한 모임이 있다. 규약이나 계첩을 소유하고 있지는 않지만 과거의 12가구에서 현재는 5가구밖에 살고 있지 않은 작은 마을로 이 마을에서 주민들끼리 작은 모임을 조직하여 유대를 이루고 있다. 주민들끼리 돈을 추렴하여 마을 일을 살피거나 술 한 잔씩 나누고 있는 모임으로 계의 유사는 반장이 맡아 보거나 가가호호 교대로 맡고 유사가 음식을 준비하였던 것이다.

> 특별한 일은 없시유. 해마다 음력 12월경에는 마을 사람들끼리 모여서 같이 식사를 하는 정도지요. 회칙도 없구요. 전에는 마을 곗돈도 적립해서 활용햇는데 요즘은 그것도 읎시유.

최근의 병사리의 동중계는 마을의 꽃길을 가꾸거나 마을 청소, 제초작업을 하기도 하고 관개시설을 정비하는 등 마을의 환경정리에 관심을 갖는다. 마을의 공동 작업은 날짜를 정하여 젊은이들과 상의하여 진행하며 마을 일이 끝나면 점심을 나누거나 술

한 잔이라도 나누는 나눔의 공동체, 협동의 공동체로서 병사2리의 발전을 도모하고 있다.

### 일심회

마을마다 주민들 간의 친목도모를 위한 조직이 존재하거나 애사나 특정목적을 위한 조직들이 있듯이 병사리에도 다양한 모임들이 마을의 체계를 지탱하고 있다. 그 가운데 일심회는 병사리1, 2리 그리고 인근의 송당리 주민들을 합하여 18명으로 조직된 위친계 성격을 갖는 조직이다. 일심회는 옛날에 존재했던 마을의 위친계가 사라지면서 30여 년 전에 조직되었는데 회원은 상가가 발생했을 때 꼭 참석하여 상사를 거들고 상여를 메며 장지까지 따라가 하관에서 봉분조성까지 전 과정에 협력하는 목적을 위한 조직이다. 물론 상사에 협력하는 것을 중요한 목적으로 하면서 회원들 간의 친목을 도모하기 위한 일도 빠지지 않는다. 상사가 발생하면 회장(정용남)은 이를 회원들에게 전달하여 소집하고 각자의 역할을 분담한다. 산소역과 상여역으로 나누어지면 회원들은 자신의 일처럼 협력을 아끼지 않는다. 이러한 노동력 동원은 물론, 회원가운데 상사가 발생했을 경우 그 회원에 대하여 쌀 한 가마 반을 태워주거나 그에 해당하는 현금을 보좌하여 장례를 원활히 마칠 수 있도록 지원하기도 한다.

### 작목반

최근 들어서는 사과 재배농가가 출현하고 딸기 등의 하우스 재배농가가 늘어나면서 농협을 중심으로 하는 작목반이 출현하고 있다. 이들 역시 농가경제활동을 위한 조직으로 딸기 작목반만 8가구 정도가 가입하고 있다. 현재 작목반장은 박노두 씨가 맡고 있는데 이들은 딸기 출하가 끝나면 같은 하우스에 멜론을 심기 때문에 메론 작목반과 같은 회원들이다. 개인별 출하를 하는 사람도 있지만 이들 작목반원들은 공동으로 선별작업을 하고 공동출하하여 시장에 내고 자신들의 생산품으로부터 이익을 추구하는 것이다.

그 외에도 다양한 모임들이 있다. 동갑들을 중심으로 하는 동갑계나 연령을 불문하고 결성된 친목계들이다. 그러나 이러한 모임들도 그리 원만하지는 않다. 마을 내에서 점차 젊은이들이 감소하면서 마을의 범위를 넘어 인근 마을까지 가입범위를 확대하는 경향이 늘고 있다. 특히 동창계의 경우는 마을에 젊은이들이 감소하면서 노성초등학교나 노성중학교를 졸업한 논산거주자들을 중심으로 하는 동창계까지 조직되고 있는 실정이다.

## 교육과 종교활동

### 노성초등학교

노성면은 역사적으로 볼 때 자녀들의 교육을 담당했던 훌륭한 사숙을 비롯하여 많은 서원이 운영되었다. 특히 병사리의 파평윤씨 문중의 종학원은 많은 유생들을 불러 모아 가르쳐 출중한 인물들을 배출하였다.

노성면에 처음으로 근대식 학교가 설립된 것은 1908년의 사립 명신(明新)학교로 노성공립보통학교가 설립되기 전까지 노성 인근의 어린이는 물론 젊은이들의 교육을 담당했다. 그러다가 1917년 노성공립보통학교가 설립되면서 이 명신학교는 폐교되어 노성공립보통학교로 승격하게 된 것이다. 따라서 사숙이 아닌 정규 교육기관의 시

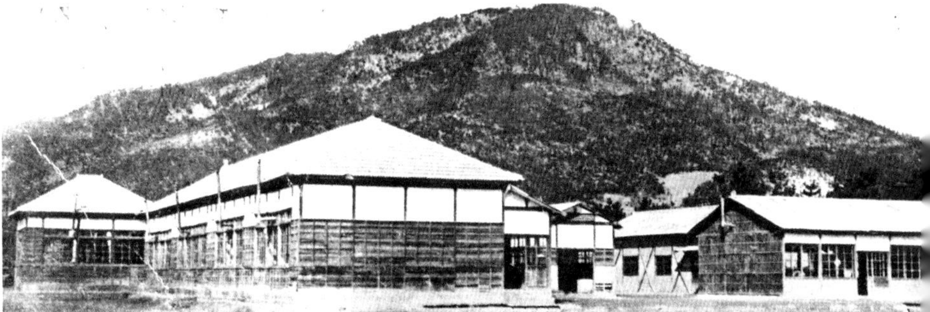

1940년대 노성공민초등학교의 전경(윤석간 옹 소장)

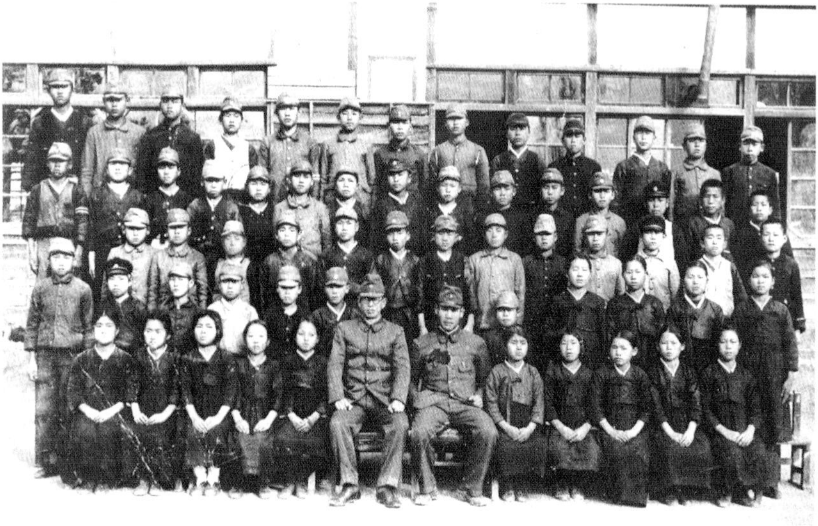

1942년 노성공립국민학교 졸업사진(윤석간 옹 소장)

작은 노성공립보통학교인 셈이다. 노성보통학교는 처음에는 4년제로 출발하여 1922년에 신축 교사를 건립하고 1924년에 6년제로 승격하게 된다. 1939년에는 현 위치인 송당리로 교사를 이전하고 학교 명칭을 노성공립국민학교로 개칭하고, 노성면의 근대식 교육을 통한 인재육성의 토대로서 기능했다. 그러나 이러한 교육시설의 설립은 일본 제국주의의 식민지 정책의 일환으로 추진되면서 억압적인 교육을 전개하기에 이른다.

일본 식민지교육은 내선일체와 황국식민화라는 허울 아래 그들의 침략전쟁을 정당화하는 교육으로 황국신민교육으로 내달으면서 국민들을 참여시키고 혹사하게 된다. 특히 졸업앨범에 나타나는 무신조서와 교육칙어에 따라 교육강령을 강제하여 착취교육을 정당화하였다. 아래 사진에서 보듯이 당시의 초등학교에서 교사들은 군복과 유사한 복장을 하고 있으며 칼을 차고 있는 사진을 통해서 군대식 교육이 진행되었음을 짐작케 한다. 학생들의 복장에서도 군대식 모자와 교복 역시 제국주의의 일방적, 획일적 교육의 상징으로서의 의미를 내포하고 있다.

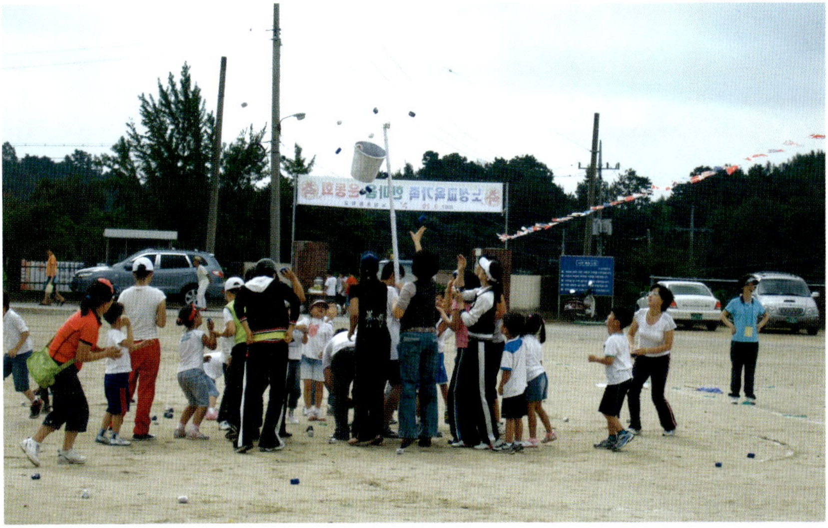

2007년 **노성초등학교의 운동회 모습(노성초등학교 제공)**

1953년에는 탄천 방면의 노성면 호암리에 호암국민학교를 분리 · 개교하였다. 그 후 교명은 노성국민학교로 유지되어 오다가 1996년에 문민정부의 역사 바로 세우기의 일환으로 노성국민학교는 노성초등학교로 재차 개명되어 현재에 이르고 있다. 2007년 2월에 89회 졸업생을 배출함으로써 총 8,772명의 젊은이들이 노성초등학교를 통하여 사회진출의 발판을 마련하였다.

2007년 현재 노성초등학교의 교세는 상당히 위축되어 교장, 교감 각 1인과 보직교사 2인 그리고 남녀교사 각각 3명과 특수교사 1명, 보건교사 1명이 노성면 아이들의 초등교육을 담당하고 있다. 또 영양사 1인, 위생원 1인, 노성초등학교 부설 병설유치원 교사 1인이 근무하고 있다. 학생수는 남학생이 100명, 여학생이 88명으로 총 188명이며 학급수는 4학년 2학급을 제외하고 나머지 학년은 모두 1학급으로 총 7학급이 운영되고 있는데 타 농촌학교보다는 많은 180여 명의 학생이 재학하고 있다. 이것은 노성면에 항공학교가 이주하면서 그들의 자녀들이 전학하거나 취학하면서 나타난 현상이다.

2008년에는 노성초등학교 개교 100주년을 맞이하여 새학교 가꾸기 원년으로 정하고 강당 신축을 비롯한 학원 정비를 통하여 새롭게 발전을 도모하고 있다. 노성초등학교를 졸업하는 어린이들은 인접해 있는 노성중학교로 진학을 하거나 아주 소수의 경우는 대전이나 공주, 논산으로 진학하여 중등교육을 지속한다.

### 노성중학교

노성중학교는 1964년 3월에 노성면 교촌리 62번지에서 개교하여 노성초등학교나 인근의 호암초등학교를 졸업하는 학생들의 중등교육을 담당하였다. 성실, 근면, 협동을 교훈으로 학력신장과 자아실현을 교육목표로 노성면의 교육을 이끌어 온 것이다. 현재는 160여 명의 학생들과 17명의 교사가 다양한 특기활동과 교육을 통하여 학력신장은 물론 학력향상을 위하여 매진하고 있다.

### 종교활동

병사리 주민들의 종교활동은 그다지 활발한 것 같지 않다. 노성면사무소가 위치하는 읍내리 114번지에 70여 년의 역사를 자랑하는 성결교 노성교회가 우뚝 서 있다. 70년의 역사와 함께 그 규모도 상당히 크다. 이 교회는 1938년에 유을회 집사의 전도활동으로 시작되었다고 하는데, 일제강점기와 한국전쟁으로 많은 어려움을 겪었지만 이를 극복하고 1954년 현재의 부지를 마련하여 설립된 것이다. 현재 교회의 건물은 1995년 5월에 재건축된 것으로 다양한 전도사업을 펼치고 있다.

그 외에 병사리 인근의 교회는 대한 예수교 장로회 소속의 장구리교회가 있다. 이 교회는 1958년 1월에 신자의 집에서 예배를 보면서 노성 인근의 선교활동을 시작하였다. 현 위치에 교회를 설립한 것은 1961년으로 당시의 마을 주민 이종만 씨가 토지를 헌납하여 현 위치에 교회를 설립하고 장구리교회라고 이름을 정한 것이다. 그후에도 몇 번의 증개축을 하고 1992년 박춘삼 목사를 초대목사로 초빙하고 2004년에 김경부 목사가 2대 목사로 부임하였다.

장구리교회는 46년의 역사를 가지고 있으며 현재 신자는 약 70여 명이 있으며 병사리에서 출석하는 사람은 약 다섯 명 정도며 나머지가 인근의 율리 사람들이 주를

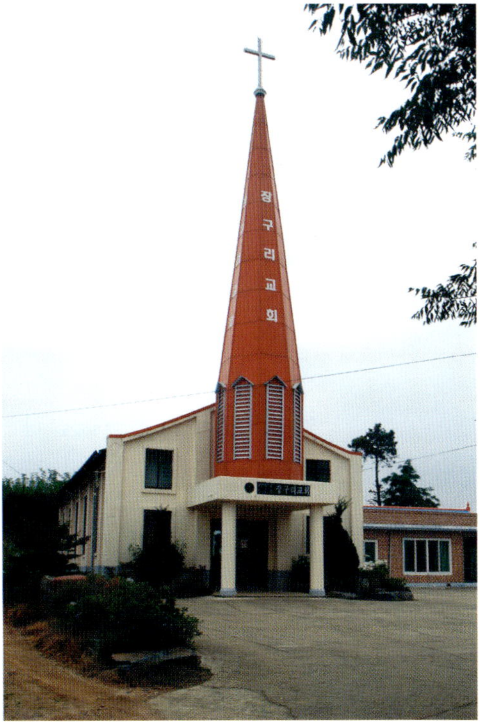


장구리교회의 전경

이룬다고 한다. 현재도 김경부 목사가 담임목사로 재직하고 있으며 병사리와 연대를 이루는 행사는 전혀 없다.

또 병사리 마을의 건너편 가곡리에는 기독교대한감리교회 소속의 샛별교회가 있다. 이 교회는 1987년에 설립되어 불과 20여 년의 역사에 지나지 않는다. 병사리 주민은 1명밖에 없으며 신자의 대부분이 가곡리 주민들이다. 담임목사(최원수)는 마을 모임 시 약간의 금전적인 지원을 한다고 하는데 그것도 가곡리에 한정되어 이루어진다.

주민의 증언에 따르면 절에 다니는 사람이 몇 명 있는데 절에 다니는 사람들은 대체로 화곡리의 지장정사(지장암)나 두사리의 광명사 혹은 계룡산의 신원사에 다니는 사람이 더러 있다고 한다.

## 마을의 전망

병사리를 둘러싼 인근에 대한 향후 전망은 그리 밝지 않은 것 같다. 특이한 개발의 붐을 타고 생활개선이나 경제적 혜택을 기대할 만한 여건도 부족한 것 같다. 1996년도에 조치원으로부터 이전한 항공학교를 통해 지역의 발전과 변화를 기대했지만 항공학교 입주로 토지를 소유했던 사람들이 보상을 받으면서 당분간의 경제적 여유를 느낄지 모르지만 그 영향력이 병사리까지 미치지는 못하는 것 같다. 또 대전의 자운대와 3군 본부와 연결되는 논산 국방대학의 이전 계획으로 지역의 고용효과를 예단하지만 그것도 병사리 주민들의 삶과 직결되기는 용이하지 않다. 이런 상황 속에서 병사리 주민들의 삶은 괜히 궁핍해보인다.

선조들을 모시고 그들의 음덕을 향유하는 재실마을로 병사리는 어떻게 변화하고 그 변화에 대응하려는 것일까. 지역균형발전이란 중앙집권적, 행정일방적 정책의 미명하에 광역에 대한 정책 일변도는 사라져가는 작은 마을에 대하여 눈을 돌리기에는 벅찬 것일까. 병사리 주민들의 사고의 전환이 요구된다. 병사리 재실마을의 역사와 전통을 통한 새로운 마을 가꾸기라든가, 접지미방죽의 복원을 통한 마을 단장으로 과거와 현재가 소통하는 마을로 거듭날 수 있기를 기대한다.

(권 병 욱)

## 주(註)

1) 동회장정 서문은 충남대학교 대학원 박사과정의 문광철 선생이 완역한 것임을 밝혀둔다.

# 제례와 일상생활 속의 음식문화

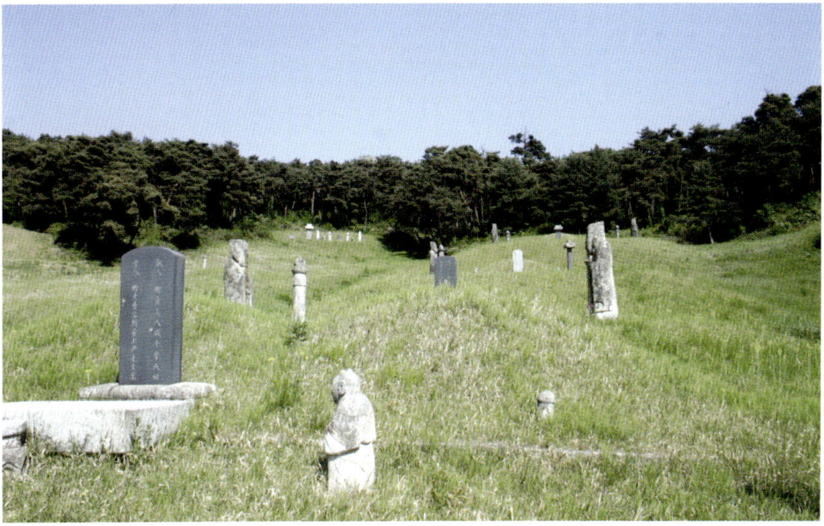

**파평윤씨의 묘역인 병사**

조선시대 양반의 일상생활 중심에는 제례와 음식문화가 자리하고 있다. 양반문화의 핵심을 '봉제사 접빈객(奉祭祀 接賓客)'으로 표현한다면 제사의례와 음식문화는 그것의 실현체이다. 여기에 '반가의 격식'이라는 엄정한 예절과 조상 및 손님에 대한 정성이 추가되지만, 가내 일상음식까지 고려해 보면, 그 속에는 화려함과 소박함이란 상반된 코드가 병존하기도 한다. 이런 복합적인 면모가 양반문화의 독특한 빛깔을 드러낸다. 물론 시대와 경제적 지위에 따라 다양한 층위가 있고, 그 빛깔 또한 달라지기도 한다.

제례와 음식문화는 신분 및 경제력의 차이가 단적으로 드러나는 곳이다. 또한 상위에 놓인 음식과 먹는 사람, 제례에 참여하는 다양한 군상, 그리고 제례와 식사예절을 통해 그 지역이나 집안의 문화와 경쟁관계 및 권력관계를 포착할 수 있는 열쇠이기도 하다. 이런 측면에서 제례와 음식문화를 살펴본다는 것은 다양한 빛깔을 갖고 있는 병사리 일상문화의 단면을 파악할 수 있는 기회가 될 것이다.

## 병사마을의 제사의례

호서지역에서 전해 오는 말에 의하면 호서지역의 3대 거족인 은진송씨는 집치레, 광산김씨는 먹치레, 파평윤씨는 묘치레를 한다고 한다. 고색창연한 병사1리 파평윤씨 묘역에는 입향조인 윤돈과 아들인 윤창세, 손자인 윤수와 윤전, 그리고 증손자인 윤순거와 그의 아들 윤진의 묘소와 신도비가 있다. 묘역 아래에는 대종중 재실인 병사와 강당, 덕포공 재실 및 충헌공 재실이 장엄하게 군락을 이루는데, 바로 노성 파평윤씨의 모태이자 상징적 장소이다. 묘소의 규모와 관리라는 측면에서 볼 때 파평윤씨는 호서 3대 거족 중 단연 으뜸이며, 이는 종학당을 통한 문중 자제들의 교육과 더불어 파평윤씨들의 문중 결속에 중요한 기능 담당했을 것이다. 본 장에서는 노성 파평윤씨를 대표하는 대종중의 시제 및 윤황의 불천위제를 중심으로 이 문중의 제례를 살펴보기로 한다.

### 노종파 대종중의 시제

파평윤씨 노종파를 대표하는 대종중에서는 매해 음력 3월 첫째 주 일요일에 시제를 모신다. 이때 약 250명가량의 종인들이 전국에서 모여들고, 정치 · 사회적으로 성공한 후손들은 물론 논산시장이나 노성면장 등 외부 손님들도 초청된다. 제례라는 것

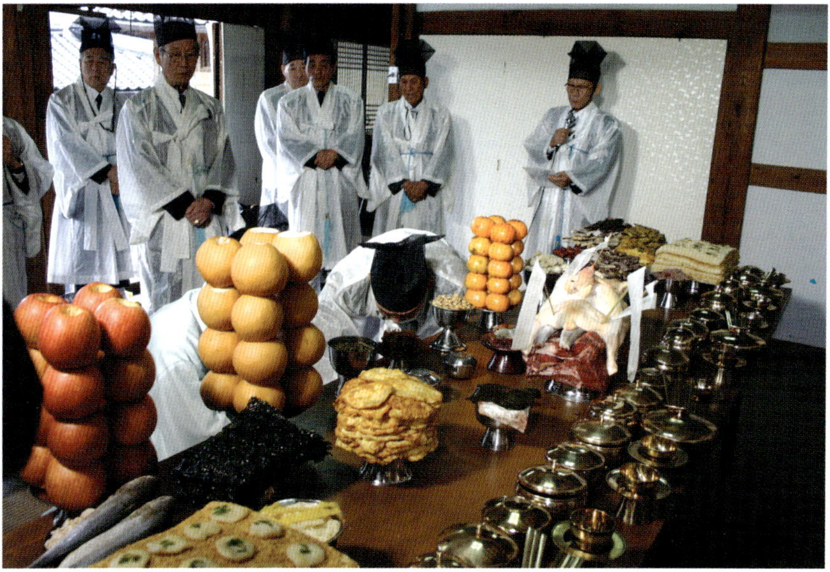

재실 안에서 지내는 망향제

이 가문의 과거 영광과 현재의 세력을 과시하여, 후손들에게까지 이어지게 하는 정치 · 사회적 목적이 내재되어 있기 때문이다. 최근에 들어서면서 명가(名家)의 시제에 일종의 지역 문화 행사나 종인들의 사교 및 연구 기능이 첨가되어 학자들이나 주위 사람들이 참여하기도 한다. 2007년 4월 시제에는 파평윤씨 대종중의 시제를 연구하고 기록하기 위해 문화재 관리국과 충남대 마을연구단에서 시제의 준비와 절차의 세세한 부분까지 기록하고 촬영하였다.

시제는 노성 파평윤씨 가문의 상징적 중심이 되는 병사에서 모신다. 시제를 모시기 위해 문중의 유사들과 종손은 수일 전부터 준비하는데, 먼저 대종중의 묘 관리인은 묘 영역을 깨끗이 청소하고 풀을 베는 것으로 단장을 한다. 시제는 오전 10시부터 시작되는데 2부에 걸쳐 약 1시간 30분에 걸쳐 진행된다. 시제의 전반부는 병사 재실에서 거행이 되며, 윤선지 및 그 위 3대 조상에 대한 망향제를 모신다. 선영이 있는 장단 지역이 휴전선 안에 위치해 있기 때문이다. 후반부는 병사묘역에 안치된 윤돈이하 4대 조상들에 대한 묘제가 동시 다발적으로 거행되며, 각기 소종중의 종손들이 제례 주관자가 되어 문중의 제례에 따라 집행된다.

묘제가 진행될 때 집행부에 속한 일부 종인들은 산신제와 윤돈의 장인 유연 및 무연고 묘에 대한 시제를 함께 지낸다. 산신제는 조상의 시제를 지낼 때 비봉산에 살고 있는 산신에 대해 제를 지내는 것이고, 유연의 시제를 모시는 것은 파평윤씨 측에서 외손봉사를 하기 때문이다. 한편 무연고 묘제를 지내는 것은 윤창세가 병사에 선산을 정하기 전부터 이 묘가 그 자리에 있었기 때문이라 한다. 종인들이 이 묘야말로 명당 중에 명당이라 한다. 그것은 후손도 아닌 파평윤씨로부터 수백 년간 제사음식을 먹기 때문이라는 것이다.

시제는 250여 명의 종인들이 병사 재실에서 모시는 망향제로부터 시작된다. 제례 주관자인 헌관, 집례축관 그리고 집사자는 종손과 종회장 및 파평윤씨 종회 집행부에서 선출되는데, 전날 심신을 깨끗이 하고 두루마기와 관으로 의관을 갖춘다. 내종중의 제례 절차는 전해 내려오는 파평윤씨 홀기(笏記)에 의거하여 거행되는데, 독관자는 홀기에 따라 다음과 같은 47개의 절차를 선창하면서 제의를 진행한다.

1. 주인이하서립(主人以下序立) : 제주와 참석자가 신위 앞에 모두 선다.
2. 어시행강신례(於是行降神禮) : 신이 강림하심을 기원하는 예.
3. 주인관세승(主人盥洗升) : 제주는 세숫물에 손을 씻고 신위 앞에 선다.
4. 분향재배(焚香再拜) : 제주는 향을 세 번 태우고 재배한다.
5. 주인궤(主人跪) : 제주는 신위 앞에 공손히 꿇어앉는다.
6. 집사자 일인 취잔반 진우 주인지좌(執事者 一人 取盞盤 進于 主人之左) : 집사자 한 사람이 비위(어머니 혹은 할머니) 잔을 들어 제주의 왼편에서 제주에게 올린다.
7. 집사자 일인 집주주(執事者 一人 執酒注) : 다른 집사자가 주인의 오른편에서 주전자를 들고 꿇어앉는다.
8. 침우주인지우(斟于主人之右) : 제주의 오른편에서 주인이 받들고 있는 잔에 술을 따른다.

9. 주인 집잔 관우모사(主人 執盞 灌于茅沙) : 제주는 모래를 담고 띄줄을 꽂은 모사그릇에 술을 세 번 따라 붓는다.
10. 주인 면복 흥 재배(主人 俛伏 興 再拜) : 제주는 엎드린 자세에서 일어나 재배한다. …… (이하 생략)

이러한 대종중의 제례는 노종파 윤씨 제례의 기본 양식이다. 대종중에서는『노종가례(魯宗家禮)』를 발간하여 각 소종중과 집안에서 제사와 시제를 모실 때 따르도록 하고 있다. 이에 일부 특별한 경우를 제외하고는 노종파 파평윤씨의 제례는 대동소이하다.

대종중 시제는 다른 시제나 제례보다 더 엄숙하고 예법에 맞게 거행되었다. 전국에서 모여든 정장 차림의 종인들은 강당 마당에 나란히 줄을 지어 서서 정성을 다해 제사를 모셨다. 시제를 모시는 중에는 잡담이나 불필요한 말은 하지 않으며 장엄하고 전통적으로 거행되고 있다. 주위 고풍스러운 재실과 말끔히 치장된 묘소들, 고위 관직명을 새긴 비석들과 역사책에 등장하는 유명한 조상들의 이름들, 그리고 엄숙한 제례는 후손들에게 가문의 영광을 되새기고 문중결속을 다지기에 충분하였다.

## 팔송 윤황종중의 불천위제

동일한 파평윤씨 노성파들이지만, 수백 년 시간이 흐르면서 각 소문중별로 각기 독특한 색채를 지닌 제례를 발전시키기 마련이다. 또한 동일 문중 내에서도 소문중간의 경쟁과 권력관계가 형성되며, 이러한 경쟁관계가 제례에 반영된다. 하나의 예로 2007년 11월 팔송 윤황 부인의 불천위제를 중심으로 팔송 소종중의 제례를 살펴보기로 한다.

일반적으로 제사는 4대 조상까지 모신다. 5대가 지나면 친함이 다하므로, 고조부까지 제사를 모시는 '4대 봉사'가 일반적인 제례의 형태였다. 그러나 국가에 큰 공을 세우거나 학덕이 높은 인물일 경우, 국가에서 특별히 명을 내려 후대까지 제사를 모시도록 하는 것이 불천위제라 한다. 불천지위(不遷之位)는 문중의 영광과 권위를 대외적으로 과시하는 기회이므로 종가의 큰 명예이자 행사였다.

불천위제는 일종의 기제사이므로 기제사와 동일한 제례 양식을 취한다. 팔송 종중에서는 기본적으로 윤씨 대종중에서 편찬한 홀기에 따라 제례를 모시고 있으나, 각론에서 다소 차이가 있다. 먼저 제사를 모시는 시간이 매우 특징적이라는 점을 들 수 있다. 이 소종중에서는 제사를 모시는 시간을 새벽 5시경, 동트기 전에 지내는 것을 원칙으로 한다. 이에 대한 해석이 구구한데, 어둠에서 밝음으로 변하는 시점에 제사를 드린다는 의미로 말하는 후손과 제사를 원래 축시(1~3시 사이)에 모셨으나 점점 시간이 늦어져 지금은 동트기 전에 지내는 것 같다는 후손의 해석이 있다.

윤황종가에는 종가집 뒤에 고색창연한 사당이 있다. 제사를 모시는 종손은 도포와 관으로 의관을 갖추고 새벽이 가까워 올 무렵 촛불을 들고 종인들과 함께 사당에서 신주를 모셔오는 출주와 계독 행사를 한다. 그 후 대청에 모셔진 제사상에서 다음과 같은 절차를 통해 엄숙하게 제사를 모신다.

① 출주(出主) : 신주모시기
② 참신(參神) : 조상신에게 인사드리기
③ 강신(降神) : 조상신 내리기
④ 진찬(進饌) : 음식 올리기
⑤ 초헌(初獻) : 첫번째 술잔 올리기
⑥ 독축(讀祝) : 축문 읽기
⑦ 아헌(亞獻) : 두번째 술잔 올리기
⑧ 종헌(終獻) : 세번째 술잔 올리기
⑨ 유식(侑食) : 식사 권하기
⑩ 합문(闔門) : 식사하시도록 문 닫고 기다리기
⑪ 개문진다(開門進茶) : 문 열고 숭늉 드리기
⑫ 사신(辭神) : 조상신 보내드리기
⑬ 납주(納主) : 신주를 원위치로 모시기
⑭ 철상(撤床) : 제사상 치우기
⑮ 음복(飮福) : 제사음식 나눠 먹기

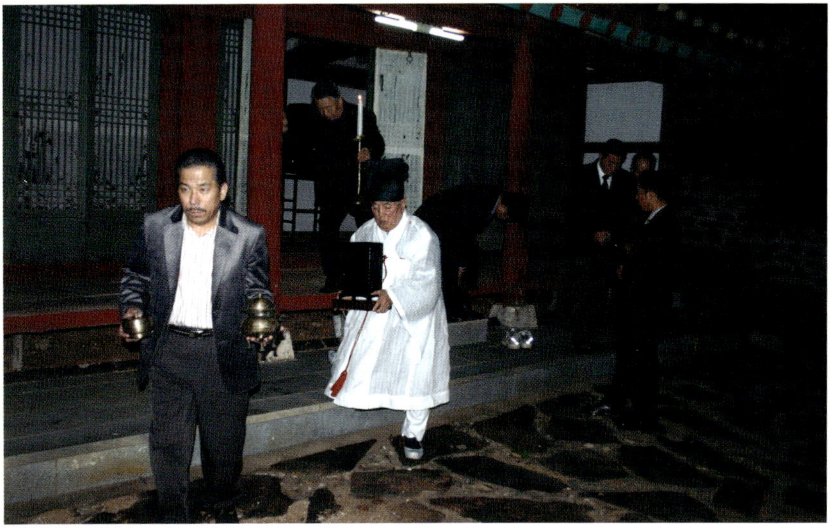

사당에서 출주고사를 한 후 신주를 모셔오고 있다.

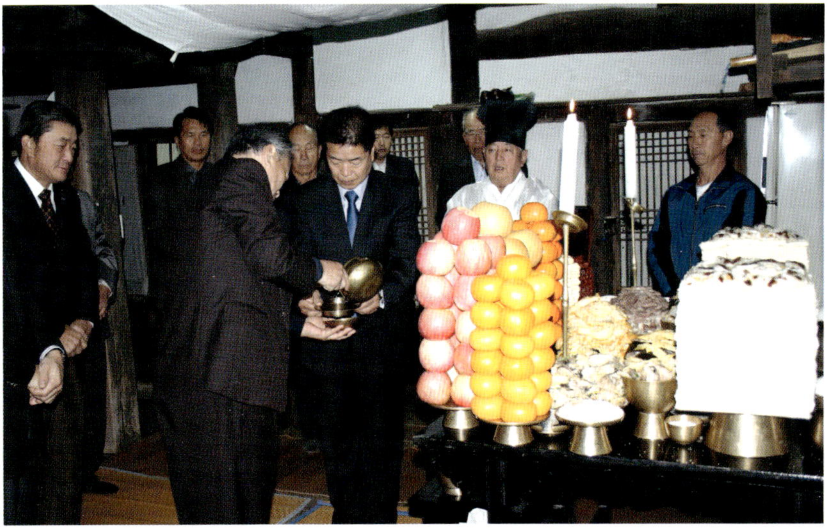

논산시장이 서서 종헌을 하고 있다.

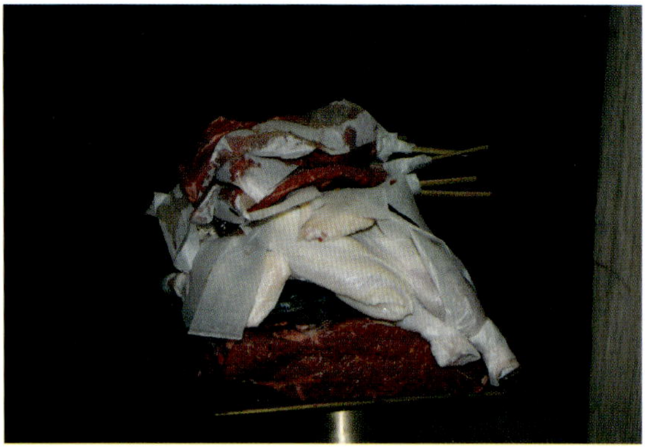

생적을 쓰며 술을 올릴 때마다 소고기 꼬치를 올린다.

이와 같은 제례 과정은 다른 성씨 및 파평윤씨 소종중들과 대동소이하다. 다만, 제례 절차가 전통 격식에 따라 엄숙하게 진행된다는 점과 술을 따르는 방식에서 소종중과 다소 차이를 보이고 있다. 일반적인 예법은 술잔을 올리는 사람이 제사상 앞에 무릎을 꿇고 술을 따라 올리는데, 이 집안에서는 술잔을 올릴 때 서서 올린다는 특색이 있다. 그 과정을 부연설명하자면, 초헌자가 술잔을 들고 서 있으면 술 주전자를 들고 있는 집사자가 술을 따른 후, 잔을 받아 상위에 놓는다. 다음 단계로 초헌자가 제상 앞에 무릎 꿇고 앉으면, 그때 집사자는 상위에서 잔을 가지고 와 초헌자에게 준다. 초헌자는 술잔을 받아, 세 번 잔을 돌리는 의식을 행한 후, 다시 집사자에게 주어 상에 올리게 한다. 이때 소고기적을 두 꼬치 올리며, 초헌자는 재배를 하는 것으로 절차를 마치는 것이다.

이와 같이 아헌자나 종헌자도 모두 서서 술을 따르는 절차를 갖는다는 것이 일반 예법과 차이가 있는 것이다. 즉 서서 술잔을 드린다는 과정이 첨가된 것인데, 아마도 제례가 수백 년간 전해져 내려오면서 약간의 변형이 이루어진 것으로 보인다. 혹은 노성파 파평윤씨 문중 중 가장 번창한 윤황 후손들의 '상징 만들기'와 '의미 만들기'가 현재도 진행중이라 해석할 수 있겠다.

불천위제는 새벽 5시에 거행되기 때문에 후손들이 많이 참석하지 못한다. 그러나

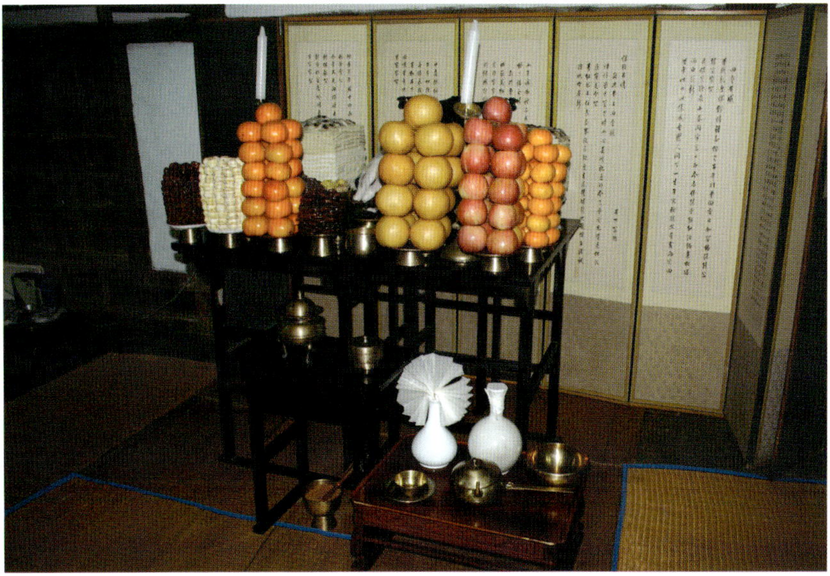

**윤황집안의 상차림. 술병에 꽂아 놓은 부채 마개가 이채롭다.**

2007년도 11월 윤황 부인 제사에는 노성면장과 논산시장이 참석했으며, 시장이 종헌자가 되었다. 이 집안 종손 윤여복 선생의 "예전에는 충청감사도 팔송어른 제사에 참석했었는데……"라는 말에서 옛날의 권위와 영화가 현대에 재현된 듯하다. 이렇게 시장과 면장이 공식 참석함으로써 이 집안의 영광과 권위가 대종중의 시제에 버금가게 높아진 듯하였다.

이 집안의 홀기는 전해져 내려오지 않지만 제사의 상차림은 뒤에 자세히 설명할 대종계의 진찬도와 동일하다. 다만 상황에 따라 5탕 내지 7탕을 쓰기도 한다. 그 외에 한지를 부채꼴 모양으로 예쁘게 접어 술병을 막아 놓은 것이 눈에 띄며, 손잡이를 접어 보관할 수 있는 유기 술주전자, 유기 제기 그릇과 향로 등이 오랜 전통을 가늠하게 한다.

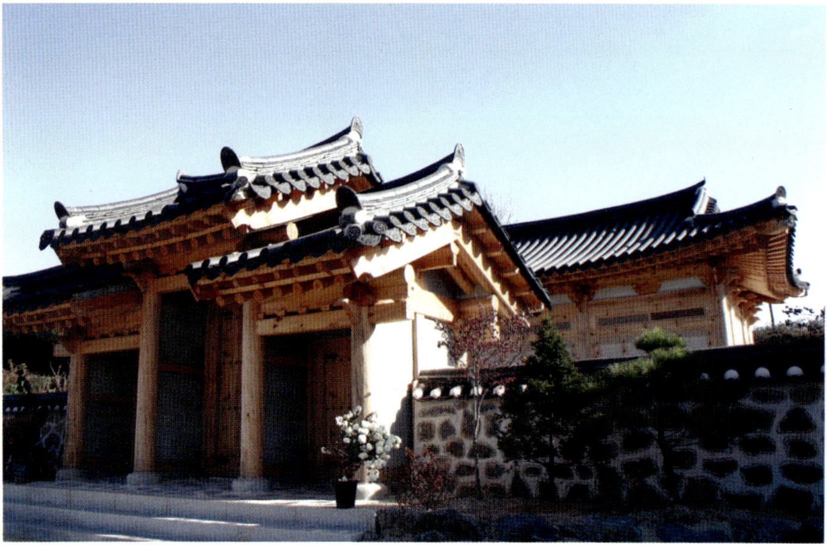

2007년 11월에 준공된 밀양박씨의 사당 봉린재. 규모도 크고 병사재실처럼 덕지미저수지를 굽어보고 있다.

## 덕지미 밀양박씨의 제례

앞에서 살펴본 것이 소론의 영수로 이름난 명문 거족 파평윤씨의 제례였다면, 다음은 병사2리에서 수백 년간 종족마을을 형성하고 있는 밀양박씨의 제례이다. 밀양박씨 규정공파 문중은 오랫동안 병사리는 물론 노성면 일대에서 강력한 영향력을 행사해 왔던 파평윤씨의 그늘에 가려 주목받지 못했다. 그러나 박씨 문중 또한 14대를 이어 내려오는 나름의 역사를 갖고 있으며, 최근 들어 문중 활동을 매우 활발하게 전개하고 있다. 현대에 들어와 대다수의 파평윤씨 후손들이 병사리와 노성면을 떠나 외지에 거주하는 것에 비해, 밀양박씨 후손들은 아직도 병사2리를 지키면서 끈끈한 동족애와 단결력을 과시하고 있다. 이 점에서 이들은 오늘날 병사리의 새로운 주역이라고 할 만하다. 이들은 자기 정체성 확립과 종족의 단결을 위해 문중 제례에 심혈을 기울이고 있으며, 이러한 경향은 최근 들어와 더욱 강화되고 있다. 밀양박씨들의 묘소들은 파평윤씨에 비해 그 규모는 작지만 잘 단장되어 있고, 2007년도 병사 2구에 건

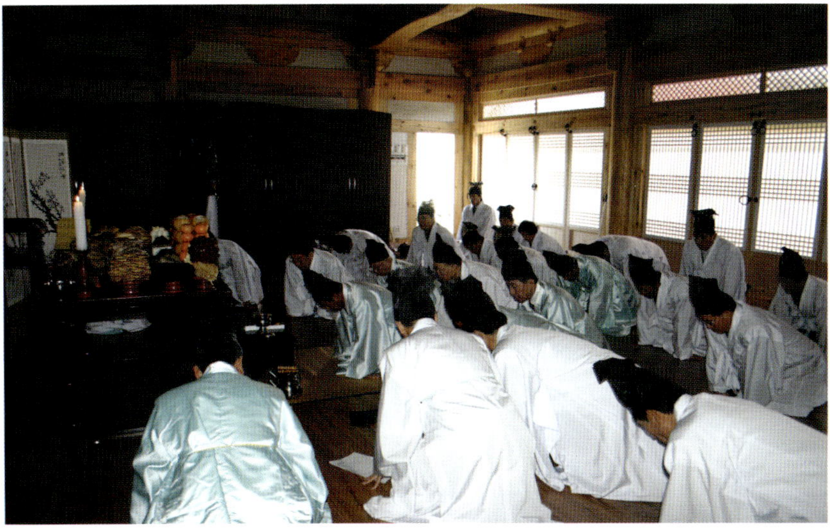

**밀양박씨 시제. 시제에 참석하는 모든 종인들은 의관을 정제한다.**

립한 봉린재(鳳麟齋)는 밀양박씨의 문중 재실로서 그 규모는 파평윤씨의 그것에 못지않다. 또한 덕지미마을 중심부에 위치하면서 아름다운 저수지를 굽어보고 있는 재실은 병사저수지를 굽어보고 있는 윤씨의 병사재실과 비슷하게 배치되어 있다.

봉린재 건축 후 모시는 첫번째 시제의 제의 절차를 통해 이 문중 제례의 문화적 특징과 의미를 파악해보고자 한다. 2007년 11월 40여 명의 박씨 종인들이 건평 15평 규모의 봉린재에 모여 13대 입향조 박안건(朴安健)부터 7대에 이르는 조상의 시제를 모셨다. 이 재실은 상당히 현대화된 면모를 갖추고 있다. 재실 안에는 캐비닛이 있어 각 종중별로 신위와 문서들을 보관하고 있다. 따라서 제사를 시작할 때 제사상 왼쪽에 있는 캐비닛에서 신위를 모심으로써 출주 과정을 생략하는 것이다.

시제에 참석하는 종인들은 20대에서 70대의 남성들로 약 40명 정도이나, 여성들과 어린이들까지 합산하면 약 100여 명 가까이 된다. 병사리와 인근 지역에 거주하고 있는 종인들만 참석하는 것이 아니라 대전이나 서울 등 외지에서 나름대로 성공한 후손들도 참석하였다. 파평윤씨 대종중 시제에는 논산시장과 노성면장이 참석하였다면, 밀양박씨 시제에는 노성면 부면장이 참석하였다. 물론 부면장이 밀양박씨이기 때문에 참석하였겠지만, 종인들은 그의 공식 직함을 언급함으로써 파평윤씨에 버금가는 가문의 세력을 과시하고자 하였다. 또한 재실 안의 옷장에는 참석자 전원이 입을 수 있는 도포와 관이 구비되어 있어 정식으로 의관을 정제하고 시제를 모시고 있다. 시제를 주관하는 종인들만 의관을 정제하는 파평윤씨 대종중과 대비되어 매우 흥미롭다.

제례 절차는 다른 문중과 대동소이하나 전반적으로 볼 때 자유스러우며 간소화되었다. 우선 시제를 산소에서 모시지 않고 재실에서 모시는데, 윗대 조상부터 차례로 지낸다. 제물은 한 상만 차려 놓고 밥, 국, 수저와 술잔만 바꾸면서 조상별로 시제를 모시고 있다. 즉 각 시제마다 축관과 아헌자, 종헌자를 바꾸면서 모시지만, 제사음식은 그대로 사용한다는 뜻이다. 또한 홀기가 없으며, 주인관세승(主人盥洗升) 절차, 즉 주인이 손을 씻는 행위가 생략되고, 초헌 시 잔의 술을 조금 따라 버리는 행위도 생략되었다. 이 문중에서는 종헌이 끝난 후 메와 갱의 뚜껑을 열고 수저와 젓가락을 시접에 가지런히 놓는 절차(啓飯盖 正匙箸)를 거행할 때, 젓가락 끝으로 제사상을 "탕탕탕" 세 번을 두드린 후 젓가락을 놓는 예식을 첨가한다. 또한 조상님이 조용히 식사를 하시게 하는 합문(仍闔門 : 문을 닫는 절차)의 절차도 상위에서 촛대를 상 아래에 놓는 것으로 대신한다. 합문이 끝나면 다시 촛대가 상위로 올라가면서 제사의 마지막 절차가 진행되는 것이다. 시제 분위기는 화기애애하며 자유스럽다. 축일(祝日)을 종인들의 만나는 장, 축제의 개념으로 생각하고 있다는 후손의 이야기처럼, 이 집안에서의 시제의 의미는 바뀌어가고 있음을 알 수 있다.

## 병사마을의 제례음식

### 파평윤씨 대종중의 시제음식

파평윤씨의 제례음식은 호서지역의 광산김씨나 은진송씨에 비해 소박하다고 한다. 그것은 17세기 초 윤순거(1596~1668)가 제정한 『종약』에서 제사상을 소박하게

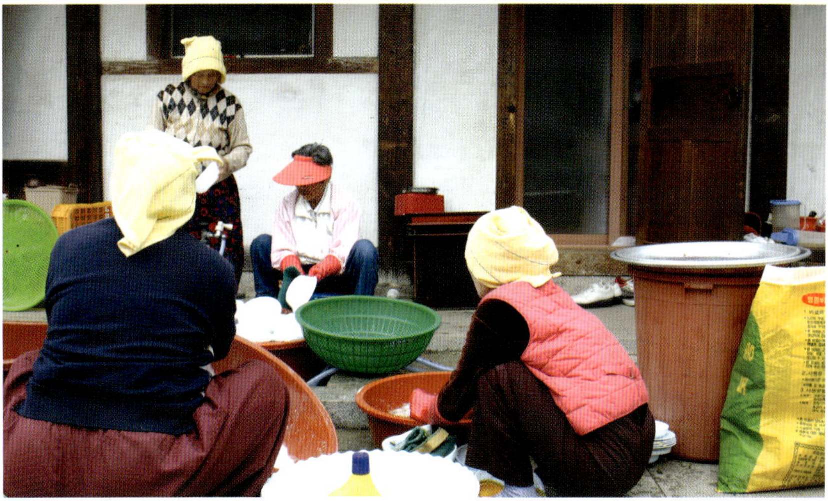

**시제 준비를 하는 병사리 주민.**

차리라는 유훈을 남긴 데서 비롯된 것이다. 이러한 유훈은 이를 거듭 강조한 명재 윤증 소종중에서 철저히 지켜져 내려오고 있다. 한편 대종계의 시제나 윤황의 불천위제의 제례상은 다른 종가에 못지않게 격식이 있고, 푸짐하게 차려진다. 그것은 대종중이 노성에 입향한 윤돈를 계승하는 종중이므로, 후손인 명재나 동토공의 유훈보다 선대의 전통을 이어 받기 때문이라 한다. 그러나 시제나 불천위제는 특별한 제사이며, 후손들과 저명인사들이 대거 참석하고 음복한다는 점에서 많이 준비할 수밖에 없지 않나 싶다.

과거 대종중에서 시제음식을 장만하기 위해 제수 장보기부터 대략 3일이 걸렸다 한다. 첫째 날에 여러 가지 제수물품을 구입하기 위해 장을 보면서, 남자들은 떡방아를 찧고, 여자들은 식재료를 다듬고 씻는데 시간을 보냈다. 둘째 날은 떡을 만드는 데 하루해를 보내고, 둘째 날 저녁부터 셋째 날은 제물들을 준비하고, 그릇에 괴는데 할당되었다. 최근에는 떡과 과자나 다식 등 완성된 제물들을 시장에서 일괄 구입하기 때문에 시간이 단축되어 약 이틀 정도 걸린다. 식민지기만 해도 제수음식은 모두 대종계 소속 고직이나 산직들과 그 가족들은 물론, 대종계의 터를 빌려 집을 짓고 사는 사람들의 노력봉사로 준비되었고, 대종계 소속 작인들도 함께 거들었다. 시제음식을 준비하는 데 파평윤씨 여성들은 참석하지 않았다는 것이다. 그러나 최근 들어서는 동네 주민들과 터도지를 내는 대신 노력봉사를 하는 주민들과 문중의 부인 및 일일고용인들이 시제를 준비하고 있다.

〈표1〉 파평윤씨 대종중 진찬도

<table>
<tr><td colspan="12">고위(考位) 신위(神位) 비위(妣位)</td></tr>
<tr><td>제4행</td><td colspan="2">밥</td><td colspan="2">국</td><td>잔</td><td>시접</td><td colspan="2">잔</td><td colspan="2">밥</td><td>국</td></tr>
<tr><td rowspan="2">제3행</td><td colspan="2">면</td><td colspan="3">떡</td><td rowspan="2">적</td><td colspan="2">면</td><td colspan="3">떡</td></tr>
<tr><td>육탕</td><td>소양탕</td><td>계탕</td><td>어탕</td><td>홍합탕</td><td>육탕</td><td>소양탕</td><td>계탕</td><td>어탕</td><td>홍합탕</td></tr>
<tr><td>간행</td><td colspan="2">쇠머리고기</td><td colspan="2">육전</td><td>회간</td><td>회간</td><td colspan="3">생선전</td><td colspan="2">해삼</td></tr>
<tr><td>제2행</td><td colspan="2">익힌 나물</td><td colspan="2">생나물</td><td>초장</td><td>간장</td><td colspan="2">김치</td><td colspan="2">김</td><td>조기</td></tr>
<tr><td>제1행</td><td>포</td><td>대추</td><td>밤</td><td>감</td><td>마른과자</td><td>수정과</td><td colspan="2">배</td><td>호두</td><td>다식</td><td>식혜</td></tr>
</table>

『노종가례』 33쪽

이 집안의 제사 상차림을 위의 진찬도를 참고하면서 살펴보기로 한다. 기본적으로 『주자가례』와 『사례편람』에서 규범화되고 있는 어동육서(魚東肉西), 좌포우혜(左脯右醯), 반서갱동(飯西羹東), 고서비동(高西妣東), 적전중앙(炙奠中央)의 범례를 따르고 있는데, 이 같은 진설도는 이 지역 다른 문중과 대동소이하다.

일반적으로 제사음식은 일상음식과 특별식으로 구성되어 있다. 즉 밥, 국, 찌개, 김치, 나물 등 밑반찬으로 구성되어 있고, 그 위에 떡, 술, 술안주, 과일, 과자 등 특별식이 총 집결되어 있다. 조상이 인간이었을 때 먹었던 일상음식과 신이 되었을 때 먹는 특별식이 합쳐진 것이다. 그러나 조상도 한때 인간이었기 때문에 조상의 식습관에 따라 좋아했던 음식을 추가하는 경우도 종종 나타난다. 그러나 파평윤씨 시제상은 『주자가례』의 기본적인 상차림을 충실히 따르고 있다.

제1행은 포와 식혜, 과일들과 다식 등 유밀과를 진설한다. 포는 마른안주로 다섯 종류를 사용하는데 명태포, 상어포, 가조기포, 문어포, 육포의 순서로 큼지막하게 잘라 접시에 포개어 담는다. 다른 집안의 경우 문어 다리나 오징어를 가위로 왕관, 산

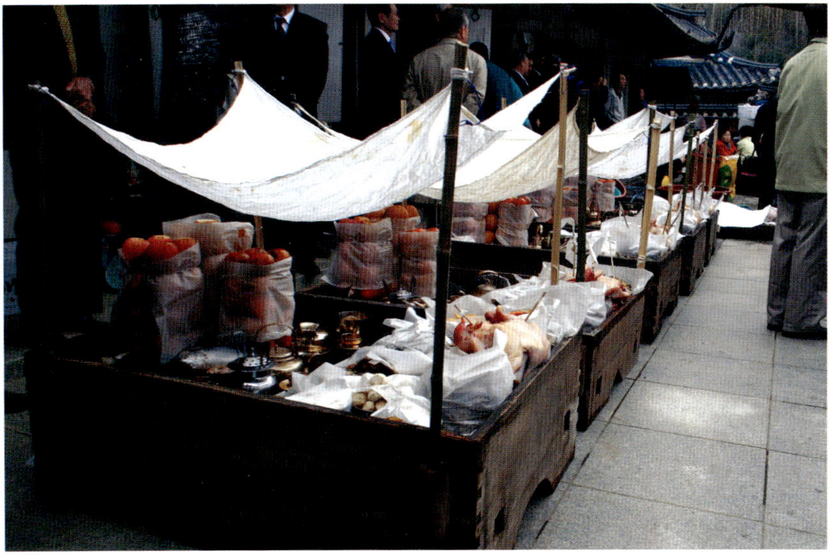

시제상

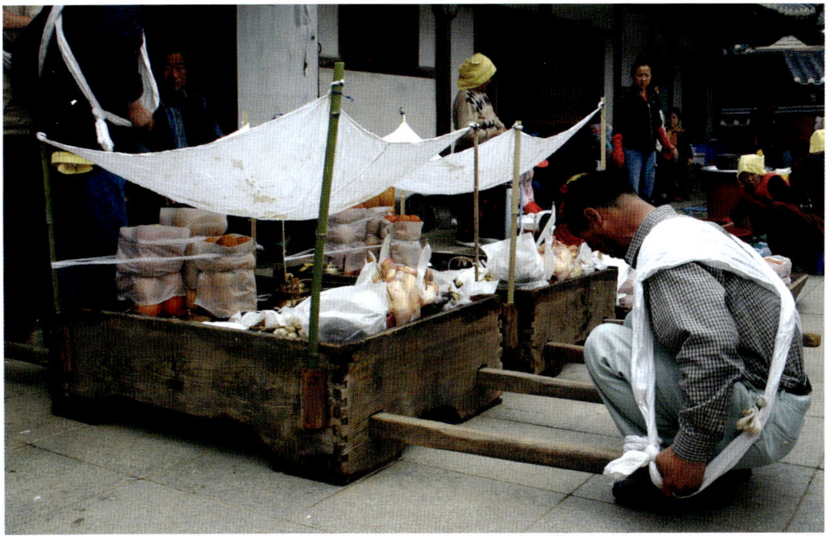

준비한 시제 음식을 운반하는 모습

호, 공작의 깃 형태로 오려 장식하기도 하나 여기서는 직사각형의 모양으로 잘라 쓰고 있다. 식혜는 건더기만 접시에 담고 그 위에 오징어나 대추를 삼각형 모양으로 잘라 장식한다. 과일은 제철 과일들을 쓰는데, 감이나 배가 없으면 밀감이나 곶감으로 대용하기도 한다. 50여 년 전까지만 해도 호두 1말, 대추 2말, 밤 2말 정도를 7개의 접시에 약 50㎝ 정도의 높이로 쌓았지만, 최근에 들어 와서는 오목한 접시에 30㎝ 정도의 높이로 괴면서 제상을 간소화하고 있다. 정과로는 무나 생강정과를 놓고, 배채와 잣을 곁들인 수정과를 중앙에 놓는다.

제2행은 나물, 젓갈 등 평소 우리들이 먹는 반찬들을 놓는데, 숙채로 간하지 않고 볶은 무, 배추, 고사리, 도라지, 시금치나물을 쓴다. 윤씨 문중에서는 특이하게 생숙주나 무생채 등 생나물을 놓는다. 숙주를 놓을 때는 머리와 뿌리 부분을 떼고 가지런히 놓은 후, 한쪽에 무채를 놓고 그 위에 배추채를 나란히 놓는 방식을 취한다. 그 밖에 소금에 절인 생조기 두 마리, 새우젓과 김을 놓고, 김치는 고춧가루가 들어가지 않는 나박김치와 물김치를 놓는다.

그 다음 줄은 간행이라 하여 2행과 3행 사이에 전과 술안주를 놓는다. 수육은 원래 쇠머리고기를 장시간 약한 불에 삶아 눌러 썬 것이지만, 돼지 수육을 사용하기도 한다. 일반적으로 전은 적과 함께 계산하여 홀수가 되는 그릇 수로, 육전은 돼지고기나 쇠고기를 다져 동그랗게 만들어 부치기도 하나 이 집안에서는 소 두 마리 분의 허파를 부친다. 어전은 주로 명태포로 부치는데, 3상자 분량의 포를 뜬다고 한다. 예전에는 파전도 상에 올렸으나 최근 들어 하지 않는다 한다. 회간(膾肝)은 소의 생간을 생으로 썰어 내어 놓은 것이며, 천엽과 곁들여 놓는다. 어회의 일종으로 해삼을 쓰기도 하였는데, 이 문중에서는 해삼을 쪄서 계란으로 싸서 썼으나 근래 들어와 해삼 대신 홍어찜을 올리고 있다.

제3행은 적과 탕들이 진설되는 줄로 진찬도의 하이라이트라 할 수 있다. '혈식군자'의 의미로, 적은 요리하지 않은 생적을 사용하는데, 신선하고 깨끗한 숭어적, 쇠고기적과 계적 등 삼적을 올렸다 한다. 쇠고기적은 생고기를 두툼하고 큼지막하게 잘라 사각 그릇에 약 10㎝ 정도 괴고, 그 위에 어적으로 숭어 2마리를 깨끗하게 손질하여 머리가 동쪽으로 가고 배가 신위 쪽으로 가게 담는다. 맨 위에는 계적으로 닭을 손

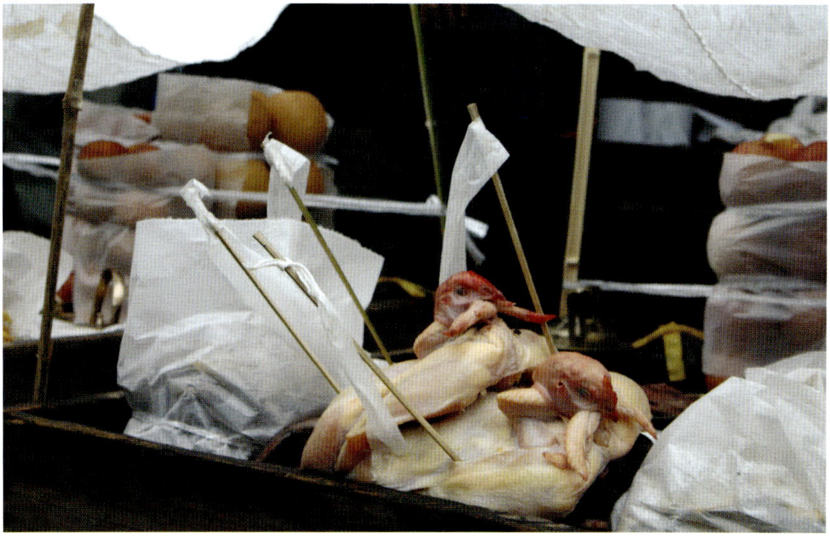

계적. 생닭으로 쓰며, 대나무 꼬챙이를 꽂아 놓았다.

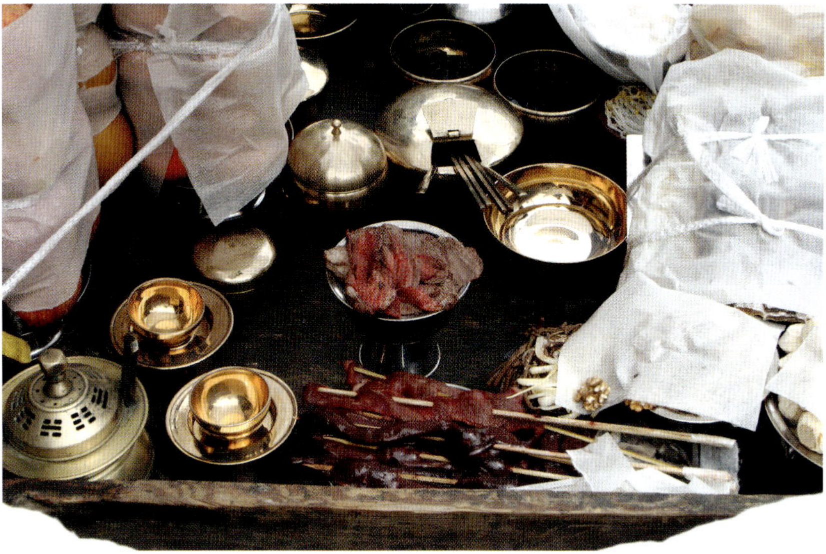

쇠고기적. 쇠고기적 역시 익히지 않은 것으로 쓴다.

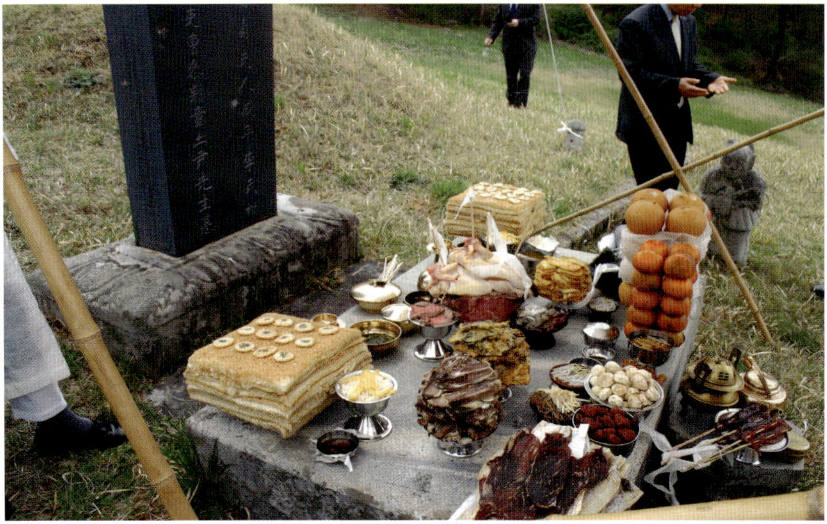

**묘에서 지내는 개별 시제**

질하여 등이 위로 가고 머리는 동쪽으로 향하게 담는데, 그 위에 대나무 꼬치로 된 사지를 꼽는다. 원래 적은 헌작할 때마다 바꿔 올리는 것으로 중앙에 놓았는데, 이 집안에서는 삼적을 미리 진설하고, 헌작할 때는 간적과 쇠고기적을 꼬치에 꿰어 따로 올린다. 초헌할 때는 생간 꼬치 2개를 올리고, 아헌과 종헌에는 생쇠고기 꼬치 2개씩 각각 올린다.

탕은 오탕으로 홍합탕과 계탕, 그리고 육탕(쇠고기), 두부탕 그리고 무와 익힌 생선(명태)탕을 올려놓는다. 탕은 일종의 찌개와 같은 개념의 음식으로 건더기만 탕기에 담고 위에 다시마를 3㎝ 정도 길게 썰어 十자형으로 덮는다. 탕의 그릇 수는 홀수로 하는데, 그 까닭은 고기, 생선, 닭 등 천산(天産)이기 때문에 홀수로 한다고 한다.

다음으로 떡과 국수를 진설한다. 50여 년 전까지만 해도 떡은 총 2가마 반 정도 하였는데, 본편은 녹두편, 팥편, 꿀편, 흑임자편 중 형편에 따라 2가지 정도 골라하였고, 그 위에 전 등의 웃기를 얹었다. 전은 찹쌀가루를 빻아 익반죽하여 동그랗게 빚은 다음 기름에 지져 만들어 위에 대추나 꽃잎으로 장식하는 아름다운 장식용 떡이다. 이

때 떡을 찍어 먹는 꿀을 함께 곁들인다. 흥미로운 부분은 제상을 합설로 차릴 경우 떡과 국수를 신위수대로 올린다는 점이다. 제4행은 밥과 국, 술잔, 수저 등을 놓는데, 신위수대로 놓는다. 국은 쇠고기와 무를 납작하게 썬 국이다.

이상과 같은 파평윤씨의 제사상은 조선시대 사대부들의 기본적인 상차림의 범례를 충실히 따르고 있음을 알 수 있다. 제사음식이란 기본적으로 죽은 조상이 응감하고 후손들과 소통하는 자리이기 때문에 많은 상징성이 내포되어 있다. 또한 유교문화가 정착되면서 유교이념도 반영되어 있으며 식재료라는 자연환경도 반영되어 있는 것이다. 그러면 유교의 이념적 지표들과 삶의 물질적 기반 및 각 문중 간의 사회적 관계들이 이 제례음식에서 어떻게 작용하고 있는지 알아보기로 하자.

먼저 조상은 사람이 죽어서 된 신으로 인식되므로 사람과 같은 속성을 지닐 수도 있으나 다른 한편 신적인 존재이므로 신성을 지닐 수도 있다. 따라서 상당한 금기와 정성이 요구되는데, 이에 부응하면 자손에게 복을 주고, 실수를 할 경우 음식을 응감하지 않고 벌을 준다는 상벌체계가 확립되었다. 이 집안에서도 예를 다하여 제사를 모시기 위해 묘 정리와 집 주변 청소를 깨끗이 하고 목욕을 하고, 마음을 정갈히 가지며 정성을 다해 제사상을 준비한다고 한다.

제사음식의 구성은 모든 음식을 상징화한 것이다. 지상에서 생산되는 고급 식재료를 거의 총망라하여 조리되며, 각 분야별 요리들이 함께 어우러진 것이다. 식재료에는 철학적 의미가 반영되어 있는데, 적과 탕의 구성 요소인 육, 어, 계를 '우모린(牛毛鱗)'이라 하여 깃털 있는 날짐승고기, 털이 난 네발짐승, 바다에서 나는 모든 고기를 상징적으로 총 집약하여 자연세계를 표현한 것이다. 이에 더하여 파평윤씨 가문에서는 홍합탕을 추가하여 바다 밑에 사는 패각류를 추가·설정함으로써 우주적 수직구도를 적용한 것이다.

음식을 차리는 대상인 조상에 대한 제사는 유교의 근본 윤리인 효의 실행과 직결되어 있다. 돌아가신 부모를 잊지 않고, 살아계실 때처럼 열심히 봉양하면서 자신의 마음을 닦는 것이다. 즉 수신제가의 덕목을 닦는 것이다. 과일에도 유교적 상징성이 내포되어 있다. "대추는 씨가 하나이므로 임금, 밤은 한 송이에 세 톨이 들어 있으니 삼정승, 배는 씨가 6개이니 육판서, 감은 씨가 8개이므로 팔도를 뜻한다"라는 속설은 국가의 통치 구조를 진설하는 과일에 적용함으로써, 자칫 집안과 조상에 대한 효와 결속력에 국한될 수 있는 제례를 국가 차원으로 확대시키고자 한 것이다. 또한 적과 회는 피가 흐르는 생고기와 회를 그대로 놓는데, 그것은 '혈식군자(군자는 날로 된 고기를 먹는다)' 라는 말에서 비롯된 것으로 유학을 신봉하는 사대부들의 학문적 경향이 반영된 것이다. 그러나 동토공 윤순거 소종중에서는 윤순거의 '구운 적 1개' 를 쓰라는 유훈을 따라 적을 익혀 쓰고 있다. 학문보다 조상에 대한 효가 우선시하고 있음을 반증하는 것이라 하겠다.

일반적으로 기제사에는 3탕을 쓰고 큰 제례에는 5탕을 쓴다고 하는데, 하회마을 서애종가 박필술 종부에 따르면 일반인은 3탕, 당상관 이상은 5탕, 임금은 7탕, 황제는 9탕을 쓴다고 한다. 바로 조선시대의 신분제 질서가 음식에 구조화되고 있음을 알 수 있다. 파평윤씨 대종중에서는 당상관 이상을 지낸 조상이 많았기 때문인지, 아니면 문중의 경제력이 상당했기 때문인지 5탕을 쓰고 있다.

마지막으로, 앞서 수차례 언급했듯이 병사리 파평윤씨는 소론의 영수를 역임하고 소론을 대표하는 집안이다. 따라서 의복과 제사 상차림에서 노론과의 경쟁관계가 반영되었다. 일례로 노론은 옷깃을 길게, 소론은 옷깃을 짧게 하였고, 노론은 겹족두리, 소론은 홑족두리를 썼을 뿐더러, 노론의 복건은 홑겹, 소론은 겹으로 만들었다고 한다. 이런 의복의 차이는 제사상에서도 재현되는데, 소론은 앞의 진설도에서 볼 수 있듯이 대추, 밤, 감, 배의 순서인 「조율시이(棗栗柿梨)」, 노론은 「홍동백서(紅東白西)」의 순서로 진설하고 있다. 실제로 인근 지역 노론인 사계 김장생 가에서는 동쪽에는 붉은 과일, 서쪽에는 하얀 과일을 놓고 있음을 확인할 수 있었다. 조선시대의 당색(黨色)이 21세기까지 집안의 전통으로 이어지고 있음을 알 수 있다.

### 명재 윤증종중의 기제사 음식

파평윤씨 대종계나 윤황의 화려한 제사상에 비례하여, 명재 윤증집안의 제사상은 매우 소박하다. 그것은 윤증이 "제사상에 낭비가 심한 떡을 올리지 말며 일거리가 지나친 유밀과와 기름이 들어간 전도 올리지 말고……, 제사는 엄정하되 간소하게 하라"는 가르침을 따르기 때문이다.

〈표2〉 명재 윤증종중의 진찬도

| 신위(神位) | | | | | | | |
|---|---|---|---|---|---|---|---|
| 제4행 | 밥 | 국 | 잔 | 시접 | | | |
| 제3행 | 육탕 | 어탕 | 소탕 | 적 | | | |
| 제2행 | 숙채 | 생채 | 초장 | 간장 | 김치 | 김 | 새우젓/조기 |
| 제1행 | 포 | 대추 | 밤 | 감 | 식혜 | | |

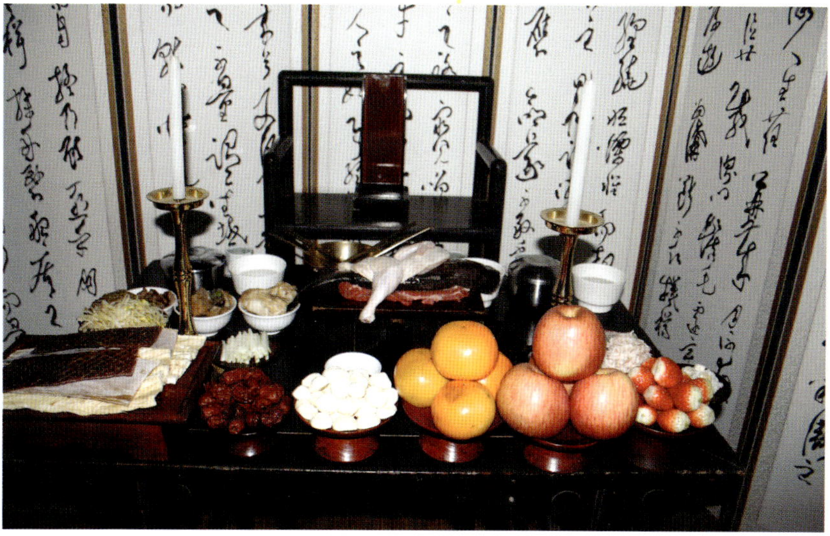

99cm × 68cm의 작은 상이 넉넉할 정도로 매우 소박하게 차린 제사 상차림이다.

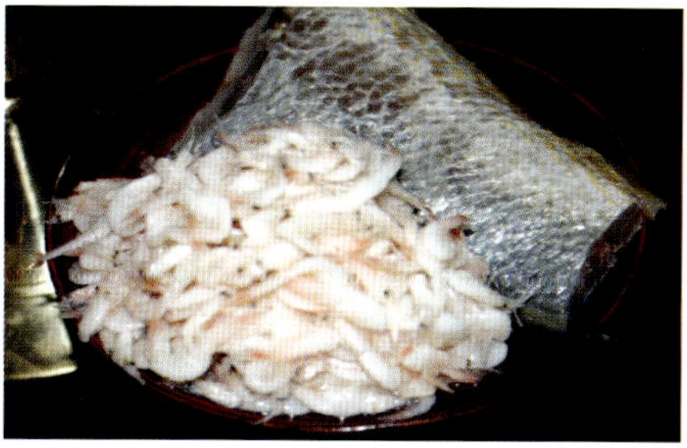

새우젓과 조기 반 마리가 이 집안의 고귀한 품격을 반증하는 듯하다.

먼저 제사상의 진찬도는 위의 대종계의 진찬도를 축약·간소화시킨 것으로 진설 방법과 제수음식은 대동소이하다. 다만 과일로는 대추, 밤, 감 등 3색 실과 외에 다른 과일은 올리지 않으며, 나물도 삼색 나물을 한 접시에 담고, 무생채를 한 그릇 올릴 뿐이다. 한편 식해를 대신하여 소금에 절인 생조기 한 토막을 새우젓과 함께 놓는다. 앞에서 언급한 바와 같이 전은 없으며 삼탕과 삼적을 쓴다. 적은 쇠고기, 명태, 닭 등을 쓰나 모두 생것으로 각기 하나만 쓰며, 닭의 경우 반 마리만 올린다. 탕은 육탕, 어탕, 무와 두부를 넣은 소탕(蔬湯)을 하며 작은 그릇에 건더기만 담는다. 포는 삼포로 육포, 어포, 문어포를 올린다. 한편 이 집안의 설 차례상은 더욱 검소하다. 과일, 김치, 식혜, 북어포 그리고 떡국만 한 그릇 올리는 것으로 끝이 난다. 이러한 음식들은 99㎝×68㎝의 작은 상에 진설되는데, 워낙 가짓수와 양이 적으므로 작은 상이 넓게 느껴질 정도이다.

이 소문중에서는 제삿날과 생일날, 설날 등을 모두 양력으로 지내며, 제사 시간도 이른 저녁 시간인 7시~8시경에 지낸다. 그것은 현 종손의 증조부 윤하중이 천문학을

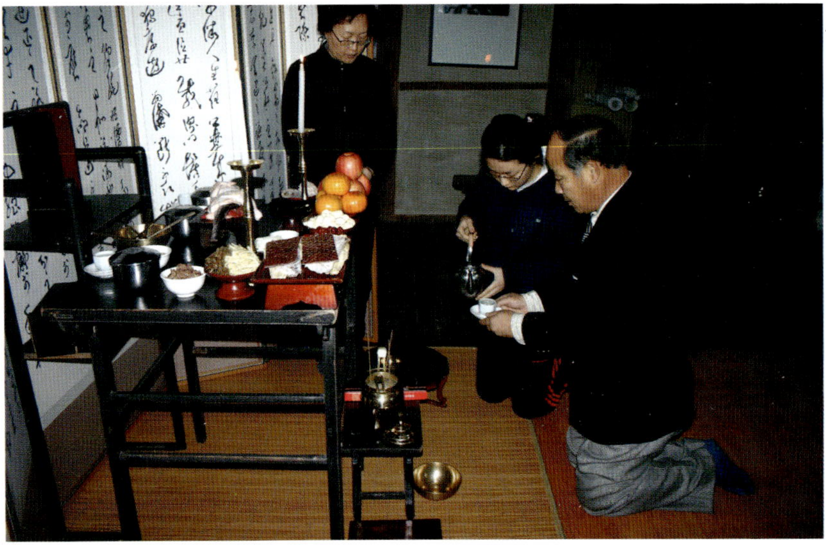

**윤하중의 기제사. 여성들도 제사에 참석하며 저녁 7~8시경에 지낸다.**

연구한 것에 기인하며, 이는 이 집안의 가풍인 실용성과 검소함을 반영하고 있다. 이 집안에서는 밤이 없을 때는 감자를 대신 올리기도 한다. 즉 밤도 종자고 감자도 종자이므로 집에서 농사 지은 것이면 된다는 것이다. 이와 같이 이 집의 가풍은 꼭 무엇을 얼마만큼 많이 올려야 한다는 데 중점을 두지 않는다. 그러나 음식을 장만하고 제사를 모시는 자세는 매우 엄격하다. "우리 시조부께서는 제삿날 3일 전부터는 고기를 잡숫지 않았고, 나쁜 말도 삼가고, 크게 떠들고 웃지도 않았어요. 경건한 마음으로 조상을 모셔야 한다고 하셨지……, 음식을 만들 때 말을 하게 되면 침이 튀어갈 것을 염려해 입에 창호지를 물고 음식을 하라 일렀어요." 이리하여 이 집안에서는 아직까지 제사음식을 차릴 때 입에 창호지를 물고 차린다.

명문 종가에서 이렇게 소박하고 엄격하게 제사상을 준비하는 곳은 아마도 유례가 없을 것이다. 이 같은 선비정신과 꼿꼿한 자존심은 수백 년 세월을 넘어 전통을 지켜온 힘일 것이다. 또한 이러한 예법은 물질만능의 자본주의 시대에서 오히려 이 집안의 품격을 높이는 작용을 하며, 동일 파평윤씨 소종중 내에서도 차별화시키는 듯하다.

### 덕지미 밀양박씨의 제례음식

덕지미마을의 밀양박씨 시제음식은 각 소종파별로 1년씩 돌아가며 준비하는데 제례 비용은 문중에서 부담하며 총 경비는 약 200~300만 원가량 든다 한다. 시제 전날 종인들의 부인들이 모여 장을 모아 음식을 준비하는데, 떡이나 기타 완성된 제례음식을 구입하기 때문에 가능한 것이다. 전해지는 홀기가 없어 정확한 진찬도를 알 수 없지만 시제 당일 차려진 제물을 통해 밀양박씨의 제례음식을 살펴보도록 한다.

〈표3〉 밀양박씨 시제 진찬도

| 신위(神位) | | | | | | | | | | | | |
|---|---|---|---|---|---|---|---|---|---|---|---|---|
| 제4행 | 시접 | 잔 | 국 | 밥 | 잔 | 국 | 밥 | | | | | |
| 제3행 | 육적 | 회간 | 초장 | 홍어찜 | 계적 | 어적 | 면 | 떡 | | | | |
| 간행 | 수육 | 허파전 | 누부전 | 육탕 | 재탕 | 어탕 | 육전 | 생신진 | 오징어진 | 식혜 | | |
| 제2행 | 김 | 간조기 | 숙채 | 숙채 | 간장 | 조개젓 | 청포묵 | 배추김치 | 물김치 | 숙채 | 찐계란 | 사탕 |
| 제1행 | 어포 | 대추 | 밤 | 감 | 배 | 사과 | 귤 | 산자 | 약과 | | | |

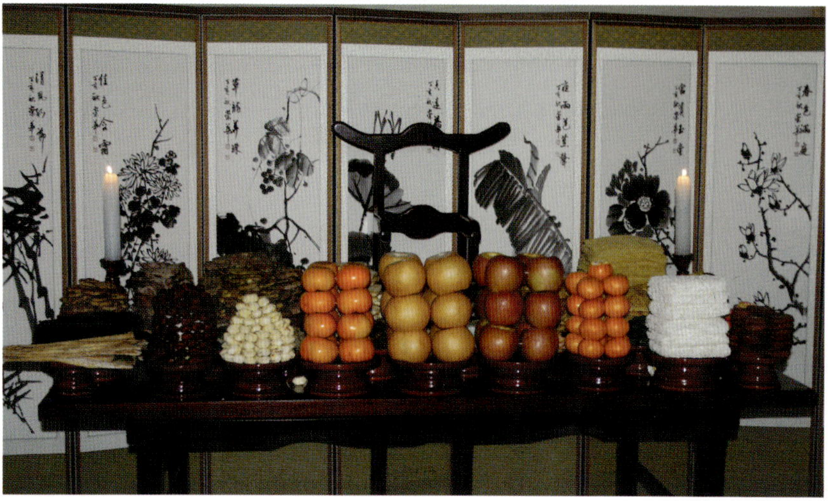

**시제 상차림이 파평윤씨의 상차림 못지않게 화려하고 푸짐하다.**

밀양박씨의 제례음식을 살펴보면 이 지역 제례음식과 대동소이하다는 것을 알 수 있다. 제1행은 과일과 과자류로 파평윤씨 진찬도와 같이 '조율시이' 순서로 진설되고 있음을 알 수 있다. 과일들은 약 20~25cm 정도 높이로 쌓았고, 포는 북어포만 진설되어 있다. 제2행은 주로 반찬류로 숙주, 고사리, 시금치 등 나물 세 가지와 간조기, 김, 청포묵과 삶은 계란을 진설해놓았다. 특이한 점은 일반적으로 금기시하는 고춧가루 넣은 배추 포기김치가 있다는 것이다. 아마도 조상이 좋아했던 음식을 놓았거나, 집에서 만들 수 있던 음식을 놓았던 관행이 전해져 내려온 듯하다.

간행을 보면 다섯 종류 전이 약 10~20cm 높이로 괴어 있는데, 돼지고기전, 명태전, 허파전, 두부전, 오징어전 등으로 바다, 육지, 채소가 골고루 배치된 것이다. 탕은 3탕으로 소고기탕, 두부탕, 생선탕으로 구성되어 있고, 그릇에 무와 건더기를 놓고 그 위에 다시마를 十자 모양으로 덮어 씌웠다. 제3행은 소고기적, 닭적, 동태적 등 3적이 놓여 있는데, 인근 파평윤씨 제례와 비교하여 볼 때 모두 익혀 쓰는 것이 다르다고 하겠다. 떡은 녹두를 계피 낸 시루떡으로 약 30㎝ 정도 높이로 괴고 웃기가 없다. 제4행은 밥과 국을 놓은 행인데 진설 배치가 일반인과 다르다. 즉, 신위를 보면서 밥

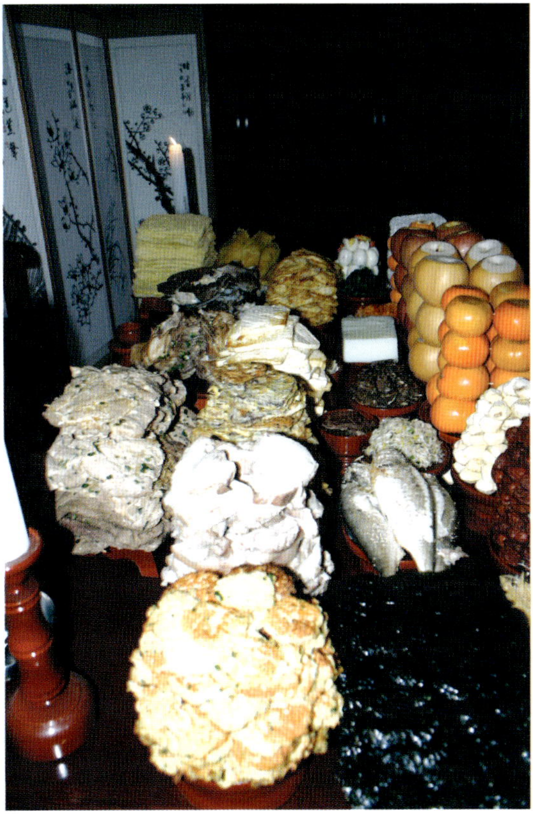

시제 상차림

이 동쪽, 국이 서쪽으로 놓는 것이 일반 범례인데, 이 집안은 사람들이 먹는 동일한 형태로 밥이 서쪽, 국이 동쪽에 있다.

전체적으로 볼 때 이 문중의 제례상은 전통을 따르고 있으나 비교적 자유로운 형식을 취하고 있다. 우선 반찬류를 진설하는 2행이 다른 집안의 제상보다 강화되어 있음을 알 수 있다. 예를 들어 청포묵을 진설한다든지, 고춧가루로 버무린 배추김치, 그리고 찐 계란이 그것이다. 찐 계란은 일반적으로 탕류에 속하나 이 집안은 반찬으로 놓고 있다. 또한 삼탕 삼적을 쓰면 삼전을 쓰는 것이 보통이나, 여기서는 규칙에 구애받지 않고 다섯 가지 전을 드리고 있다.

이 집안의 제례상은 이 지역 제례문화의 영향을 받은 듯 보인다. 즉 과일을 진설할 때 '조율시이' 순서로 한다든지, 제례음식에 있어서 홍어찜과 회간 및 수육의 조리와 진설이 파평윤씨와 비슷하다는 점이다. 그러나 적들을 모두 익혀서 쓴다는 점에서 차이가 있기도 하다. 이렇듯, 제례음식은 가가례라는 말처럼 각 집안마다 문중마다 조금씩 차이가 있기 마련이다.

## 병사리의 일상음식

### 파평윤씨 종가집의 먹거리?

파평윤씨 대종가의 음식문화는 일제강점기 5세의 나이로 홀로 된 대종손 대에 이르러 끊어졌다. 그러나 다행히 인근 명재 윤증 종가를 통해 반가의 음식문화를 엿볼 수 있다.

예로부터 이 집 밥상에는 변변한 찬이 없었다고 전해진다. 그것은 검소하게 살라는 명재의 유훈에 따라 소박한 음식문화를 갖고 있었기 때문이다. 그래도 양반의 중요한 덕목인 '접빈객'을 결코 소홀히 하지 않았다. 식민지기나 해방 이후까지도 끊임없이 밀려오는 빈객 접대에 여념이 없었는데, 이 집에서는 식사 때 독상을 19상이나 보았다 한다. 그래서 하루에 쌀 5말 정도를 소비하였고, 밑반찬으로 강경에서 조기새끼를 한 달구지씩 주문하여 대접했다 한다. 없는 반찬이고 늘 먹는 나물이지만 270여 년간 계속 되박음질한 된장과 간장, 그리고 정성 덕분에 '접빈객'의 좋은 평을 받을 수 있었다.

이 집안 대대로 내려오는 유명한 음식 중 하나는 바로 궁중식 떡전골이다. 윤증 고택의 종부는 전국 유명 종가 집 종부들의 요리 경연대회에 참가했었는데 궁중식 떡전골로 1등상을 탔다고 한다. 흰 가래떡을 쪄서 놓은 후 그 위에 석이, 목이버섯 채와 계란 흰자와 노른자 지단과 소고기 채를 올린 후 육수를 넣어 전골을 끓여 내는 것이었다. 이 같은 식재료와 만드는 법은 일반인과 별 차이가 없는데, 맛의 비결은 바로 이 집안에 전해지는 270여 년 된 간장에 있었다.

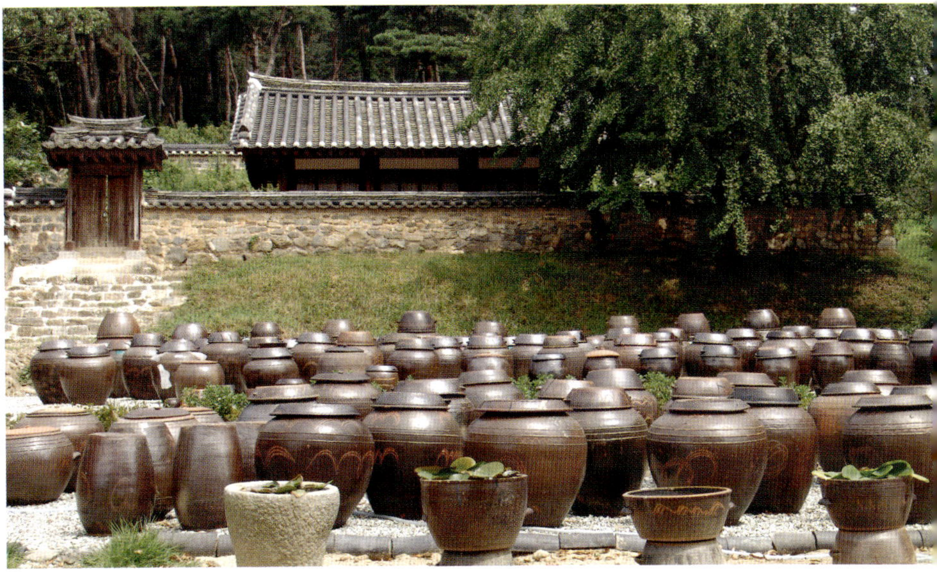

**윤증고택의 장독대. 270년간 되박음질했다는 된장과 간장이 들어 있다.**

270년 된 간장과 된장이란 장의 종균 배양을 위해 전년도의 장과 새로 담근 장과 함께 섞는 것이다. 이를 '되박음질'이라고 한다. 이렇게 이 년치 장을 함께 섞으면, 장맛이 더욱 좋아지고, 맛이 균일해지는 것이다. 이 같은 일은 270년간 되풀이 했다는 것으로, 이 집에서는 270년 전과 같은 장맛을 볼 수 있다고 주장한다.

이러한 간장 맛 덕분으로 이 집의 참게장은 대대로 유명하다. 일찍이 알이 꽉 차고 맛이 좋기로 유명한 노성 참게가 임금님 진상용품으로 선정되었다. 들판이 가을 황금빛으로 물결칠 무렵, 이산현감(노성현감)은 현청 소속 공노비들에게 임금님께 진상할 참게 잡이를 명하였다. 노비들은 노성천에 게발을 치고 참게들이 나오기 시작하는 저녁 무렵부터 잡기 시작하는데, 이른 새벽까지 계속되었다. 그 후 몸과 마음을 정결이 한 아낙네들은 관헌들이 보는 앞에서 참게를 깨끗이 씻은 후 항아리에 차곡차곡 넣은 후 간장을 부어 게장을 담는다. 항아리가 가득 채워지면 뚜껑을 덮고 현감이 봉인하여 서해안 수로를 통해 한양으로 올라가 임금님의 수랏상에 오르게 되는 것이다.

이러한 참게장은 명재 윤증 집안에서도 유명했었는데, 그 비결은 270년 된 간장 외에도, 게를 깨끗이 씻은 후 하루 이상 참기름에 담가 둔 후 간장에 넣는 방식이 비법이었다.

이 집에서는 1년에 쌀 300가마를 소비했다 하는데, 그렇게 밥을 많이 먹었던 이유는 바깥 샘에서 쌀을 씻을 때 일부러 쌀을 흘려, 동네 끼니를 거르는 사람들이 가져갈 수 있도록 배려한 덕분이었다고 한다. 이 집에서는 동네 주민들에 대한 배려가 다른 집안에 비해 각별했었는데, 예를 들어 일제강점기 씨 천 석을 했다는 윤하중은 벼를 추수한 후 노적가리를 쌓거나, 창고에 저장하지 않고, 집 밖 300m 길이의 길가 양쪽에 8~9일 동안 볏단을 쭉 쌓아 놓았다 한다. 그것은 끼니가 어려운 동네 사람들로 하여금 집어 가도록 하기 위한 배려였다고 한다. 또한 이 집에서는 회갑잔치는커녕 생신상도 차리지 않은 것으로 유명하였다. 그 대신 생신 때 동네 사람들에게 쌀 한 되 정도 넣은 쌀 바구니를 돌렸다고 한다. 그 이외에도 파평윤씨 종가에서는 200여 년 전부터 의창이라는 제도를 만들어 흉년이나 자연재해 시 동족인은 물론 동리민까지 구휼하였다.

이 같은 동리민에 대한 배려는 전통판 '노블리스 오블리제'로 파평윤씨가 노성면에서 수백 년간 군림할 수 있었던 기반이었고, 동학농민전쟁이나 한국전쟁기 파평윤씨들에 대한 갈등이나 보복 없이 무사히 지나가게 한 보호막이 되었다.

### 병사리 음식 '보리풀떼기'

앞서 살펴본 파평윤씨 종중의 제례와 음식문화는 일견 화려한 외양을 띠는 것처럼 보이지만, 파평윤씨 종인들의 가내 일상 음식문화를 보면 일반 농민들과 다름없이 소박함과 가난함이라는 코드로 읽어낼 수 있다. 파평윤씨 내에서도 경제적 상황에 따라 농민층 분해가 진전되었고 대다수의 윤씨들의 경제적 지위는 밀양박씨 및 기타 성씨와 동일한 기층민이었기 때문이다. 병사리의 실질적 주민인 이들 농민의 일상음식을 통해 병사리 음식문화의 다른 층위와 빛깔을 살펴보기로 한다.

병사리는 미작농업을 주로 하는 전형적인 농촌이다. 따라서 이 지역의 음식문화도 합덕과 같은 대평야와 유사하다고 하겠다. 식민지 말기 농촌에서는 젊은이들의 노동력 이외에도 놋그릇과 같은 쇠붙이와 생산한 곡식들 대부분을 강제 공출 당하였다. 그 전에도 소작농들은 끼니를 잇기 힘들었지만 총독부의 강제 공출이 시작되자 더욱 생계가 힘들어져 당시 소원이 '밤콩 넣어 반지르르한 흰 쌀밥을 먹는 것' 이었다. 평상시 병사리 소작농들의 식탁을 잠깐 엿보기로 하자.

쌀밥과 보리밥 그리고 죽이 주식이었으나, 쌀밥은 농지 개혁 이후 농토를 빼앗긴 부잣집에서도 매일 먹기 힘들었다. 그래서 잘사는 이나 못사는 이, 대체로 보리밥을 주로 먹었다. 겨울에는 고구마로 생계를 이었는데, 고구마를 생으로 깎아 먹기도 하고, 쪄 먹기도 하고, 구워 먹기도 하였다. 봄철, 보릿고개를 넘으면서 가난한 병사리 소작인들은 이른바 '풀떼기 죽' 을 끓여 먹었다. 그것을 만드는 절차는 복잡한 편이었다. 집 앞의 보리밭에서 아직 덜 영근 보리 세 다발을 훑대로 훑어 멍석에 놓고, 비벼서 보리 낟알로 만든다. 보리를 솥에 찐 다음 말려서 방아로 찧는다. 보리 껍질을 키로 까불려 분리시킨 후 남은 알 보리를 맷돌로 갈았다. 이렇게 7단계의 공정을 거쳐 완성된 보리가루 한 줌과 개미취, 멱취, 띠깔, 고사리 등 산이나 들판에서 캔 나물이나 쑥 푸성귀를 한 솥 넣고, 이른바 '보리풀떼기(보리죽)' 를 쑤어 7식구가 2끼 먹는 것이 가난한 농민의 주식이었다.

그 밖에도 독새풀이나 호박잎을 훑어, 보리 한 줌과 함께 독메(맷돌)로 갈아 독새풀죽을 끓여 먹기도 하였고, 왜밀을 가루내어 죽이나 수제비를 떠서 먹었다. 여름에는 주로 보리밥, 겨울에도 공출당한 후 쌀밥 먹기 어렵기 때문에 보리밥은 가운데 놔서 어머니들 먹고 애들은 주변의 쌀밥을 조금씩 떠먹였다. 그것도 모자라 저녁에는 죽을 쑤어야 했다. 식량이 모자라는 가난한 집에서는 감자밥과 잎사귀밥도 흔히 해먹었는데, 잎사귀를 삶아 함께 밥을 하면 밥이 새까만 색깔이었다 한다.

가난했던 소작농의 아이들 간식으로는 비금나무잎 개떡이 있었는데, 학교 운동회나 멀리 소풍갈 때 싸가지고 다녔다. 그것은 구중골 물레방앗간에서 보리쌀을 찧은 후 아래 소복이 쌓이는 보릿겨로 개떡을 만들어 먹는 것이었다. 보릿겨에 들어 있는 돌 때문에 '지글지글' 거리는 개떡을 먹을 때는 이를 조심해야 했다. 그밖에도 무나 삘기라는 들에서 자라는 풀을 먹기도 하였는데, 봄에 삘기의 줄기는 연해서 씹어 먹을 수 있었다. 여름에는 개구리참외와 복숭아 등으로 요기를 하였고, 칡뿌리와 소나무 껍질도 좋은 먹거리였다. 봄에 소나무의 속껍질을 벗겨 솥에 찌면, 쫀득쫀득한 맛이 먹을 만했다고 전해진다. 가을에는 먹을거리가 풍부했다. 가을에 익은 땡감을 논두렁에 묻어 두거나 짚으로 덮어주면 말랑말랑한 홍시가 되어 맛있게 먹을 수 있었고, 물 뺀 저수지에서 잡히는 잉어, 붕어, 가물치, 뱀장어가 동네 주민들의 단백질 공급원이 되었다.

당시 아이들 소원이 흰 쌀밥 먹는 것이었기 때문에 어머니들은 성주단지에 매일 쌀 한 숟가락씩 넣었다가 생일 아침에 그것으로 밥을 해주었다. 당시 밥그릇은 요즘 우리가 사용하는 그릇의 3~4배 되었던 바, 밥 한 그릇 뚝딱 해치운 아이는 그만 올챙이처럼 배가 뽈록해져 헉헉 숨을 몰아쉬게 마련이었다. 그러나 점심부터는 굶어야만 했다.

강제동원기 병사리 남성들은 근로 보국대에 나갔는데 주로 가야곡면에 있는 탑정저수지 신축 현장에 배치되었다. 병사리 주민 중 약 $\frac{1}{3}$ 정도가 동원되었는데, 10일 교대로 1집에 1명씩 차출되었다. 그때 임금도 받지 못하고 얻어먹은 식사가 쌀보리 섞은 잡곡밥 1공기에 무 넣은 미소국(일본 된장국)에 불과하였지만, 배고팠던 우리네 할아버지들에게 꿀맛으로 기억되고 있다.

한국전쟁 이후 미국에서 구호물자로 들어 온 밀가루가 가구당 1~2포대씩 배급되자 이를 이용한 음식이 개발되었다. 수제비를 만들어 먹거나, 주막거리 아래가게에서 국수집을 개업하자 국수를 뽑아 먹었다. 국수 만드는 방법은 다음과 같다. 소금을 18도로 타서 손으로 반죽한 후, 롤러에 넣어 납작하게 만들고, 이를 국수 기계에 넣어 국수를 뺐는데, 양지에서 바싹 말린 후 한 다발씩 썰어주었다 한다. 1960년대 당시 밀가루 한 포대에 6관 정도의 국수가 나왔는데, 한 집당 일 년에 평균 30~40관씩 빼서 먹었다 한다. 이 국수에 멸칫국물과 호박 양념이 들어가면 훌륭한 잔치집 국수가 되어 이 마을 결혼식에 단골 메뉴가 되었다.

### 노동음식 '꼼뱅이'와 가용주

생일이나 제사 때가 돌아오면, 종족마을로 이루어진 병사리의 잔칫날이었다. 물론 집안의 어른이신 시할머님과 시아버님의 생신에만 해당되었지만, 일반적으로 닭 한 마리를 잡아 물 두 동이를 부어 동네잔치를 하였다. 그러나 병사리의 환갑잔치는 성

대하게 진행되었다. 주로 떡국 잔치를 했는데, 반찬으로는 홍어회, 전, 돼지 수육 등을 준비하였고, 형편이 나은 집에서는 소머리편육까지 내었고, 떡으로는 무지개떡, 인절미, 약식 그리고 식혜 등을 준비하였다. 환갑잔치는 평생에 한 번뿐인 잔치로 이를 위한 경비를 마련하기 위해 장남들은 밭을 팔거나 수년 전부터 계를 부어야 했다. 병사리 설음식은 부자집의 경우 찹쌀을 네모 형태로 만들어 튀긴 후 튀밥을 묻혀 강정 만들고, 약식, 다식 등을 했다. 결혼할 때는 떡국을 주로 내었는데, 신떡, 기지떡, 절편, 인절미 등을 했고, 부침개는 빨강, 노란색을 물들였고, 또 국화꽃잎이나 진달래꽃을 붙이기도 하였다 한다.

잔치 음식 외에 병사리에는 노동 음식들이 발달하기 시작하였는데, 두레음식이 그 중 하나이다. 모내기철이 되면, 병사리에서도 두레가 조직되었는데, 노랫가락 장단에 맞추어 공동으로 모 심는 일을 끝내면 이른바 '꼼뱅이 먹는' 일을 시작한다. 그것은 각자 공동 작업을 한 자기 논의 마지기 수를 따져 정한 돈을 내놓고, 그 돈으로 마을 잔치를 여는데, 이것을 '꼼뱅이 먹는다' 고 한다. 각자 추렴한 자금으로 장을 보아 푸짐하게 음식을 장만하여, 정자나무 앞이나 큰 집에 모여 풍장을 치고 춤을 추면서 흥겹게 놀곤 하였다. 이때 나오는 음식은 술과 술국이었다. 큰 가마솥에 된장과 고추장을 매콤하게 풀고, 호박과 풋고추를 넣어 국수나 수제비를 만들어 바가지에 한 그릇씩 돌리면 최고의 술안주였다. 취기가 돌기 시작하면 풍장 잡이들은 농기를 앞세우고 집집마다 돌며 집터를 눌러주기도 하고, 재수굿도 쳐주면서 공동체의 유대관계를 돈독히 하였다.

일반 놀이 음식은 소박하였다. 어른들은 저녁밥을 먹고 보통 7시부터 12시까지 마실을 다녔는데, 주된 놀이는 화투와 윷놀이였다. 주로 내기를 많이 하였는데 게임에서 진 사람이 큰 가마솥 뚜껑을 뒤집어쓰고 이웃집 밥 훔치는 내기였다. 빈집에 몰래 들어가서 밥이랑 김치를 훔쳐 큰 양푼에 넣어 함께 비벼 비빔밥을 먹거나, 동치미와 고구마를 간식으로 쪄 먹기도 하였다 한다.

동서고금을 막론하고 노동 현장이나 잔칫상에서 빼놓을 수 없는 것은 아마도 술일 것이다. 병사리에서도 집에서 담근 가용주와 주막이 주민들의 추억과 일상 식문화의 중요한 요소로 자리 잡고 있다. 645번 국도를 따라 현재 병사1리의 간이슈퍼 주변에

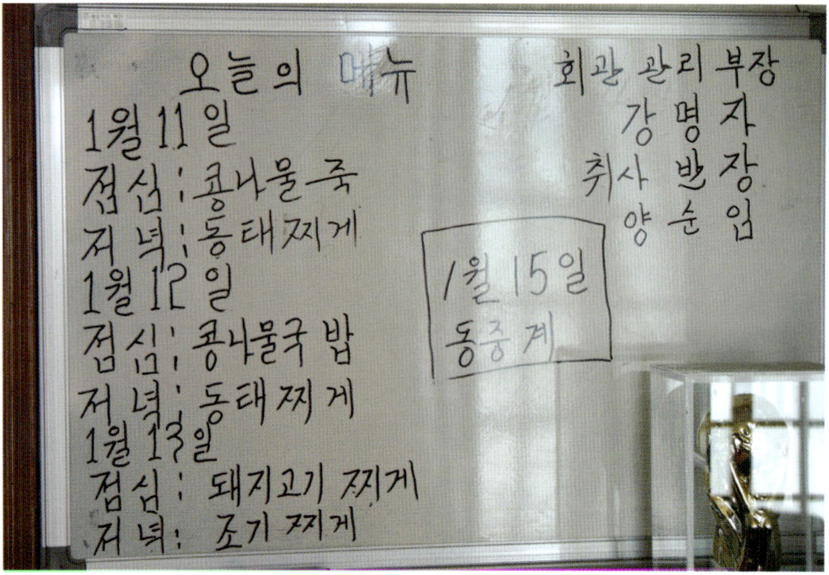


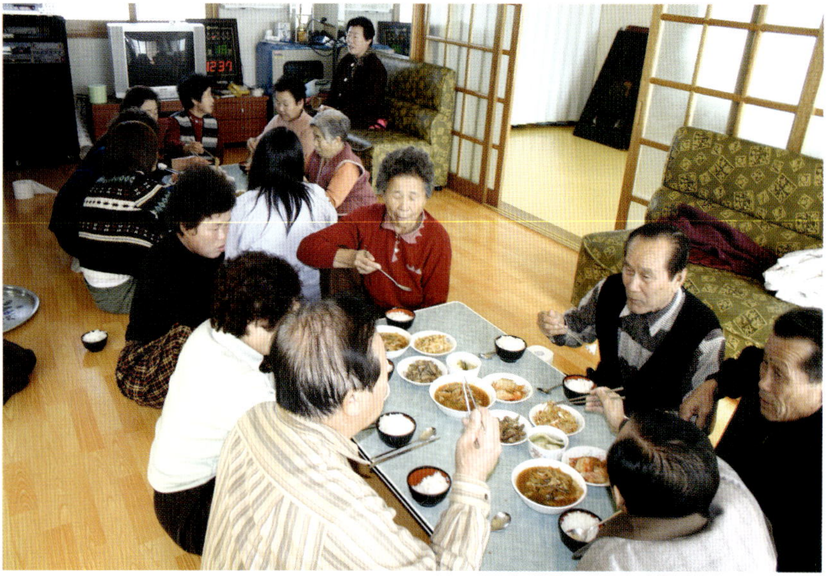

병사2리 마을회관. 공동으로 음식을 만들어 먹는 전통이 이어져 요즘도 농한기 때 회관에 모여 함께 먹고 놀이를 즐긴다.

는 해방 이전부터 주막들이 서너집 모여 이른바 '주막거리'를 형성하였는데 이 마을 남정네들과 가곡리와 송당리를 오고 가는 사람들로 붐비었다. 이 주막거리에는 길 양쪽에 술집뿐만 아니라 일반 잡화를 판매하는 송방, 담배가게, 대장간, 인근에는 물레방아까지 있어 인근 주민들의 통행량이 많았던 것이다. 이중 주민들이 기억하는 몸치어머니는 하마비에서 왜정 때부터 술을 팔았다 한다. 장날에 주민들은 노성장터와 장마루장터의 주막집도 애용했었는데, 여기서 파는 돼지순대국과 막걸리 맛이 일품이었다 한다. 50년대에 들어서자 노성 읍내에는 2~3명의 기생을 거느리고 영업하는 색시집도 등장하여 문전성시를 이루기도 하였다. 이 주막들은 동네 남정네들의 사교생활과 정보교환의 중요한 장이었다.

앞서 언급했듯이 이 마을의 가용주는 유명했다. 그것은 이 마을이 윤씨와 박씨 종족마을이었고, 따라서 제사를 모시는 집이 많았고 경제적 사정이 괜찮은 집도 있었기 때문이었다. 당시 집에서는 당국 몰래 술을 담았다. 쌀을 주재료로 하는 동동주였는데 누룽지로도 만들었다고 한다. 명절 때만 담그는 것이 아니라 제사라도 있는 달이면 종족마을 특성상 손님이 많이 참석하기 때문에 한 달에 여러 차례 담았고, 노성초등학교 운동회가 열리는 가을에도 담았다. 초등학교 가을 운동회는 또 하나의 마을 축제였기 때문에 술과 음식은 필수품이었다.

보통 쌀 한 말을 담그면 맛있는 술이 한 동이 정도 나온다고 한다. 동동주를 싱겁게 담그면 양이 기하급수적으로 늘어나는데, 약 네 동이 정도 나올 수도 있다 한다. 누룩을 물과 비벼서 버무린 후 술밥과 섞어 발효를 시키면 동동주가 되는데, 환갑잔치를 하려면 쌀 한 가마니 정도는 기본으로 해야 했다고 한다. 당시 술의 주조는 당국의 허가받은 양조장에서만 가능했고, 민간에서는 불법이었다. 이에 각 집에서는 술을 몰래 집 바깥 땅에 묻기도 했지만 냄새 맡고 술 조사를 다니던 사람들을 피하기 힘들었다. 그래서 들키는 경우 벌금을 물어야 했다.

농촌 들녘의 고된 노동에 지친 병사리 남정네들은 저녁마다 주막에 모여 술내기 윷놀이를 즐겼다고 한다. 술을 많이 마신 병사리 남자들 중 간암이나 간경화증으로 사망한 사람들이 많은데, 그래서 그런지 이 마을에는 70세 이상의 남성들이 다른 마을에 비해 적은 편이다.

마을 이름의 유래처럼 병사리에서는 아직도 조상의 제사와 현창 사업이 주민들의 주요 관심사이다. 한편에서는 수백 년 전의 조상의 영광과 '양반의 추억'을 잊지 않기 위해 문중 사업에 진력을 다하고, 새로운 기억과 담론도 창출해고 있다. 다른 한편에서는 '양반 만들기'를 진행하고 있다. 조선이 멸망한 이후 역사 저편으로 함께 사라진 줄 알았던 양반문화가 평민문화와 접합되어 오히려 깊은 뿌리를 내리며 대중화의 길을 걷고 있고, 아직도 제례와 제례상, 그리고 일상생활의 식탁 위에서 그 잔영과 변형된 형태와 빛깔을 볼 수 있다. 이렇게 제례와 음식문화는 무한히 복잡한 사회·권력관계의 그물망 속에서 상호관계를 맺으며, 과거와 현재와 미래의 흐름을 관통하면서 끊임없이 생성하고 있는 것을 병사리에서 볼 수 있다.

(김 현 숙)

# 민속과 구전자료

병사리는 과거 파평윤씨의 종족마을이었다. 파평윤씨는 병사리를 비롯하여 인근의 교촌리, 죽림리, 장구리 등에 흩어져 살았다. 그 가운데 병사리 유봉(酉峰)마을은 소론의 종장인 명재(明齋) 윤증(尹拯)이 머물렀던 고장이다. 그가 살았던 곳은 현 유봉영당에 이웃해 있는데 집터만 남아 있다.

이처럼 반가(班家) 마을인 이곳 병사리는 유가의 전통을 받들어 제사나 장의례, 혼인 등이 매우 절제되어 있다. 이를테면 명재를 비롯한 조상들의 검소함을 따라서 의례에 올리는 음식이 번다하지 않다. 한 예로 혼례 때의 초례상에 조밥만을 올려놓았다고도 한다. 이는 당사자의 사는 형편에 기인한 것일 수도 있지만 명재 선생이 생전에 조밥을 먹는 등 검소하게 살았던 것과도 무관하지 않다. 이런 연유로 유봉마을엔 민간신앙의 사례가 풍부하지 않다. 민간신앙 자체를 경원시하는 제보자 또한 쉽게 만날 수 있다.

반면, 다른 성씨의 경우는 다소 차이를 보인다. 주거 안에서 이루어지는 가택신앙으로부터 마을을 단위로 한 공동체 신앙의 예를 찾아볼 수 있다. 구체적으로 병사1리에서는 동민이 마음을 모아서 신신제를 지내고 있다. 그 외 주택 안에서 성주를 비롯한 터주, 삼신 등의 가신(家神)을 봉안하고 섬겨왔다.

현재 병사리를 비롯한 이 일대 각 마을에는 파평윤씨가 그다지 많이 살지 않는다. 이러한 현상에 대하여 한 제보자는 '살림이 늘거나 자녀가 잘 되면 대처로 나갔기 때문'이라고 한다.

이 글에서는 산신제와 세시풍속, 혼인속, 제례속, 구전자료 등을 다루려 한다. 산신제는 병사리의 칠석 산신제를 대상으로 살펴보고, 세시풍속은 병사리에서 이루어진 특징 있는 사례를 찾아 정리한다. 혼인과 제례 또한 이 마을 윤씨 문중의 예를 중심으로 기술할 것이며, 구전자료는 설화를 비롯한 병사리 사람들의 삶의 이야기를 옮겨놓는다.

## 병사1리의 산신제

공동체 신앙은 집단의 염원이 반영되어 형성된다. 이처럼 공동체의 소망을 기초로 형성된 산신제나 거리제는 집단의 다양한 욕구를 수용하면서 생명을 유지한다. 집단의 염원 중 대표적인 것이 마을의 평안과 주민 개개인의 건강, 재복, 가정의 번창 등이다. 특히 공동체의 주된 생업에 따라 농사의 풍작, 고기잡이의 풍어와 같은 구체적인 목적이 도출된다.

병사리의 공동체 신앙인 마을신앙은 산신제이다. 이 산신제에서는 앞서 말한 바의 생업에 근거한 농사의 풍작이 주된 목적 가운데 하나이다. 그 외 주민 개개인의 건강, 발복, 재운을 비롯하여 가축의 번성 등을 기원한다.

이 마을의 산신제는 지금으로부터 70여 년 전에도 존재하였음이 확인된다. 이는 73세의 제보자 김영현 씨가 자신의 아버지로부터 전해 들은 이야기에 근거한다. 산신제를 올리는 시기는 매년 음력 칠월 칠석날이다. 김영현 씨는 60년대 이전의 산신제 시행 시간을 칠석날 저녁이라고 하였다. 그러다가 60년대 이후 여성 중심의 산신제 때에는 오전 9시 경에 제를 올렸다. 그리고 2007년의 경우 아침 6시경에 산신제를 지냈다. 이처럼 이른 아침에 제를 지낸 이유에 대해 제보자는 '더위를 피하기 위해서' 라고 하였다.

제주는 마을 사람 가운데 깨끗한 사람을 가려 정하였다. 제주로 선정된 사람은 사립문에 금줄을 치고 문 밖 출입을 삼갔다. 물에서 난 비린 생선을 먹지 않았고, 술이나 담배도 금하였다. 살생과 같은 부정한 일을 하지 않았으며, 출상이나 출산과 같은 것을 보아서도 안 되었다. 또, 제 지내기 사흘 전부터 목욕재계하는 등 몸을 청결하게 하였다.

제의 비용은 걸립을 통하여 조달하였다. 걸립을 담당한 주민이 가가호호 방문하면 각각의 집에서 성의껏 재화를 내놓았다. 1970년대를 기점으로 그 이전에는 주로 쌀을 내놓았으며 그 이후로는 주로 돈을 내었다. 이렇게 거출한 돈을 가지고 제물을 구입하고 제의에 소용되는 비용으로 사용한다. 제물은 돼지머리를 비롯하여 떡 한 시루, 북어포, 과일, 술 등이다.

한편 이 마을의 산신제는 마을 전면의 병사저수지가 완공되던 1950년대 후반만 하더라도 남성 중심의 제의였다. 당시는 마을에 38호가 있었는데 저수지 완공 이후 토지 보상을 받은 주민 10여 호가 이주하였고, 그 이후에도 하나 둘 빠져나갔다. 이와 맞물려 산신제 또한 쇠락의 길을 걷게 되고 끝내는 남성들이 산신제를 포기하게 되었다. 이러한 과정에 마을의 여성들이 산신제를 이어받게 되었다. 물론 남성들이 지내던 것과 같은 규모 있는 산신제는 아니었다. 산제당에 떡시루와 술을 가져다 놓고 지내는 간단한 형식의 제의였다. 그리고 그와 같은 형식의 제의가 2007년까지 지속되어 오고 있다.

저수지 완공 이전 산신제의 경우 제일(祭日) 당일 저녁에 제주와 주민들이 제장으로 올라갔다. 제장에 갈 때에는 풍물패가 선두에 서서 풍물을 울리며 길을 인도하였다.

> "농악을 치고, 그 전에는 산짐승이 엄청 많았잖아요. 늑대니, 여우니 뭐 말도 못했어요. 그러니까 그 노인들 말씀에 '쇳소리가 나면 산짐승이 도망간다.' 그래서 농악을 쳤죠." [김영현(남, 73), 병사리. 2007. 2]

제장에 도착하면 준비해간 제물을 진설하고 제를 지낸다. 제의 진행은 분향, 헌주, 고축, 배례, 소지올림의 순이다. 예전에는 마을 주민 개개인의 소지를 모두 올려주었다.

산신제를 지내고 난 뒤 마을 동남쪽 야산 기슭에 위치한 공동 샘으로 이동한다. 이때에도 풍물패가 선두에 서서 풍물을 울리며, 제주와 제의에 참여한 마을사람들이 그 뒤를 따랐다. 역시 샘의 한쪽에 제물을 진설한 뒤에 샘고사를 지낸다. 이처럼 산신제

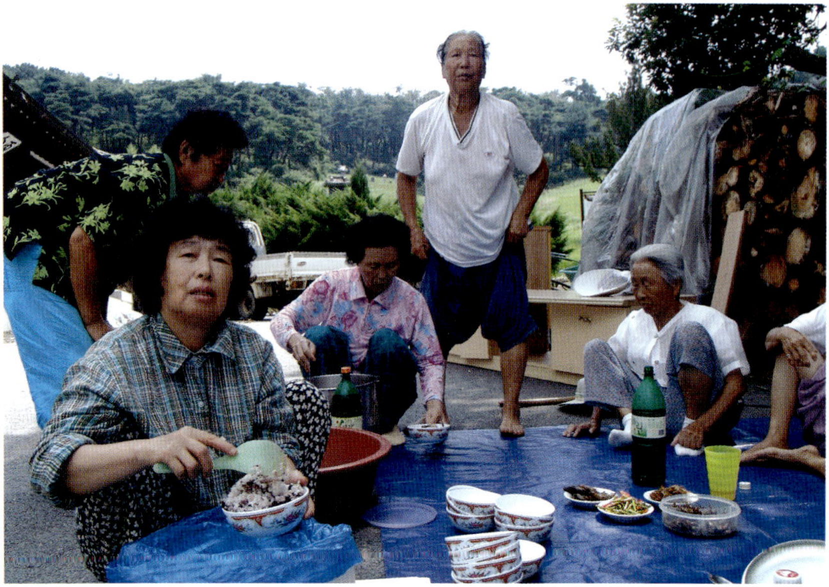

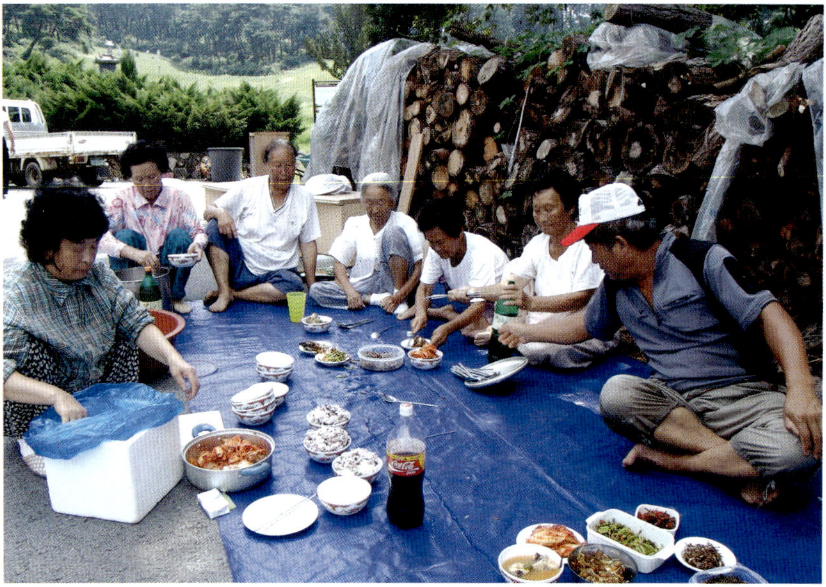


산제 뒤풀이

에 이어 샘고사를 지내면 병사리의 마을제가 모두 수행된 것이다.

병사리와 같이 칠석 산신제를 지내는 마을은 전국적으로도 그 예가 흔치 않다. 필자는 경기도 평택시 포승면의 특정 마을에서 이러한 유사 사례를 발견한 바 있지만, 그 또한 귀한 사례이다. 이처럼 칠석 산신제는 희귀한 것이다.

병사리의 경우 칠석 산신제에 얽힌 구체적인 유래가 전하지 않는다. 때문에 칠석 산신제의 연원은 당시 사람들의 삶이나 풍속과의 연계 속에서 찾아내야 할 듯하다. 그리고 그 연계 선상의 풍속으로 두레를 꼽아보는 것도 하나의 접근 방법이 될 것이다. 병사리의 경우 칠석날 두레먹이를 하였다. 그리고 이 두레먹이 행사에 마을사람 절반 이상이 참여하여 호미씻이와 같은 행사를 하였다. 이때에는 돼지를 잡아 마을사람들이 함께 먹었으며 풍장이 동원되어 흥을 돋우는 등으로 놀이의 장이 펼쳐졌다. 산신제는 바로 이러한 맥락 속에서 도출된 기원 의식으로 추정된다. 농사를 생업으로 삼았던 사람들이 모여 살았던 병사1리의 주민들은 그들이 할 수 있는 노력을 다한 후, 풍년을 기원할 목적으로 두레 행사에 맞물려 산신제를 지낸 것으로 유추해 볼 수 있다.

## 세시풍속

병사리의 세시풍속은 유봉과 병사마을을 대상으로 조사 · 정리한 것이다. 유봉마을의 윤씨 가에서는 세시에 따른 개개 풍속을 가려 하였다고 한다. 이를테면 정초나 시월 초에 이루어지는 가택고사를 지내지 않았다는 것이다. 이는 고사 자체가 유교 이념에 상치되기 때문이라고 한다. 또한 민중들이 전통적으로 즐겨오던 단오 그네뛰기나 칠석 풍장놀이에 있어서도 직접 참여하기보다 관망하였다고 답한다. 이에 비해 병사마을 사람들은 고사와 놀이 등의 풍속에 직접 참여한 것으로 구술한다. 풍속의 준비와 진행을 적극적으로 준비하고 그 주체로서 실행해왔다는 것이다. 이러한 연유로 병사리의 세시풍속은 병사마을을 사람들의 체험을 중심으로 정리한다.

### 정월고사

정월고사는 새로운 해를 맞이하여 터주, 성주, 조왕과 같은 가신(家神)에게 치성을 올리는 것이다. 가신의 범주는 개개 가정의 울타리 안에 존재하는 것으로 상정된 제반 신이라 할 수 있는데, 앞의 터주나 성주를 비롯하여 조상신, 제석신, 삼신, 대감신, 우물신, 곡간신, 측간신, 헛간신과 업신 등이다. 기원자는 정초 길한 날을 받아 이들 가신을 대상으로 고사를 하는 것이다.

고사는 그 집의 여성이 중심이 된다. 한 가정에 며느리와 시어머니가 있을 경우는 시어머니가 고사의 제반사를 지시하고 며느리가 고사를 준비하여 진행하는 형태로 고사가 시행된다고 한다.

"(문 : 정월달에 떡 시루 놓고 고사 지내본 적 있죠?) 그때는 뭐, 정월달에 고사 지내요? 시월 초사흗날 지내고, 정월 초사흗날. 장독에 시루하고 이웃하고 나눠 먹고. 시루하고 촛불 밝히고 동서남북에 절하고, 그렇게 하고……. 근데 시방은 그런 게 어디 있어요? (문 : 절은 어떻게 하죠?) 아, 하고 싶은 대로 하는 거지. 소원이래야, 애들 그때는 얼마나 많이 죽었어요? 죽지 말라고 하고. (문 : 시월 초사흗날도 마찬가지고?) 그럼. 내 정성으로, 동네 궂으면 못하고. 초상나던지. (문 : 가정에서 하는 것도 동네 궂으면 안 한다?) 그럼, 안 하지. [김영순(여, 73), 병사리. 2007. 7]"

정월고사에 빠지지 않는 것이 시루떡이다. 1970년대 이전만 하더라도 여성들이 직접 쌀을 빻아 가루를 내고 이것으로 떡을 찌었다. 곧, 자신의 집 절구통에 쌀을 넣고 절구대로 직접 쌀을 빻은 것이다. 제보자는 이렇게 쌀을 빻는 과정에 불순물이 들어가지 않도록 주의해야 한다고 하였다. 이처럼 여성은 오전부터 쌀을 빻아 채로 쳐 가루를 내고, 떡을 찌는 등 분주하였다. 남성 역시 울타리 안의 온 집안을 돌며 청소를 하였다. 벽에 붙은 거미줄을 거두어내고, 장독대를 비롯하여 울타리 안의 낙엽이나 쓰레기 등을 깨끗이 치웠다. 곡간 내부를 청소하고 헛간의 농기구 등도 가지런히 정리하였다. 특히, 고사 장소인 장독대 주변, 부엌, 우물가 등을 깨끗이 치웠다.

고사는 안방이나 대청의 성주로부터 부엌의 조왕, 뒤꼍 장독대로 옮겨가며 진행하였다. 고사 장소의 바닥에 깨끗이 정선한 짚을 깔고 그 가운데에 떡시루를 놓았다. 시루의 좌우에 북어와 막걸리를 놓았다. 떡시루의 한가운데에는 쌀을 수북이 담은 그릇을 놓았고 그 중앙에 초를 꽂아 불을 밝혔다. 그리고는 그 전면에서 주부가 치성을 올렸다. 치성의 내용은 위의 지문과 같이 자녀들의 건강과 수명장수, 가족의 평안 기원 등의 내용이라고 한다.

그런데 지문에서 한 가지 주목되는 점은 부정한 일이 발생하였을 경우 미리 기일을 잡아둔 고사라 하더라도 제를 지내지 않는다고 하는 것이다. 그리고 이 부정한 일이 자신의 가정뿐만 아니라 마을에서 발생한 것까지를 포함한다고 보고 있다. '초상이 나던지 동네가 궂으면 못하고' 와 같은 답변이 바로 그것이다.

한편, 초상이나 출산과 같은 예는 비교적 명료한 부정한 일의 사유가 된다. 그런데 제보자의 말처럼 '동네가 궂은' 과 같은 표현은 그 속에 다양한 부정적 사유를 포함한다. 이에 대해 제보자는 짐승의 도축, 주민의 부상과 같은 일을 꼽았다. 실제로 도축에 의한 제의나 고사의 연기 사례도 있다. 이를테면 2006년의 경우 이 마을에서는 산제날을 받아놓은 상태에서 한 주민이 개를 도축한 것이 알려져 제를 연기하였다.

### 정월 보름

정월 보름 풍속은 정월 열나흘로부터 다음 날인 보름에 걸쳐 이루어지는 관습이다. 곧 14일은 개보름[1]이라 하여 마을의 청소년들이 쥐불놀이를 하였다. 마을 앞의 논둑에 불을 놓고 깡통을 불씨를 담아 돌리는 등의 놀이를 하였다. 보름에는 이른 아침부터 귀밝이술 마시기, 더위 팔기, 부럼 깨기 등의 다양한 주술적 행위가 이루어졌다.

"정월 보름날에 잡곡밥 해먹고, 옛날에는 두부 사다가, 제사 지내고 묶어 놓은 명태 넣고, 무수(무) 쓸어 넣고 장 지져서 된장국 먹어야 일 년 열두 달 뱃속 편하다 하고……. 두부는 살찌라고 먹고, 된장은 뱃속 좋으라고, 소화 잘되라고 먹고, 씨래기나물, 무수나물, 아주까리 같은 거 삶고 무쳐서 보리밥하고 잡곡밥하고 먹고……. 그리고 석중열[2]이라고 해서. (문 : 석중열이가 뭐예요?) 일 년 열두 달 보는 거 있어요. 그리고 열나흘 다리 놔주라고 하면 (시내

쪽을 가리키며) 저기 가서, 내 건너가는 데 오장해주고. (문 : 오장은 오쟁이죠?) 예에. 다리 놓고, 석중열 보고서는 항아리 매기하고, (문 : 매기는 액막이인가요?) 액막이." [김영순]

지문처럼 보름날에는 오곡밥을 지어 먹었다. 그리고 이 오곡밥은 이웃을 불러 같이 먹는 예도 흔히 있는 일이었다. 주목할 만한 것은 보름의 찬류에 각각의 해석이 따른다는 것이다. 두부는 살찌는 것과 연계되고 된장은 소화의 보조와 관련되어 있다. 요컨대 보름의 음식은 각각 주술적인 의미를 담겨 있다고 보는 것이다.

이와 더불어 보름에는 비결을 보고 그 결과에 따른 특정 행위를 한 예도 보인다. 지문의 오쟁이에 돌을 담아 징검다리를 놓는 예가 그것이다. 이와 관련하여 아들을 두지 못한 사람이 오쟁이에 돌을 담아 다리를 놓는 예도 있다. 이를테면 아들을 두지 못한 가정의 가장이 사람이 오가지 않는 이른 새벽에 징검다리를 놓았다. 이는 기자(祈子) 풍속의 하나인데 선행의 적덕을 통한 아들 기원의 표현이었다. 다만 장마가 끝난 가을 무렵에 이러한 다리 쌓기가 이루어졌다고 하는 점에서 보름날의 다리 놓기와 구별된다. 실제 지문에서는 다리를 짓는 일이 정월 보름에 이루어졌으며, 자녀의 액막이를 위한 방편으로 시도되었다고 구술하고 있다. 자녀의 액을 풀어내기 위해 한겨울에 다리를 쌓았을 가장의 정성을 읽을 수 있다.

## 콩 볶아 먹는 날

음력 이월 초하룻날에 각 가정의 주부가 돌을 고르고 깨끗이 씻은 콩을 가마솥에 넣고 불을 지펴 볶았다. 이렇게 볶아낸 콩은 가족들이 주머니에 넣고 다니며 먹었다. 콩을 볶을 때에는 '콩 볶자, 새삼 복자!' 와 같은 주술적인 말도 곁들였다. 새삼은 봄에 나는 풀인데 여기에서는 풀 전체를 포괄하는 말로 해석할 수 있다. 곧, 농작물에 해가 되는 잡풀의 상징으로 이른 봄에 나는 '새삼' 을 거명하는 것이다.

"옛날에 이월 초하루는 콩 볶아 먹는 날이지. 그러니까 이월 초하룻날에 솔잎 꺾어다가 놓고, 해 뜨기 전에 '콩 볶자, 새삼 볶자!' 시방 길거리에 새삼이 나오잖아요. 그럼 밭에 같은 데 새삼 나지 말라고, '새삼 볶자, 뭐 볶자, 노래기 볶자, 뭐 볶자.' 노루각시 바늘로 벤다고 소나무 꺾어다가 집 네 구탱이에다가 놓고 이월 초하루에 그랬죠. (문 : 새삼이 뭐죠?) 풀이 잎사귀도 없고 노란 게 있어. 그거 거시기. (문 : 볶은 콩은 누구 주나?) 이웃 나눠 먹고 그러지. 근데 시방은 뭐." [김영순]

이날은 지문과 같이 청솔가지를 잘라다가 주택 건물의 네 곳에 가져다 놓았다고 한다. 이는 노루각시라고 부르는 노래기를 쫓기 위한 것이다. 노래기는 습한 곳이자 부패가 발생하는 곳에 주로 산다. 짚으로 지붕을 이은 주택의 경우 지붕의 짚이 썩는 예가 있는데, 바로 이 짚이 썩는 공간에서 노래기가 성장하여 벽을 타고 돌아다녔다. 노래기는 외양이 지네의 축소형과 같아 보기에 혐오스럽고 냄새 또한 자극적이어서 기피의 대상이었다. 때문에 청솔가지를 동원한 노래기 퇴치법이 생겨난 것이다. 제보자는 솔잎이 바늘처럼 날카롭기 때문에 퇴치도구로 활용된다고 설명하고 있다.

### 사월초파일 공양

사월초파일에 절에 가서 공양을 올린다. 병사리의 경우 절을 찾는 이는 여성이 대부분이다. 제보자는 1970년대만 하더라도 절에 가서 직접 쌀을 빻아 떡을 찌고 밥을 지어 공양하였다고 한다. 그런데 지금은 떡을 찌지 않는다. 그 이유는 무엇보다 떡을 먹는 사람이 없기 때문이라고 한다. 예전에는 공양 올리고 난 음식을 가지고 집에 오면 서로 다투어 먹었는데 지금은 그렇지 않다는 것이다. 따라서 절에 갈 때에는 과일과 현금을 가지고 간다. 불전에 준비해 간 과일을 올려놓고 만 원 내외의 헌금을 한 뒤 소원을 빌고 온다는 것이다.

"초파일에 절 가요. 초파일도 가고 칠석 때도 가고, 나 가고 싶은 때 가고. (문 : 절에 가면 떡을 쪄 올리나요?) 시방은 떡 안 쪄. 옛날에는 자기가 쌀 한 되고 반 되고 담궈 가지고 가면 꼭 찌는데, 시방 좋아하는 사람 없지. 떡집에서 아주 그냥 한 시루 쪄오더라고. (문 : 옛날엔 직접 가서 지어 올렸는데?) 예. 옛날에는 직접 밥하고 나물 찌고, 그렇게 해서 올렸죠. 시방은 그렇게 하면, 그러니까 떡집에서 그냥 돈하고 쌀하고만 짊어지고 가면 하죠. (문 : 돈은 얼마나 올려놓나요?) 올려놓는 게 아니죠. 거기 가면 부처님한테 참외 하나라도 할랑게. 포도 좀 사고. 그런 거 할려면……. 생미 봐주고. (문 : 뭘 봐줘요?) 쌀. 마지 지을라면 뫼 해서 올리고. 나물 절이면 다 해가지고 가야 하잖아. 호박도 따가지고 가야 하고. 없으면 사가지고 가야 하고. (문 : 절에 가서 돈은 안 놓아요?) 돈? 놓고 오고 싶으면 다만 몇 천원이라도 놓고 와야지." [김영순]

제보자의 경우 정초의 길일과 사월초파일 전후, 가을걷이 후에 절을 찾아가 공양하였다. 그런데 요즘은 일 년에 한 번 정도 절에 찾아간다. 나이가 들면서 절에 다녀오는 일이 수고롭고 자녀 또한 성장하여 기원할 내용이 줄어들었기 때문이라고 한다.

### 칠석 두레먹이

병사리의 두레는 한국전쟁 이전까지 지속되었다. 당시 병사리의 두레패는 농기와 영기 풍물 등을 모두 갖추고 있었으며 구성원이 40여 명이었다. 이러한 규모는 이웃 마을의 두레가 20여 명인 것과 비교할 때 상대적으로 우위의 것이라고 한다. 두레패의 총책임자를 좌상이라 하였다. 좌상은 학식과 덕망이 있는 마을사람을 주민들이 추천하여 정하였다. 이렇게 정해진 좌상은 작업의 전체적인 계획뿐만 아니라 두레 구성

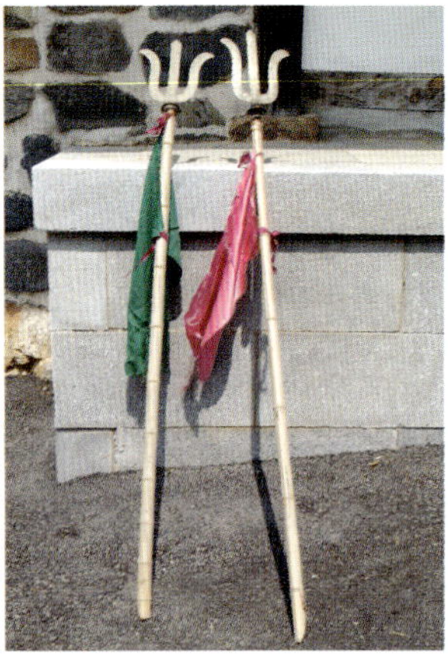

두레가 활동을 하던 당시의 영기

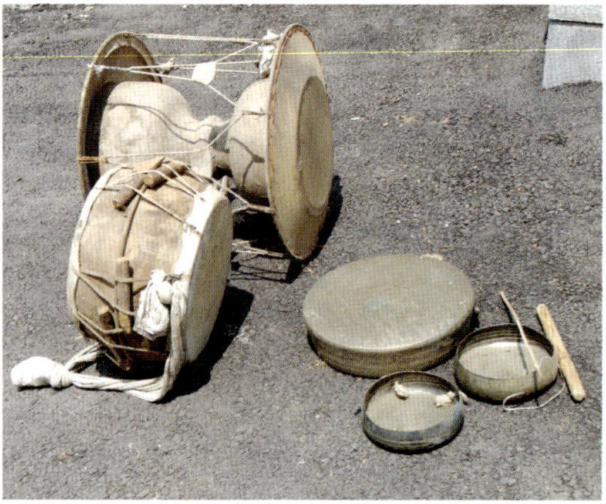

1950년대 두레패가 사용하던 사물

원 전체를 관리 · 감독하였다. 제보자 김영현 씨는 "좌상이 회초리를 가지고 다니며 벌하였다"고 회고한다.

두레는 볏논의 김매기를 주로 하였다. 김매기는 보통 아시매기, 두벌배기, 만물매기 등 3회인데 이 가운데 아시매기와 두벌매기에 두레 구성원이 참여하여 작업을 하였다. 경우에 따라서는 모내기에도 두레패가 참여하였다. 마을에서 비교적 많은 논을 보유한 사람이 두레패에 모내기를 요청할 경우 이를 수용한 예가 있다고 한다.

"그리고 예전에 저 건너 가, 이 동네 기가 뜨면 항복해야지 항복 안 하면 다 때려 부셨슈. (병사리가) 사람이 많고 그러니까 쎌 수밖에. (다른 마을은) 스물 명, 많아야 스물다섯 명. (문 : 실제로 어떤 마을하고 다툰 적 있어요?) 저기 가곡리 하고 대항하다가 기(깃발)니 뭐니 다 때려 부수고 농악이고 뭐고 다 부쉈잖아요. 위험하면 항복하는 거죠. 승복하면 절대 안 건드려요. 승복하는 것도 간단혀요. 기 가지고 땅에다가 대면 돼요. 사십오 각도로 절을 혀요. 근데 그냥 서 있으면은 그냥 쫓아가죠. 그래서 그건 다 분지르는 거요. (문 : 위아래 서열은 어떻게 정하나요?) 큰 동네는 기가 높았어요. 작은 동네는 기가 작고. 이 부근에서는 여기 기가 최고 컸어요. 기만 쳐다봐도 승복을 하게 생겼었어요. (기에는) 농자천하지대본(農者天下之地大本) 그것만 써 있고, 그리고서 자기네 고유 명칭 조금 써 놓기도 하고." [김영현]

위 지문의 일화는 마을 간 두레패의 서열과 관련된 것이다. 각각의 두레패는 마을마다 서열이 있는데 그 순위가 마을의 규모에 의한다는 주장을 볼 수 있다. 또한 서열에 의거해 농기의 크기를 달리하였다는 주장도 보인다. 그런데 제보자의 이와 같은 주장은 파평윤씨 존재를 고려하지 않은 것으로 다소 결함이 있는 것이다. 일반적으로 두레의 서열은 그 마을에 존재하였거나 존재하는 큰 인물의 위상, 마을 형성 내력, 현 마을의 세력 등 다양한 요소에 의해서 결정된다. 그리고 무엇보다 비중 있는 역사 인물에 의해 마을의 서열이 매겨지는 것이 상식이다. 부연하면 병사리 두레패가 인근에서 우월한 지위를 점할 수 있었던 데에는 파평윤씨의 재실 마을이라고 하는 점이 암암리에 작용하였을 가능성이 있다는 것이다.

한편, 당시의 두레패는 서열에 따른 자부심과 위세가 매우 컸던 것으로 보인다. 그리고 그에 따른 나름의 예법이 존재하는데 그 대표적인 방식이 기세배(旗歲拜)이다. 상하의 두 두레패가 작업을 위한 이동 중에 직면하였을 때 하위의 두레패에서는 두레기를 45~90도 정도 굽혀 세배를 하였다. 두레 구성원 역시 길의 한쪽으로 비켜서서 상위 마을의 두레패가 지나가기를 기다렸다. 만일 이와 같은 예의를 지키지 않을 경우 지문에서와 같이 두레패 간의 싸움이 발생하게 된다.

"두레를 해서 돼지를 한두어 마리 잡아요. 호당 고기도 나눠주고, 먹고 그러죠. 두 마리 잡으면 한 마리 반은 노놔 줘요. 반 마리 가지고 먹을 수 있으니까. (문 : 그날 윷놀이도 하고 그랬어요?) 그런 건 없었어요. 순전 농악이지. 윷놀이니 씨름이니 그런 건 없었어요. 농악 치고 먹고 놀고. (문 : 그것이 언제까지 지속됐어요?) 육이오 나기 전까지는 했어요." [김영현]

위의 지문은 두레먹이와 관련된 것이다. 병사리에서는 봄철의 두레 작업 직전에 돼지를 잡아 두레먹이를 하였다. 또한 노동을 끝낸 이후 칠석에 역시 두레먹이를 하였다. 두레먹이는 칠석 당일에 끝나지만 여흥은 삼사일 지속되었다. 그리고 이 여흥의 시기에 마을 남성들이 모두 참여하여 하천의 보나 논두렁을 보수하였다고 한다.

### 칠월 생활도구 만들기

두레먹이가 끝난 뒤에 그늘에서 농구를 만들었다. 이 무렵은 벼농사의 바쁜 노동이 해소된 상태이기 때문에 남성들에게 다소 여유 있는 시기였다. 따라서 이때를 이용하여 멍석, 삼태기 등의 농구(農具)를 만들었다.

"멍석 같은 거 만들고 그렇게 했어요. 칠월 달, 새끼 꽈서. 음력 칠월부터 만들기 시작하는 거예요. 두레먹이 끝나고 짚 그릇들 하죠. (문 : 무엇이 짚 그릇이죠?) 이제 멍석이나 망태기 여러 가지 하죠. (마을 사람 각자가) 필요한 거, 이런 데 와서 서넛이 몰려서 하고 그랬죠. 인저 짚 몇 단 안 가지고 그릇 몇 개는 만드니까 짚을 잘 말려서……. 깨끗하게 만들기가

힘들었지." [김영현]

농가의 생활도구 가운데 짚으로 만든 것은 그 종류가 다양하다. 지문의 멍석, 망태기로부터 삼태기, 짚방석, 가마니, 소 입마개 등 용도에 따른 다채로운 것들이 있음을 볼 수 있다. 이들 도구를 다소 한가한 여름철을 이용하여 만든다는 것이다. 가까운 사람들이 나무 그늘과 같은 장소에 둘러 앉아 짚을 가지고 생활도구를 만들어 사용하였음을 확인할 수 있다.

### 호미씻이

충청도 일대의 농가에서는 칠석 또는 전후에 호미씻이를 하였다. 이 무렵이 되면 논밭의 잡풀을 이미 잡아 호미의 용도가 끝났다고 보는 데에서 생겨난 풍속이다. 곧, 그동안 사용한 호미를 씻어서 걸어두고, 한편으로 논밭일의 수고로움을 달래기 위해 음식을 해먹는 것이다. 병사리 또한 호미씻이의 예가 전한다.

"(문 : 칠석에 호미를 씻어 보관하는 풍속이 있었죠?) 뭐라고 하더라? 호미갈이라고도 하고 호미씻침이라고 하고. 마지막이라고 씻어서 건다는 거요. 물 갖다가 놓고, 소 갖다 놓고 농악 치면서 하더라고요. 농악 치면서 장단에 맞춰서 호미 씻더라고요. 열아홉 명이 모여서 이렇게 하더라고요. (문 : 그것도 육이오 이전 이야기네요?) 그렇지요. (문 : 좌상했던 분이 누구였죠?) 박씨가 했었고, 아버지도 좌상했었고. 김자 성자, 준자요. (지금 생존에 계시면) 한 백여 살 되지요. (문 : 좌상이 지시하면 열아홉 명이 호미 씻고, 풍장 치면서 했나요?) 산제 지내고, 시암제 지내고 한 차례 먹고 나서 하더라고요. 산신제 지내고서 시암제 지내고." [김영현]

지문은 병사리 호미씻이의 육이오 이전 사례이다. 과거 병사리의 호미씻이는 두레먹이의 행사의 일환으로 시행되었다. 칠석날 두레먹이를 위한 장소에서 열아홉 명의 마을 사람들이 둘러 앉아 호미를 씻었다. 각각의 사람들이 물이 담긴 대야를 앞에다 놓고 좌상의 지시에 따라 호미를 씻었다. 그리고 이 과정에서 마을의 풍물패가 풍물을 울려주었고, 마을사람들은 그 장단에 맞추어 호미를 씻었다고 한다.

또 다른 주목할 만한 것은 이 호미씻이의 장소에 소를 가져다 놓았다고 하는 점이다. 소는 논밭을 가는 등으로 농사에 기여하는 가축이다. 그러한 소가 이 장소에 동원되었다고 하는 점은 호미와 마찬가지로 소 또한 농사에 크게 기여하였음을 인정하는 것이다. 아울러 앞서의 호미씻이가 격식과 규모를 갖추고 있다고 하는 점도 하나의 특징이다.

### 백중

음력 칠월 보름은 백중이다. 병사리에서는 이 날을 머슴날이라 하였다. 머슴을 둔 집의 주인이 머슴에게 새옷을 지어주고 용돈을 주었다. 머슴을 많이 둔 집에서는 개를 잡는 예도 있었다. 마을 사람 또한 이 날은 길한 날로 보았다. 따라서 마음이 맞는 가까운 사람들끼리 돈을 추렴하여 개를 잡기도 하였다.

> "백중 때는 개 잡고, 머슴날이라고 해서, 멍석 만들고 백중날 잔치를 했다고. (문 : 백중에 멍석을 만들어요?) 아니, 그 전에 만들고 그날은 쉬는 거죠. (문 : 전에 머슴을 둔 적이 있나요?) 머슴을 많이 부렸죠. 근디 그 전에는 저기 교촌 같은 데는 행랑이 많이 있었고, 종이 많이 있었지. (문 : 몇 명이나?) 두었죠. 우리 큰집 같은 경우는 다섯씩 두었다고 하니까. (문 : 댁에서는?) 우리 집은 거진 도지 줘가지고, (직접) 농사 얼마 안 지으니까, 사람 두어봤자 한명씩 됬죠." [전승희(여, 73), 병사리, 2007. 2.]

그리고 이날 불자들은 절에 찾아가 공양을 올린다. 이날은 불가에서 돌아간 조상을 극락세계로 천도하는 날이라 하여 절을 찾는다고 한다.

### 추석

음력 팔월 보름의 추석은 설과 함께 우리나라의 가장 큰 명절이다. 이날 마을 사람들은 조상님께 차례를 지내고 성묘를 다녀온다. 차례상에는 그 해의 햇곡식으로 빚은 송편이나 음식을 올려놓는다. 과일 또한 햇과일을 올린다. 그런데 만약 벼가 익지 않아 송편을 빚을 형편이 되지 못하면 중양일로 차례를 미루어 지낸다. 구월 구일 중양으로 차례를 미루어 지내는 사례는 가정마다 다른 것이지만, 실제 이 마을에서는 이러한 예를 발견할 수 있다.

"옛날에는 추석에 그 해, 햇곡을 먹죠. 근데 (햇곡 익는 것이) 늦을 때가 있잖아. 그러면 어서(어디에서) 구해갖고 햇곡식을 드렸대요. 그래갖고 어떻게 해서든 구해갖고 송편 빚고 그랬다고. (햇곡이 안 나오면) 구월 구일 날도 많이 했어요. 햇곡이 안 나와서도 그렇고, 후천이면 구일차례 되게……. 본래 일 년에 다섯 번인데 두 번으로 줄었나, 어찌됐나? (문 : 설, 추석 말고도 차례를?) 단오 또 칠석 맞아. (문 : 후천이 누군가요?) 종학이라고 있잖요. 거기 두 분이 다 후천자손." [전승희]

지문과 같이 병사리 파평윤씨 후천자손의 경우는 일 년에 여러 번 차례를 지낸 적이 있다고 한다. 곧 설, 단오, 칠석, 추석 등에 조상들 대상으로 차례를 지냈다는 것이다. 이와 같이 계절에 따른 차례 풍속은 사시제(四時祭)에 그 뿌리를 두고 있는 것으로 볼 수 있다.

### 가을고사와 터주단지

가을걷이가 끝난 뒤 음력 시월 초에 길일을 받아 고사를 지냈다. 이때의 고사는 앞서 정월고사와 마찬가지로 가신을 대상으로 지내는 것이다. 그 해에 수확한 쌀로 떡을 쪄 가신 전에 가져다 놓고 치성을 드린다.

그리고 터주 신께 치성을 올리기 전에 터주단지의 벼를 그해에 수확한 벼로 채워놓는다. 터주단지는 집집마다 크기가 약간씩 차이가 있지만 보통 2~5말 정도의 벼를 담을 만한 단지이다. 단지에 벼를 담고 정선한 볏짚으로 만든 유두지를 단지 상부에 씌워놓는다. 또 이 덮개가 날아가지 못하도록 왼새끼로 감아 묶어놓는다.

"(문 : 터주단지에 무엇을 넣었지요?) 벼를 넣었어요. 바심하면, 벼를 호롱개로 긁고, 탈곡기 나오고 이제는 그냥 하잖아요. 깨끗하게 해서 넣었어. (문 : 단지에 몇 말이나 들어갔어요?) 많이 넣으면 댓 말 넣지. 우지(유두지)를 틀어서. 외약(왼)산내끼 매가서 매 놓고. (문 : 집안에 성주단지도 있었어요?) 아 옛날에는 성주가 있지. 아이구 참내, 옛날에는 성주 달고 안택을 했잖여. (문 : 안택은 무당이 와서 해주나요?) 그렇죠. (무당이) 성주를 해서 달아주지. (무당에게) 쌀말이나 주고 불러요. 옛날에는 그랬지. 시방은 그것도 쬐금 같으면, 쌀 한 말이면 안 돼. (무당은 남녀가) 짝으로 와야지. 혼자는 못 항께." [김영순]

지문과 같이 안택고사를 하는 예도 있다. 보통 안택은 정초에 주로 하지만 가을에 하는 예도 있다고 한다. 그리고 안택을 할 때 성주를 새로이 받아 모시기도 한다. 무당을 불러 안택고사를 올리고 성주를 받아 천장에 거는 것이다. 이곳의 성주는 한지를 가지고 꽃 모양으로 접어 만든다. 꽃의 중앙 내부에는 벼, 수수, 콩, 조와 같은 곡식과 동전을 넣는다.

## 혼인의례

혼례는 전통혼례의 사례를 근거로 기술하였다. 이러한 전통혼례는 1960년대 전후까지 지속되다가 1970년대로 넘어서면서 급격하게 감소하였다. 그리고 1980년대 이후에는 전통혼례가 자취를 감추었다고 한다.

혼인의 첫 과정은 의혼(議婚)이다. 의혼은 중신애비를 통하여 양가의 혼인 약속을 이끌어내는 과정이다. 이 마을의 과거 혼인에 있어서 중시한 것은 양가의 가문이다. 이를테면 개개 성씨에 따라 통혼하는 대상이 있었다는 것이다. 그리고 의혼 과정에서 이 성씨를 확인하는 일이 중시되었다.

"(문 : 주로 통혼하는 성씨가 있나요?) 그전에는 없었는데, 명재 할아버지 와서 우리는 소론이라 노론들하고는 혼인을 안 했죠. (문 : 그럼 노론하고는 혼인을 안 하고, 다른 성씨는 가리지 않고?) 우리가 그런 것은 가리지 않는데, 양반 상인은 뚜렷이 구분하고. (문 : 어떤 성씨하고 주로 결혼했어요?) 첫째, 풍양조씨, 반남박씨, 안동권씨 주로 그것이 많다고 봐야죠. (문 : 통혼하는 과정에서 중매쟁이를 놓나요, 아님 집안에서 알음알음 하나요?) 중신애비가 하는 경우가 많죠." [윤석간(남, 80), 병사리, 2007. 2.]

위의 지문은 혼인이 가문과 가문의 결합이라고 하는 인식을 보여주는 것이다. 그리고 이러한 가문의 결합에 대한 확인을 의혼 과정에서 한다. 곧, 의혼 과정에서 통혼할 수 있는 가문인가에 대한 검증을 실시한다.

검증이 이루어지고 난 뒤에 납채(納采)가 이루어진다. 납채는 남자 집에서 여자 집에 신랑 후보감의 사주(四柱)를 보내는 것이다. 그러면 사주를 받은 여자 집에서 혼인날을 잡아 신랑 집에 전해준다.

전통혼례의 다음 과정은 납폐(納幣)와 친영(親迎)이다. 납폐는 혼인에 임하여 신랑 집에서 신부 집에 보내는 예물을 전달하는 것이다. 예물은 함에 넣어 보내는데 신부용 옷감과 폐물 같은 것이다. 그런데 대부분 폐물은 볼 수 없고 옷감 정도를 넣는다고 한다. 또 반가에서는 함 속에 혼서지를 넣어 보내기도 한다.

"(문 : 함에는 뭘 넣을까요?) 다른 집안에서는 함에다 비단 같은 거 넣었었는데, 우리 집안에서는 간소하죠. 그 전에 명 한 필, 뭐 한 가지. (문 : 치마저고리 해 입으라고?) 그렇죠. 다른 한 개는 누에 명주 한 필. (문 : 그럼 그 안에다가 혼서지도 넣고?) 그건 함에다 넣어서 보냈죠. (문 : 함은 혼인하는 날 전에 갖다 주겠죠?) 그것은 그날 가져가대요." [윤석간]

지문에 보이는 혼서지(婚書誌)는 신랑의 아버지가 신부의 부모에게 보내는 감사의 글이다. 곧, "귀댁의 자녀를 귀하게 길러 시집 보내주는 데 대해 감사하다"는 내용이 담긴 편지라고 할 수 있다.

이와 같이 예물과 혼서지가 담긴 함을 혼인 당일 전한다고 한다. 혼인은 신부의 집에서 하는 것이 하나의 관습인데, 신랑이 혼인하기 위해 신부 집으로 이동할 때 함진아비가 동행하여 이를 전달한다고 한다.

혼인식으로 올리기 위해 신랑 집에서 신부 집으로 가는 사람은 신랑 집 대표인 상객(上客)을 비롯하여 신랑, 함진아비, 그 외 소수 신랑의 친척이다. 이들은 예정된 혼인 시간 이전에 신부 집에 도착한다. 그리고 신부 집에서 준비해둔 거소에 잠시 머문다. 그러면 신부 집에서 음식을 가져와 이들을 대접한다. 이렇게 음식 대접을 받고난 뒤 바로 이어서 식을 올린다.

혼인식은 전안례(奠雁禮), 교배례(交拜禮), 합근례(合巹禮)로 짜여져 있다. 그리고 이 의식은 혼인식을 주도하는 집례의 지시에 따라서 이루어진다.

"(함진아비가) 기러기 들고서, 이게 초례상이면 기러기를 상 위에다가 올려놔요. 두 마리. 절할 때 기러기를 가져가더라고요. 그 식구들이 가져가요. 함도 가지가고요. (문 : 함도 상 위에다가 놓나요?) 그렇죠." [윤석간]

혼인식의 첫번째 과정이 전안례이다. 전안례의 말뜻 그대로 기러기를 신부 집에 올리는 것이다. 기러기를 신부 부모에게 올리는 데에는 다양한 해석이 있다. 보편적인 것이 부부금슬의 상징으로 행복하게 잘 살겠다는 약속의 뜻이라는 것이다. 그 외 희생(犧牲)으로서의 성격이 있다는 주장과 딸을 데려가는 데 대한 보상의 제공 의미가 있다는 설도 있다. 이 가운데 가장 설득력 있는 것은 '부부금슬 상징으로서의 기러기' 라고 할 수 있다. 실제 제보자들도 대부분 기러기와 부부금슬을 등가로 본다.

전안례에 이어서 신랑 신부가 상호 절을 하는 교배례가 이루어진다. 생면부지 남녀가 처음 만나 서로 부부 결연을 맺으면서 나누는 인사의 예라 할 수 있다.

"우리 집안은 붕어를 잡아서 놓고, 조밥을 놓고, 과일 같은 건 없어요. 그리고 대나무하고 소나무하고 병에다 꽂고 청실홍실 걸어놓죠. (문 : 상차림에 관한 그림이 있어요?) 없어요. (문 : 붕어는 몇 마리나?) 그게 잘 모르겠네. (문 : 달랑 요거 두 개뿐이에요?) 예. 없어요. (문 : 조밥은 명재 선생님이 잡숫던 것이어서 놓았을까요) 사실 모르겠네요." [윤석간]

위의 지문은 파평윤씨 명재의 후손 집안에서 이루어지는 교배상의 상차림이다. 교배상에는 과일을 비롯하여 전이나 적을 올려놓는 것이 보통 볼 수 있는 모습이다. 그런데 이 문중에서는 붕어와 조밥뿐이었다고 한다. 명재가 유봉마을에 머물면서 가난하게 살았고, 조밥이나 조죽을 먹었던 것이 후대 자손들의 혼례에 영향을 미쳤는지는 확실치 않다. 또는 제보자의 선대가 가난하여 조밥을 혼례상에 올렸는지도 가정해볼 수 있다.

신랑 신부의 맞절에 이어서 술잔을 주고받는 합근례를 올린다. 부부가 술잔을 통하여 부부인연을 맹약하는 절차로 볼 수 있다. 이렇게 함으로써 친영의식이 완결된다. 이후 신랑과 신부가 각자 처소로 돌아가 저녁 무렵까지 휴식을 취한 뒤 신방으로 들어간다. 그리고는 첫날밤을 맞이한다. 그런데 이때에 신방을 엿보러 온 사람들이 문에 구멍을 뚫고 들여다보며 말참견을 하였다고 한다. 신부에게 술을 따르라든가 신랑에게 그만 잠자리에 들라는 등의 말을 하였다.

다음날 신랑은 신부를 데리고 자신의 집으로 돌아간다. 제보자 윤석간 씨는 1940년대 중반에 혼인을 하였는데 당시 버스를 타고 귀가하였다고 한다. 그런데 보통 이 무렵에는 여성의 경우 가마를 타고 이동하였다고 한다.

## 제사의례

병사리는 과거 파평윤씨가 세거하던 마을이다. 이 마을에는 윤씨가의 종학(宗學)이 있으며, 명재 윤증 선생이 머물던 고택의 터 및 유봉영당, 병사의 노종파(魯宗派) 재실, 덕포공(德浦公) 재실 등이 남아 있다. 이 가운데 종학은 윤씨 문중의 무수한 인재를 배출해낸 곳이다. 병사리를 비롯하여 가곡리, 교촌리, 장구리 등 노성면 일대의 파평윤씨들은 이 종학에서 교육받았고, 대소 시험을 통과하여 사회에 진출하였다. 이러한 배경으로 이곳 종학은 파평윤씨 문중의 사상과 정신적 토대가 되어왔다. 그리고 지금에 이르기까지 그 명맥을 잇기 위한 노력이 후손들에 의해 지속되고 있다.

종학에 이웃한 유봉마을에 거주하고 있는 윤석간 씨 또한 조상의 정신을 잇기 위해 노력하는 인물이다. 그는 명재의 후손으로 조상이 남긴 예법을 비롯한 생활철학을 유지하고 아울러 후손에게 전승하려 한다. 구체적으로 그와 같은 단면은 이 항목에서 기술하려 하는 제사의식에도 잘 나타나 있다.

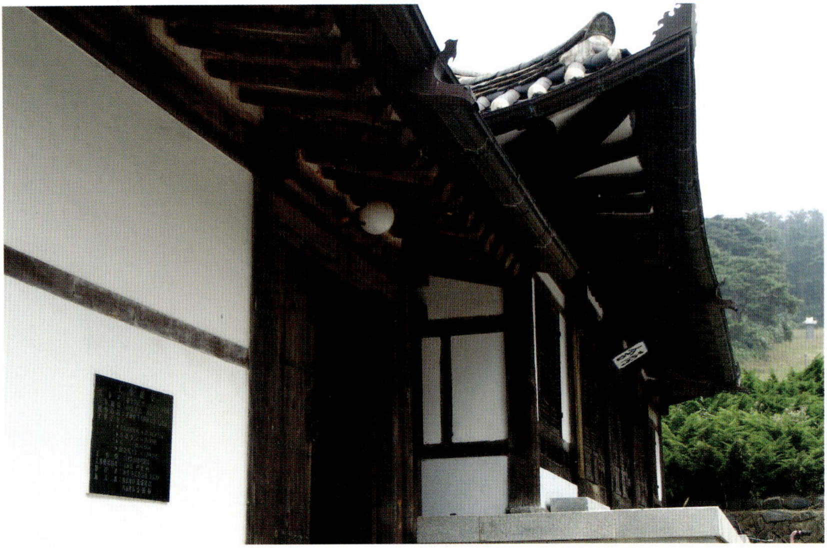

병사 노종파 재실

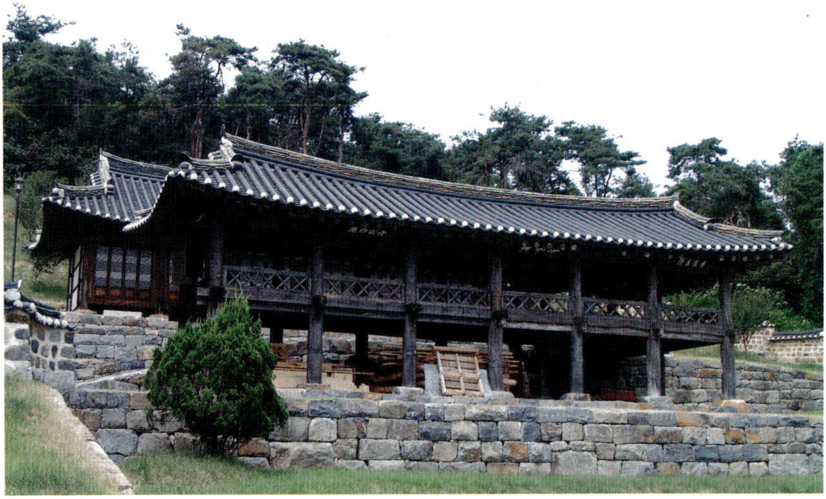

병사 종학당

"우리 집은 떡국, 송편으로 차례를 지내죠. (차례상에는) 탕 같은 건 필요 없죠. 적은 쓰고, 과일은 쓰고, 나물 같은 게 필요 없죠. 포는 대개 명태포를 쓰는데 차례상에는 명태, 문어, 가조기, 상어. 가조기는 크게 되었어서 굉장히 짠 거죠. 조기 비슷한 그거 말린 거. 우리 집은 간소하게 하라는 그게 있어요." [윤석간]

설, 추석의 차례상에는 각각 떡국과 송편으로 차례를 지낸다. 이때에는 탕을 올리지 않는다. 제보자는 선대의 조상으로부터 '간소하게 하라'는 유언이 있음을 밝히고 있다. 이는 명재 윤증과 팔송공 윤황의 생활철학으로 그 후손인 제보자 역시 이를 따르고 있는 것으로 볼 수 있다.

"(문 : 세일사를 지낸다고 하셨는데 묘제를 말하는 건가요?) 그렇죠. 옛날에는 봄에도 하고, 시월 달에 하기도 하고 그렇죠. 우리 집은 왜정 때, 공출이 심하고 했을 때, (시제를) 가을에 했다가 지금은 봄에 하고 있죠. 옛날에는 정일(丁日)을 잡아서 했는데 (문 : 삼월 정일?) 그렇죠, 삼월 달, 음력 삼월이요. 근데 지금은 평일 날은 사람들이 안 와요. 그래서 공휴일 중 일요일로 잡아서, 음력으로 삼월 첫 일요일 날 하죠." [윤석간]

요즘은 묘제(墓祭)를 가을걷이가 끝난 음력 시월 중에 날을 정하여 하는 경우가 대부분이다. 그런데 윤씨 문중에서는 봄가을 두 번 하던 것을 음력 3월에 날을 정하여 하고 있다고 한다. 묘제는 5대조 이상의 조상을 대상으로 조상의 묘에 찾아가 지내는 제사이다. 파평윤씨의 조상 산소는 병사리를 비롯하여 그 인근에 흩어져 있다. 문중인들은 지문에서와 같이 음력 삼월에 이들 조상의 묘를 찾아가 제사를 올리고 있다.

기제사(忌祭祀)는 4대조 이내의 조상을 대상으로 조상이 돌아간 날 첫 새벽에 지내는 것이다. 윤씨 문중에서는 기제와 같은 제사의례에 대해 무엇보다 '정결함과 경건함을 강조하고 있다.

"의식은 오직 경건하여야 하니 宗約에 '恭行'하라 하시었으며, 祭需는 오직 정결하여야 하고 많이 차리기를 힘쓰지 말아야 하니 -중략- 八松公 遺訓에 무릇 제사는 큰댁(宗家)에서 받들어야 하니 종가는 대소문중의 장손으로써 문중의 대표이며, 봉사의 책임자이니 그 처신에 신중하여야 하며, 지손은 큰댁의 제사와 수호를 도와야 한다.” [윤씨 문중 가례]”

위 지문은 윤씨 문중에 내려오는 가례, 특히 제사의식과 관련된 내용이다. 지문에는 제사에 임하는 태도와 검소한 제수, 제사의 유지 · 전승에 관심을 두어 말하고 있다. 그리고 이러한 관점은 팔송공 윤황의 유훈에 근거하고 있음도 볼 수 있다.

기제를 지내기 하루 전에 먼저 집 안팎을 깨끗이 청소한다. 제사에 참여하는 인물 또한 목욕을 하고 옷을 갈아입는다. 제사 시간이 임박하면 사당으로부터 신주를 모셔온다. 신주를 모시기 전에 고사를 하는데 이를 <出主告辭>[3]라고 한다. 고사문은 제사의 대상이 되는 부부의 신령에게 ‘제사로 인해 사당 밖으로 나가게 되었음을 알리

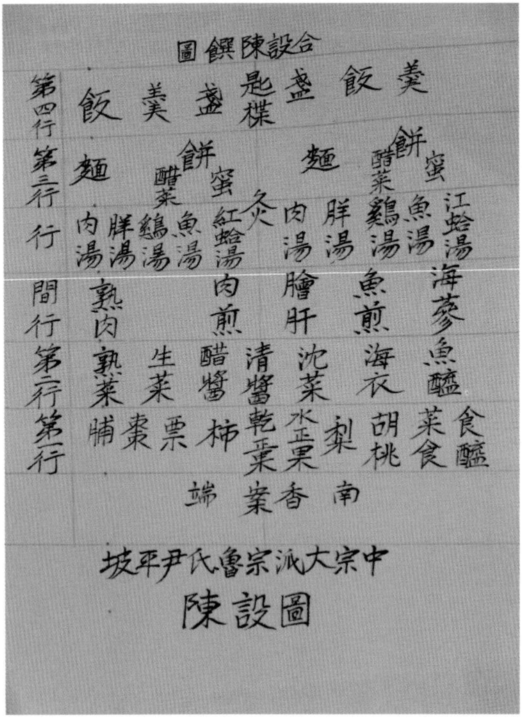

윤석간 씨 댁 진설도

는 내용' 으로 되어 있다. 사당이 없어 신주를 모시지 않는 경우에는 지방을 작성하여 대신한다. 지방을 쓸 때에는 목욕재계하고 의관을 정돈한 뒤 꿇어앉아서 써내려간다.

신주 또는 지방은 상의 중앙 북쪽에 안치하고 그 앞에 제물을 진설한다. 제물진설은 사진의 <진설도>와 같은 방법으로 한다.

그런데 항상 진설도와 같은 내용의 제수만 올리는 것은 아니다. 계절이나 해에 따라 약간의 차이가 있다. 해당 계절에 나는 과일이 있다면 진설도와 관계없이 올리는 예가 있다. 제보자 윤석간 씨는 위 진설도가 현재 차림과 다소 차이가 있다고 한다. 진설도에 보이는 해삼이나 장탕(소의 양) 등은 과거에 썼던 것이지만 지금은 올리지 않는다. 그 외에 과거에는 홍합탕을 올렸으나 지금은 올리지 않는다고 한다.

제보자는 의의 진설도가 윤증 선생이 남긴 것이라고 한다. 그는 "십대 조 명재 할아버지께서 진설을 가례로 해놓은 거"인 까닭에 후손들이 이에 근거하여 제수를 차린

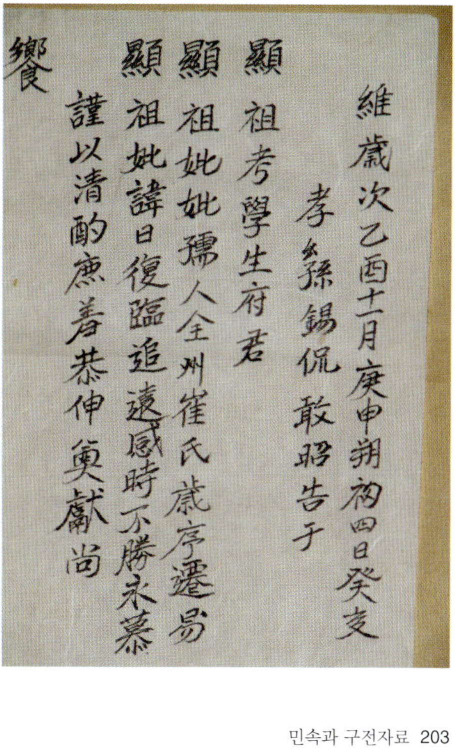
維歲次乙酉十一月庚申朔初四日癸亥
孝孫錫侃敢昭告于
顯祖考學生府君
顯祖妣妣孺人全州崔氏歲序遷易
顯祖妣諱日復臨追遠感時不勝永慕
謹以清酌庶羞恭伸奠獻尚
饗

조모 기제 축문

다고 한다.

제물을 진설한 뒤 본격적인 제사를 지낸다. 제주가 상 앞에 나아가 분향강신 한 뒤 제사에 참여한 모든 사람이 참신한다. 이어 초헌관이 술잔을 올린 뒤 제사에 참가한 사람들이 상 앞에 꿇어앉는다. 그러면 축관이 축을 읽어 내려간다.

초헌은 반드시 장자나 장손이 한다. 아헌은 차자나 제사에 참가한 원로를 지목하여 행하도록 한다. 곧, 아헌 이후부터는 그날 참가한 사람들을 고려하여 지정한다. 초헌과 독축 이후 아헌과 종헌이 이어진다. 세번째 술잔을 올린 뒤에 제사에 참가한 사람들이 방 밖으로 나오는데, 이를 합문이라 한다. 방문을 닫고 2~3분 동안 방 밖에서 기다리는데, 이는 신령이 음식을 흠향하는 것을 방해하지 않기 위함이다. 합문의 과정이 끝나면 다시 방에 들어가 첨작을 한다. 첨작은 기왕에 올린 술잔에 술을 보태는 과정이다. 이때에는 술과 함께 회간이나 전도 함께 올린다. 이후 숭늉을 올리고 제사에 참가한 사람들이 모두 재배한다. 이렇게 함으로써 기제사가 마무리된다.

## 구전자료

구전자료는 병사리에 전승되고 있는 설화와 주민들의 살아온 이야기를 녹취하여 정리하였다. 설화의 경우는 이 지역에 살았던 인물 관련담이나 지명담을 중심으로 모았다. 인물담 가운데는 단연 명재 윤증의 이야기가 많았다. 이는 그가 소론의 종장이기도 하지만 윤씨 문중의 정신적 지주이기 때문이기도 하다. 각종 예법이나 규범이 그를 통하여 완성되고 후손들에게 물려져 내려왔음을 쉽사리 확인할 수 있다. 그 외에 병사리 사람들이 살아온 이야기는 풍속, 마을사, 사건 등과 관련된 소재를 채록하여 정리하였다. 병사리 사람들의 한국전쟁 체험으로부터 칠석 산신제, 옛 두레 이야기 등을 통하여 이곳 사람들의 살아온 내력에 접근하려 하였다.

## 설화

### 유봉

유래는 몰라요. 이게 봉오리가 닭이라고 해서. 이름이 지랄 같아서 못 산다 했지. (문 : 왜요, 이름이 좋은데요.) 여기 처음에 정착할 때, 유씨네하고 백가. 지금 말하자면 여기 사람은 아닌데 같이 커서 죽마고우로, 친구는 안 되었대요. 백씨하고는 좀 차원이 다르니까. 그러니까 자기들이 유씨들이 정착하고 나서 백씨들이 왔대요. [전승희]

### 윤씨 가의 검소함

여기 성이 윤씨네들은 무슨 풍속 같은 건 안 따르고 법 나름대로, 없는 사람은 무슨 번거롭게 하냐고 상당히 검소하게 했어요. 다들 조상들한테 푸짐하게 하는데 여긴 안 그랬어요. 다른 집안은 다식 같은 거 썼는데 우리 집안은 안 써요. 그 (윤증) 양반이 아마 영조 때 돌아가셨던가.[4]

(문 : 벌써 삼백 년 가까이 지났는데도 명재 선생의 가르침을 따르네요?) 그게 우리 자손만이라도 검소하게 알고 있으라고 그런 거지 뭐. 청백리잖아. 그래서 음식도 '내가 맛가 있는 음식은 입에다 대면 안 된다.' 고 해서……. 이 양반이 당신 아들은, 손자가 대사원이잖아. 자손이 연달아 벼슬을 한 거잖아. 근데도 검소해서 백미 같은 건 드시질 않으셨대. [전승희]

### 토한 논

이 앞으로 해서 길이 나 있어요. 저기가 '토한 논' 이라고 있었어요. 왜 그런고 하니, 서울서 (명재와 친분 있는) 거신(巨臣)이 내려와갖고,

"선생님 여기서 계시지 말고 서울로 올라가시자."

고 권유를 많이 했나 봐요. 근데,

"준비한 건 나는 이것밖에 없다."

고 하시면서 조죽을 끓이셨더랴. 그래서, (명재가 찾아온 이에게)

"못 먹는 것은 아니니까 드셔보시라."

고 해갖고 먹고 나니까, 선생님 앞에서 못 먹겠다는 소리도 못하고, 저 가서 토를 했댜. 그러니까 토했다고 했다고. 그러니까 그건 자료가 없어. 그렇게 내려온 소리야.

(문 : 조금 전 거신이 어떤 뜻인지?) 그건 모르죠. 그건 이 양반을 높이기 위해서 이렇게 말이 나온 거겠죠. [전승희]

## 울음 그친 개구리

이게 마을의 자료가 될 만한 건 없는데. 그 양반 높이기 위해서 그런 말이 나온 것 같고……. 여기 (유봉 영당 쪽을 가리키며) 길 위에 절대 맹꽁이가 없어. 맹꽁이가 왜 없냐고? 시집와서 희한하더라고. 개구리 소리도 안 나거든요.

그래서 그랬더니 옛날 어르신들이 말씀하시길 열 몇 살인가? (명재 선생이) 병자호란 치르시고 낙향하신 거 아니에요. 그런데 그냥 (개구리가) 울더랴. 그러니까 당신을 생각해서 그런 게 아니라 여러 노인들이 대간하잖아요. 낮에 일하고 밤이라도 깊이 자야 하는데 그러신다고, 개구리 한 마리 큰 거 하나를 잡아오라고 해서 호통을 쳤대요.

"미물인 짐승이 어디 사람의 단잠을 깨우냐고? 썩 물러가라고, 안 물러가면 너희 가만 안 둔다."

고 했대. 그래서 그런지 개구리가 안 울었어요. [전승희]

## 명재의 집터와 초상화

여기서 (유봉) 영당에 가면 기와가 있어요. 그게 그 양반 집이었다고 하는데. 산 밑에 그 부분. 그 전에 보면 마루폭이 많이 있었어. 그 집 뜯은 건지 몰라? (문 : 마루 송판?) 그렇지. 다 아구를 맞춰서 놓더라고. 그때 거라고 하는데, 확실히는 모르는데 그분 거라고 하더라고요. (문 : 그럼 지금은 집은 없고 터만 남아 있는 거네요?) 네. 터만 있어요. 여기가 기라는 것만 알고. 그래서 그 양반 돌아가신 후에 영당을 지었잖아요. (문 : 터에다? 아님 그 옆에다?) 그 옆에다가요. (문 : 명재 선생이 사셨던 그 터가 너른가요?) 아니 좁죠. 별로 없어요.

그 양반 도포를 져 입으시라고 (나라에서) 많은 비단을 보냈는데 한번 안 입으셨대요. 초상화도 그 제자들이 그리는디, 엄청나게 애를 먹고, 당신 그리는 지도 모르고 문구멍으로 그냥 보고서 앉아 계실 때, 그리셨대요. '오늘은 이것만 그려야겠다, 오늘은 이것만 그려야겠다.' 이런 식으로. 당신 정면은 못 보고 그렸어요. 그리질 못하게 했어요.

초상화 그림은 그 굉장히 화가였다고 그래요. 여러 날 시일이 걸려서 그렸대요. (문 : 초상화가 남아서 전해오나요?) 그렇죠. 젊은 초상화는 박물관에 가있고. 사진만. 온양으로 갔다던가, 부여박물관으로 갔다던가? [전승희]

## 명재의 신통담과 지구본

(명재) 할아버지가 저 (마을) 앞에를 쳐다보시면서 시도 읊고 그러셨죠. 지금 왜, 만 원짜리 뒤에서 거시기 있잖유. 지붕 있고 그런 거. 그것도 우리 집에 있었어. (명재) 할아버지가 만드셨대. 그것도 박물관이 가져갔어. 모르는 사람들은 그게 뭐 물레라고 해서…….

(병사리1리 쪽을 가리키며) 마을, 저기서 할아버지가 신이유. 저기서 따르면 물이 쫘악 따라 송당까지 갔다고 하는데, 모르니까. 모르니까 사람들이 하는 소리지. 송당에서 뭐라고 주문을 해가면서 내둘으면 물이 쫘악 따라 올랐대. 근데 그게 말이 되유? 물이 쫘악 따라 오른 게? 그건 말이 그런 거고.

물레 같은 게 서 있으니까 물레라고 했는데, 지구본 모양으로 토성, 금성 볼 수 있게 다 붙였더라고. 내가 봤을 적에는 있었는데, 지금은 요새 없어. 내가 볼 때는 쫘악 돌리면 다 있었어. 근데 자꾸 훼손되니까 뭘로 쩜맸다가 하다가 박물관에 갔어.

(문 : 만들었다고 하는 할아버지가 어떤 할아버진가요?) 명재 할아버지. 한 가지만 몰두하신 것이 아니라 여러 가지 하셨나봐? (문 : 박학하게?) 예, 그런 것도 하시고. [전승희]

## 명재의 검소함

(문 : 명재 선생 생존 때에 어려웠다는 거죠?) 그런데 당시는 어렵게 살았나봐. 제자들이 (명재 선생이) 엄청나게 못 살으니까, 나랏님이……. (명재 선생이) 무쟈게 고생했나봐. 서울서, 정부에서 비단이니 곡식이니 보내도 (명재 선생이) 하나도 안 받았다는 거야. 거기서 마나님이 그랬대.

"도포가 남루하니까 한 필만 떠서 해 입으시면 어떠냐?"

고 했다가 굉장히 혼났대. 한자도 축 안내고 그대로 보냈대. 그래서 청백리잖아. 유명하잖아. 너무 검소하셨나봐. 그래서 그 윗대가 화려할지 몰라도 명성은 이 양반이 높잖아. 명재 할아버지께서. [전승희]

### 총명했던 명재

(문 : 어릴 때는 어떻다고 하던가요?) 총명했어요. 책도 다 있어요. 일곱 살 때부터 시도 읊고. 그 양반이 열두 살인가? 그때 초과에 통과했다던가. (문 : 초시에?) 예.

굉장히 어려서, 그 양반이 외가에서 태어난 뒤에 공부를 하고 그게 너무 안타까우니까 (어머니가)

"너도 저기 노루가 뛰어다니니까, 애들이 구경하니까 너도 나가서 구경하고 오라."

니까, 앉았다가 다음에 일어나더니,

"어찌 지금 이러냐?"

니까,

"그때는 (노루가) 있을지언정, 지금은 갔다."

는 거야. [전승희]

### 윤씨 가의 이야기

(문 : 한식날 차례를 모실까요?) 차례 없어요. 한식 차례 없어요. 옛날에는 후촌파들이 일 년의, 우리 큰댁에도요, 대청마루에다가 신주가 다 있는 거야. 그래서 거기서 다 제사 지내고. 일 년이면 몇 번씩 제사를 지냈는데 신주를 산으로 가져가고 안 했죠. 신주를 산에다 묻었죠. (문 : 사당이 없어지면서 그랬을까요?) 예, 그렇죠. 사당을 없애버린 거죠. 왜정 중엽에 그랬다고 하더라고요. (문 : 자의로 한 건가요?) 자의로 그런 거죠.

윤씨는 성씨 개명도 안 했어. (문 : 종교는 있었어요?) 불교를 뚜렷이 믿지는 않고, 유교 사상 믿기도 바빴던 거예요. 지금까지도 없어요. 절에는 지금 자손들이 다니고 어쩌고 하지, 그전에는 안 다녔어요. [전승희]

### 명재에 얽힌 일화

(명재) 그 양반이 겸손한 양반이요. 내세울려고 하는 분이 아니요. 조금, 그 할아버지의 묘비를 보면 말이죠. 아무것도 없어요. 그냥 증사라고 써 있슈. (문 : 증사?) 이 일대에서 선비라는 뜻이죠. 그래 인제 관직을 쓰지를 안했어요. 그 양반 돌아가실 때 유언이었대요.

(문 : 초상화 일화는요?) 그래서 초상화를 그릴려고 하는데 못 그리게 하셨대요. 문구녕

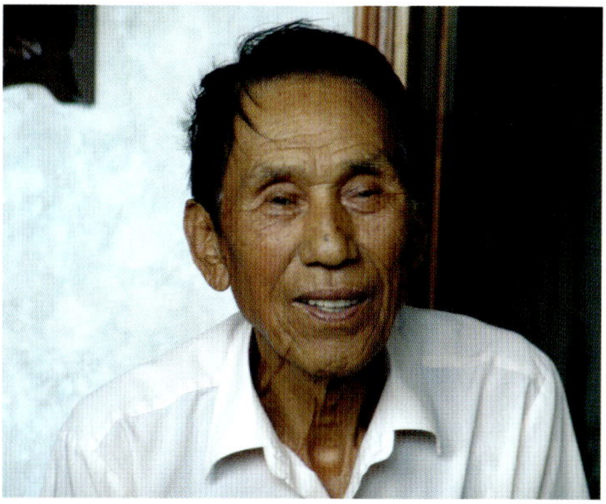

제보자 윤석간 씨는 명재의 후손이다.

을 뚫고서 구녕으로 보면서 그렸다고 하는 이야기가 있지요. (문; 누가 그렸다는 이야기는 안 전하나요?) 글쎄요, 그건 모르겠네요.

(문 : '혼례 때 조밥을 올렸다.' 이건 무슨 이야기인가요?) 우리 집안은 붕어를 잡아서 놓고, 조밥을 놓고, 과일 같은 건 없어요. 그리고 대나무하고 소나무하고 병에다 꽂고 청실홍실 걸어놓죠. (문 : 상차림에 관한 그림이 있어요?) 없어요. (문 : 붕어는 몇 마리나?) 그게 잘 모르겠네. (문 : 달랑 요거 두 개뿐이에요?) 예. 없어요. (문 : 조밥은 명재 선생님이 잡숫던 것이어서 놓았을까요?) 사실 모르겠네요.

(문 : 명재 선생님 어릴 적 이야기 좀 들려주세요?) 그것은 자세히 모르는데, 어머니가 강화도에서 순절하셨어요. 그때 인자 그 양반이 일곱 살, 아홉 살이라고 하던가요? 그때 그 시신은 묻고서 거기다가 표시를 하기 위해서 돌을 쌓아서 놨다고 하던가요. (문 : 아, 일곱 살짜리가?) 예. 아홉 살 때. 그 양반이 시를 즐겨 했어요.

(문 : 순절을 하셨다고 했는데, 사연이 뭐죠?) 그러니까 오랑캐들이 강화도에 점령을 해서 오잖아요. 그 놈들이 행패를 부렸슈. 여자들을 겁탈을 하고 그러니까,

"내 스스로 목숨을 끊겠다."

해서 돌아가신 모양이에요.

(문 : 명재 선생이 여기서 살았던 터가 있다는데요?) 예. 있었죠. (문 : 실제 보셨어요? 집이요?) 집은 못 보고요, 헐린 재목은 본 기억이 나요. (문 : 명재 선생님이 숙종 때 분이신가

요?) 인조 때 나셨죠. (문 : 그럼 한 삼백 년 전후 일텐데, 집이 제법 오래 있었네요?) 그렇죠.

(문 : 언제쯤 이곳에 내려오셨나요?) 여기 오시기는 결혼 후에 오셨다고 봐야죠. (문 : 오셔서 유봉에서 계속 사시나요?) 돌아가시긴 여기서 돌아가셨나봐요? (문 : 중간에 이주하셨을 가능성은 있고?) 그러니까 서울서, 아버지 따라서 금산에서도 사셨다고 해요. [윤석간]

## 맹꽁이 퇴치와 성죽옥형

(문 : 맹꽁이가 없다던데?) 하도, 이제 비가 많이 오면 아주 시끌어서 잠을 못자요. 일들하고 곤하게 잘 때인데. 잠을 못자고 하고 그러니까 주민 사람들이 그 명재 할아버지한테 가서,

"고단해서 잠을 못자겠다."

고 하니까,

"큰 맹꽁이를 잡아 오라."

고 그래서, 그 놈을 그 양반 앞에 갖다 놨다는 거예요. 그랬더니 그 양반이 크게 호통을 쳤다는 거예요.

"당장에 여기서 떠나라."

고. 이제 그 뒤로 맹꽁이가 없다는 거죠. 그래서 인지 몰라도 지금도 맹꽁이 소리가 없어요.

성죽옥형이라고 천문학을 연구하신 게 있어요. (문 : 책인가요?) 아니요, 그게 대나무로 지구본을, 그때 지구가 돈다고 하잖아요. (문 : 실물이 있어요?) 박물관에 있어요. 종손이 맡겼어요. (문 : 초상화도 마찬가진가요?) 그렇죠. [윤석간]

## 지명유래와 재산형성

(문 : 병사와 유봉을 묶어서 병사1리라 하죠?) 그렇죠. 병사, 유봉, 가시라기 묶여서. (문 : 병사2리는?) 내촌이고. (문 : 2리의 큰 마을은?) 덕진.

(문 : 유봉의 유래는?) 유래는 글쎄요? 저 병사서 볼 때 여기가 서쪽이라고 해서 유봉이라고 한대요. 유봉이 서쪽이라는 뜻이래요. (문 : 닭을 닮았다는 이유는 아닌가요?) 그런 것은 못 들었어요.

(문 : 병사는 왜 병사라고 했을까요?) 병사라는 데는, 거기가 즉 말하자면 임금이 사는 데하고 부마 사는 데하고 이 대성이 사는 것이……. 임금이 사는 데는 갑사고 부마 사는 데는

을사고 대가집 사는 데는 병사라고. 그래서 병사라는 지명이 된 거래요. 그래서 병사라는 지명이 여기만 있는 게 아니라고 해요.

(문 : 과거에는 이 일대는 다 윤문의 땅이었다죠? 명재 선생 때는 초가 삼가이었다고 하던데, 어느 시기에 재산이 늘어났나요?) 명재 거시기는 모르지만, 동토 할아버지, 저 명재의 큰아버지 되시는 분이……. 명재 아버지가 오형제분이에요. 그래서 큰자제가 동토거든요, 순덕. 그리로, 큰댁으로 부자들이 내려왔죠. 명재 아버지가 오형제의 막내 되시는 분이에요. 동토 할아버지께서 벼슬에 관심을 안 두고, 왜냐면 벼슬을 하시긴 하셨는데 가세 살려보것다 해서, 그 양반이 많이 살리신 것 같아요.

그리고 우리가 봉사(奉祀)하고 있거든요. 그러니까 '윤돈'이라고 낙향하신 중시조 분이죠. 그 양반이 문화유씨로 장가를 드셨쇼. 근데 (장인) 그분이 자손을 못 두셨쇼. 딸을 둘인가 셋인가 두고서 아들을 못 봤소. 그래서 큰 사위가 청주한씨, 윤돈 할아버지가 두번째 사위인데, (장인) 이분이 재산이 많았었던 모양이요. 그래서 사위한테 재산을 많이 몰려준 모양이에요. 그래서 재산이 좀 있었고. (문 : 윤돈께서 처가의 제사를 받았네요. 시기가 언제쯤일까요?) 한 사백 년 되었다고 봐야죠. 외손봉사를 지금 사백 년 넘게 하고 있어요. 세일사 때도 똑같이 제물을 하고 하죠. (문 : 묘소도 이 근처에 있고?) 병사에 돈자, 창자, 세자, 순자 사대가 저기께 있어요. [윤석간]

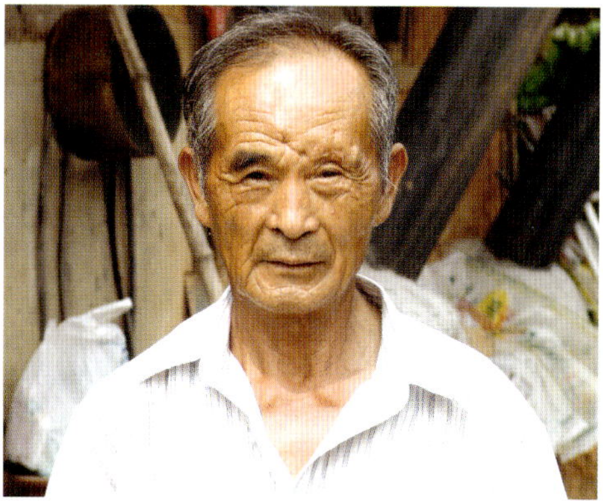

**토박이 주민 김영현**

## 살아온 이야기

### 병사리의 두레

아래는 병사리의 두레에 관한 구술이다. 제보자는 1950년 한국전쟁 이전까지 존재하였던 병사리 두레를 상세하게 설명하고 있다. 두레노동 시작 직전과 두레노동 마감 이후의 두레먹이에 대한 내용을 볼 수 있고, 당시의 기세배(旗歲拜) 및 이웃 마을과의 세력 관계에 대한 언급도 보인다.

육이오 전까지 두레를 했어요. (문 : 해방 이후에도?) 예, 그럼 여기서 일할 수 있는 분들이 한 사십 명 정도 나가서 같이 논매고 다 했죠. 여기 부락이 많이 컸었어요. 그전에는. 왜냐면은 여기 저수지 바람에 자본 가지고 있는 분들은 싹 나갔어요. (문 : 자본 가지고 있는 사람?) 여기 저수지 하는 바람에, 그 전에 저수지 하기 전에는 농토가 다 그분들 꺼란 말이에요. 근데 저수지 하면서 농토가 다 뺏긴 거예요. 살 수가 없으니까 토지가 있는 분들은 보상을 받아서 다 나갔죠. 그래서 (보상 받은 이후) 토지가 없는 분들이니께, 할 수 없이 싹 다 나갔지. 여기가 한 삼십 팔호나 됐슈. (문 : 지금은 몇 호인데요?) 한 십이 호. 반절이 더 뜯겨 버렸네. (문 : 그 당시에 두레가 규모가 컸다고 봐야 하나요?) 크죠. 보통 논 김매는 사람이 최고 많을 때는 사십 명 됐으니까. 그럼 동네 부락 좌상이라고 좌상어른 계시지, 또 지휘하는 분 있지. 한 사십오 명이 돌아다녔으니까. (문 : 좌상이 두레패의 큰 어른인가요?) 좌상어른이 그때그때 지시를 해서 통제를 했죠. (문 : 깃발도 갖지고 다니고?) 아, 그럼요. 여기서 영기도 있고, 대기도 있고, 농악 치고. (문 : 풍물패는 몇 명이나 됐어요?) 여덟. 나팔 둘 불고, 여덟이 뭐여? 나팔 둘, 기수 있지, 영기 있지, 농악이 이제 다섯 명이 치지. 꽹과리가 둘. 징 장구 북 하나. 그래서 열 명. (문 : 열 명이 풍물을 지면 삼십오 명이 일하는 거예요?) 인저 이동할 적에만 치고, 현장에 가서는 오 분, 이삼 분 치고서 같이 일하죠. 그러니까 이동할 적에만 치는 거유. (문 : 두레 때에는 마을 사람 전부가 참여하는 거죠?) 그렇죠. (문 : 논을 많이 가지고 있는 사람도 있고 적게 가지고 있는 사람도 있을 텐데?) 그러니까 마지기씩 돈을 매기는 거요. 한 마지기 얼마씩. 그러니까 작고 많고 상관이 없죠.

그리고 예전에 저 건너 가, 이 동네 기가 뜨면 항복해야지 항복 안 하면 다 때려 부셨슈. (병사리가) 사람이 많고 그러니까 쎌 수밖에. (다른 마을은) 스물 명, 많아야 스물다섯 명.

(문 : 실제로 어떤 마을하고 다툰 적 있어요?) 저기 가곡리 하고 대항하다가 기(깃발)니 뭐니 다 때려 부수고 농악이고 뭐고 다 부쉈잖아요. 위험하면 항복하는 거죠. 승복하면 절대 안 건드려요. 승복하는 것도 간단혀요. 기 가지고 땅에다가 대면 돼요. 사십오 각도로 절을 혀요. 근데 그냥 서 있으면은 그냥 쫓아가죠. 그래서 그건 다 분지르는 거요. (문 : 위아래 서열은 어떻게 정하나요?) 큰 동네는 기가 높았어요. 작은 동네는 기가 작고. 이 부근에서는 여기 기가 최고 컸어요. 기만 쳐다봐도 승복을 하게 생겼었어요. (기에는) 농자지천하대본(農者天下之地大本) 그것만 써 있고. 그리고서 자기네 고유 명칭 조금 써놓기도 하고, 안 그럼 안 써놓기도 하고.

(문 : 두레패는 어떤 작업을 했죠?) 김매기를 하는 거죠. 김매기도 하고, 모내기할 때도 했어요. 근데 모내기 할 때는 특히 힘들고, 뭐가 있다고 할 때는 가끔 했어요. 어쩌다 한 번씩. (모내기 의뢰는 마을 사람이) 다하는 게 아니라 농사 많이 짓는 분만 해가지고 자금 확보 때문에 하는 거죠. (문 : 김매기는?) 김매기는 매년 하는데, 안 맬 사람 안 매고, 맬 사람 매고. 근데 두레하면은 안 할래야 안 할 수가 없어요. 여기 며칠 매면 자기 논을 맬 시간이 없는데 같이 매야지.

(문 : 김을 몇 번이나 매나요?) 아시 매고 두벌 매고, 만물까지 하잖아요. (근문 : 이 가운데 두레패는 언제 참여하나요?) 보통 두 번을 하죠. 아시를 매고 두벌을 매고. 만물은 뭐 별로 그렇게 안 해요. (문 : 두레로 모은 돈은?) 예, 기금이 되는 거죠. 기금이 돼가지고서 부락에 무슨 일 있으면 사용을 하고, 봄에 꽁맹이 먹는다고 하죠. 봄에 인제 부락민들이 총동원해서 한 이틀씩 먹고 놀죠. 그리고 칠월에, 칠석 무렵에 인제 그때 놀음하면 사흘 놀고. (문 : 봄에 꽁맹이 먹는 날은 좋은 날로?) 예. 농촌이 일을 시작한다는 표시오. 돼지 잡고 술 하고 먹고 노는 거요. 농악 치고. 그리고 동네 하천이나 어디 파괴됐으면 수리하고. (문 : 일도 하고?) 예, 파괴됐으면 수리도 하고. (문 : 남자 여자 같이 놀고 일하고 했나요?) 같이 놀긴 놀아도, 부인들이 일하죠. 그때만 해도 굉장히 엄했어요. 서열 식으로 좌상 명령에 복종을 해야지, 그 분 명령에 복종을 안 하면 회초리 (양 팔을 일 미터 가량 벌리며) 이만씩 한 것으로 한 여남은 대를 맞았어야 했어요. (문 : 언제?) 일 하러 갈 때도 그렇고, 놀 때도 그렇고, 거기서 좌상이 지시를 해요. 거기서 줄을 여기까지 넘으면 안 된다 했는데 넘으면 혼나요. (문 : 좌상은 특별한 분이었나요?) 동네서 요령이 많고, 학식이 있는 분을 시켰죠. 왜냐면 그분

말이라면 순종할 수 있고, 그분이면은 이러이러한 일은 충분히 지탱할 수 있다. 그러면 부락민들이 시켰어요. 그분 말이라면 모두 순종했어요. 안 할 수가 없어요.

(문 : 칠석에 놀 때도, 봄처럼 돼지 한 마리 잡아서?) 두레를 해서 돼지를 한 두어 마리 잡아요. 호당 고기도 나눠주고 먹고 그러죠. 두 마리 잡으면 한 마리 반은 노놔 줘요. 반 마리 가지고 먹을 수 있으니까. (문 : 그날 윷놀이도 하고 그랬어요?) 그런 건 없었어요. 순전 농악이지. 윷놀이니 씨름이니 그런 건 없었어요. 농악치고 먹고 놀고. (문 : 그것이 언제까지 지속됐어요?) 육이오 나기 전까지는 했어요. [김영현]

## 병사리 주민의 한국전쟁 체험

한국전쟁 당시 인민군이 현 병사 재실에 본부를 두었다. 그리고 재실 뒷산을 훈련장으로 삼았다. 특히 신입 의용군의 전투교육장으로 삼아 모의전투를 하였다. 한편 마을사람 일부는 이들의 지시에 따라 밥을 지어주는 등의 일을 하였다. 뒷날 수복 이후 이에 대한 조사를 받았지만 별 다른 피해를 입지 않았다는 내용이다.

저수지 이게, 시작한 건 확실히 모르겠는데, 이 저수지가 수문을 막은 지가 58년도에 막았어요. 내가 58년도에 군대 갔는데, 내가 휴가 오니까 막더라고.

(문 : 저수지 토지 보상받고 다수의 주민이 이사 갔다고 하였죠?) 그때 한 열 집 나가고 뒤에 나간 거예요. 논 뭐 두어 마지기 서너 마지기 찾은 사람들은 이것도 아니고 저것도 아니잖아요. 여기서 있어봤자 뭐 하니까……. 알뜰하게 하는 분들은 다르고, 술 좋아하는 분들은 술 마시다가 집만 뺏기고 나가고 그랬죠.

(문 : 재실 뒷산에 토종 소나무가 많아요.) 왜정 때도 나무를 안 베었어요. 송진만 빼갔지. 이것도 다 육이오 후로 서 있는 거요. 육이오 때 다 없어진 거요. 잘라다 막 땠는데 뭘. (문 : 관리가 안 됐네요?) 관리를 할 수가 없죠. 그때 당시는 어떻게 됐거나 육이오 때 자기네들이 주먹이 쎄고 약고 간에 권한만 있으면 어른인 겨.

육이오 때 이런 데 내려와서 사람 죽인 게, 인민군은 한 사람도 안 죽였어요. 옛날에 남의 집 들어가서 고생한 사람들이 의용군들이 들어가서 끗발 믿고 이유 없이 죽였어요. '이런 눔들은 당해야 싸다' 고 하면서 말여. 다 잡아 놓고 그랬었는데, 여기도 시작만 했으면 많이

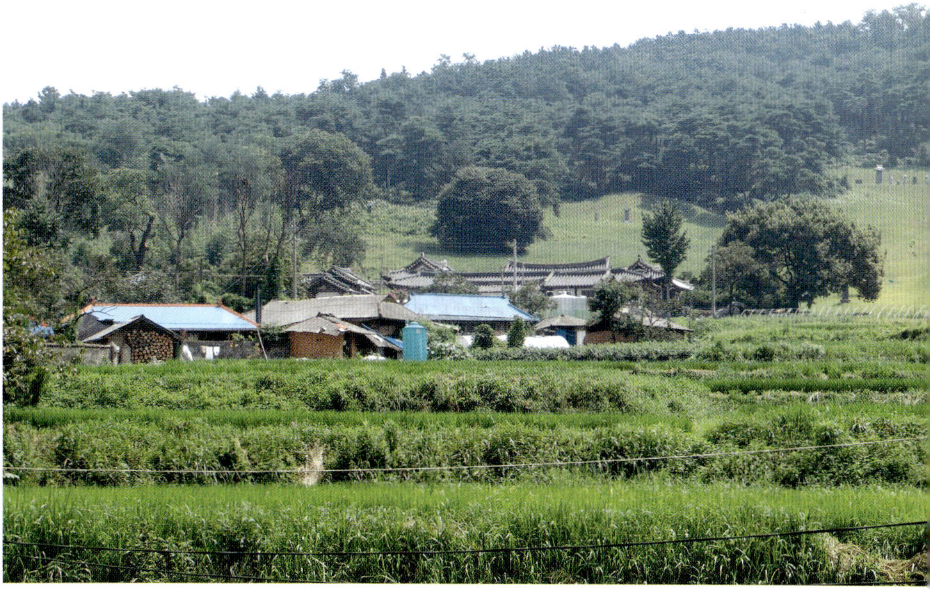

**병사마을 뒷산은 파평윤씨 선산이다. 이 마을의 재실을 인민군이 본부로 정하고 뒷산을 훈련장으로 삼았다고 한다.**

죽였을 꺼여. 바로 산 너머에 공군 중령이 있었어요. 폭격을 그러니까 못한다는 거예요. 그래서 못 죽인다 이거예요. 그 사람이 여기 세 번 시찰했다고 하더라고요. 기관총만 쐈다고 하더라고요.

(문 : 병사가 노성 쪽의 인민군 본부였다고 했죠?) 세 군데 있었어요. 인민군이 한 사흘 있다가 가고, 산에서 훈련만 받고 (가서) 없고 그러더라고. 낮에는 (훈련을) 않고 주로 밤에 하더라고요. 그때는 솔(소나무)도 별로 없고, 잡초도 별로 없었어요.

(문 : 병사리는 육이오 때 피해가 없었나요?) 여긴 육이오 때 피해는 없었어요. 왜냐면 여긴 육이오 때 (인민군) 본부였어요. 왜냐면 의용군이 사오백 명씩 (병사 재실 뒷산을 가리키며) 산에 와서 훈련받고, (병사재실을 손으로 가리키며) 여기 와서 밥 다 해먹고. 그러니까 지방 사람들에게는 피해를 안 끼치죠. 끼칠 수가 없지. 의용군 사람들이 '지방 사람들은 손

대지 말아라. 아끼라' 고 하더라고. (문 : 인민군 본부여서 마을사람들은 불안했죠?) 그렇진 않았어요. 부락 사람들이 같이 씻고, 밥도 먹고. 농촌은 변했다고요, 식사가. 걔네들은 순 쌀밥만 먹잖아요. 그럼 불러요, 저녁 때. 식사하라고. 그럼 같이 가서 밥 먹고. 또 부인들이 가서 식사 해주기도 하고. 그리고 남는 음식 갖다가 나눠 먹고.

(문 : 그 일로 해서 육이오 뒤에 피해는 없었나요?) 예. 왜냐면은 주민이 오래 한 건 아니거든요. 구일팔 수복 돼서도 학도군들이 내려왔더라고요. (병사 재실을 가리키며) 여기가 본부라니까, 여기부터 와서 학도군들이 내가 잘 아는 사람들이더라고요. '지금 너희가 지시하면 우리가 안 따를 수 있느냐' 는 거여. 안 따르면 두들겨 패고, '너희는 우리 같은 사람 하나 죽여버려도 상관없는 거 아니냐?' 그런 식인데 '살기 위해서는 어떡 하냐?' 이거예요. 그러니 이 눔이 가만히 생각하니 지가 생각해도 그렇단 말이에요. 그러네. 그러다 보니 주민들 죄가 없네. 안 움직이면 죽이는데……. 여기 노성만 깨끗했어요. 두 사람 죽었는데, 그 사람도 안 죽을 사람인데 건방지다가 죽었어요. 왜냐면 패잔병이 들어와서 지서를 습격을 하는데, 지가 뭐라고 방위대장인가 뭐였는데 지가 단독으로 나가서 대항하다가 총 맞아 죽었잖아요. [김영현]

## 칠석 산제

과거 병사리의 산제는 마을 사람 모두가 참여하는 제의였다. 그런데 지금에 이르러서는 제의에 일부 마을 주민이 참여하지 않는다. 제의 규모 역시 크게 축소되었다. 그리고 1950년대 이전의 산제는 남성이 주로하였는데 지금에 이르러서는 소수 여성 중심의 제사로 전환되었다. 아래의 내용은 현 제의에 적극적으로 참여하고 있는 김영순 씨의 구술이다.

(문 : 시집 오셨을 때 살림살이가 좋았어요?) 살림살이가 좋았으면 부잣집에서 데려오지 왜 가난한 집에서 데려왔겠어요? 어려서 다 조실부모하고. 아홉 살 먹고 돌아가셨어요. (어머니가) 사남매 데리고 혼자……. 시방 여자가 품을 팔으면 하루 쌀을 두 말하고 쌀이 남으유. 어디 저기, 품 팔 데가 어디 있어요. 남자들도 도지도 못 낼 땐데. 그래서 어린 거 그냥 시집보냈지. (문 : 처음 시집와서 어디에 사셨어요?) 저 (재실 쪽을 가리키며) 꼭대기 집이

었어요. 원래 꼭대기. 대밭 있는데, 오두막집. 이집으로 오기를 25(살)에 왔어요. 그래서 여기 여적지 끝마치는 곳이죠.

(문 : 칠월 칠석에 산제를 지내죠?) 칠월 칠석날 산제, 시암제 사람 잡숫고. 했는데 작년에는 동네 부정해서 못하고, 윤칠월 초하루에 했죠. (문 : 동네에 무슨 부정이 있었어요?) 그냥 뭐, 산제라는 거……. 시암제는 저기하지만, 산제라는 건 누가 가서 빌고 그런 게 없어요. 그냥 저기 시루 하나 찌고, 닭 한 마리 삶고, 정갈하게 절하고 내려오는 거유. 산제가. 옛날에는 이 동네 풍장치고 지사지내고 했는데, 여기가 윤씨네 종가잖아요. 젊은 사람이 동네에 안 살고, 그러니까 한마디로 발전이 안되는 거죠. 그러니까 다 나가고 한 집에 하나 살고 둘 살고, 여기 집 다 뜯겼어요. (문 : 아까 부정해서 산제 안 했다고 했잖아요. 부정한 게 뭔지?) 저기 거시기, 개 잡으면 못해요. 개 잡으면 한 달 가요. (문 : 누가 개를 잡았구나.) 그렇죠. 올해는 어떻게 할려나 모르겠어요. (문 : 밤에 해요, 낮에 해요?) 낮에 해요. 시방은 (산제) 그거 좋아하는 사람도 없어요. 해마다 제가 했어요. 근데 올해는 길 밑으로, 서가라고 하던가. 서석순. 그 양반이 올해는 하신다고 하더라고요.

(문 : 갈 때 제물은 뭐 가지고 가요?) 시암제 잡숫고 산제로 가거든요. 돼지머리 하나 삶은 거 놓고 할까 어쩔까. (문 : 샘고사는 돼지머리?) 예. 산제는 시루만. (문 : 남자 분이에요? 여자 분이에요?) 여자가 해요. 남자가 어떻게 지내요? 남자가 축 읽고 할 사람이 어디 있어요? (문 : 옛날에 풍장 치고 제사 지낼 때는? ) 저기, 그건 모르겠네. 축 읽었는가 모르겠는데? (그때는) 남자가 했지요. 풍장을 치시고, 산제 가도 풍장도 치고. 지금은 남자도 없고, 할 사람도 없고. (문 : 예전에 남자들이 풍장 치고 제사 지낼 때가 언제쯤이죠?) 생각 안나요. 모르죠. 한 이십 년도 더 됐을 거요. 우리 애들 클 때. (문 : 막내 아이 나이가 몇이에요?) 서른일곱. (문 : 막내가 아주 어렸을 때 풍장을?) 아니 더 그전에 그친 것도 같고? (문 : 그럼 한 삼사십 년?) 불 써놓고, 절만 하고 내려왔지.

(문 : 산제 모실 때 절은 두 번 하고?) 아니, 하고 싶은 대로 하고. (떡 시루 놓고, 술 부어 놓고, 그릇에다가 쌀 넣고 초 켜놓고?) 만수향도 하나 피워놓고. (문 : 과일은?) 과일 같은 건 자기 성심껏 사고 싶은 대로 사야지. 포는 명태. 북어 마른 거시기, 안 핀 거. 통. (문 : 술은 막걸리?) 그냥 간단하게 소주. (문 : 소지 같은 건 안 올리고?) 에이, 안 올려. 샘 고사 그런 건 그전에 올렸나 모르는디, 올렸겠지. 근데 (산제에서는) 안 올려. 동네 어른들이 풍장

치고 할 땐 올렸겠지.

(문 : 지금 산제 모시는 걸, 동네 분들이 전통을 이어서 몇몇 분이 돌아가면서 하는 거예요?) 아, 그전에는 돌아가면서 했죠. 근데 시방은 별로 할 사람 없어서. (문 : 그래서 할머니가 오래 한 거예요?) 아녀요. 저도 한 오 년. 예전에 사람이 많았을 때는 당신이 하고 싶은 대로 했죠. 당신이 하고 싶은 대로 했죠. 동네 분들 당신이. '올해는 내가 한다' 이랬는데 지금은 아프면 병원가지 누가 뭐? [김영순]

## 제물 진설

아래 구술은 파평윤씨 가의 제사 때에 올리는 제물에 관한 내용이다.

포, 대추, 밤, 감, 건과. 그러니까 튀겨서 해놓은 거. 약과. 또 수정과. 이것은 계피하고 곶감, 흑설탕 넣어서 하는 거. 배, 호두, 채식. (문 : 채식은 뭘까요?) 무수 같은 거 말이죠, 채쳐서 놓죠. (문 : 생으로요?) 생 놈으로, 조리 안하고. (문 : 두번째 줄에 보면) 숙채. 고사리니 도라지 무 같은 거. 삶아서 무쳐 놓는 거요. 콩나물 같은 거 익혀서. 초장, 청장, 이것은 회 같은 거 찍어 먹는 거. 간장에다가 초 넣은 거. (진찬도의 청장을 지적하며) 이건 간장. 침채 거시기 김칫국. (문 : 무하고 파 좀 썰어 넣은?) 예, 그렇죠. (문 : 진찬도의 해의는 뭐죠?) 김. (진찬도의 어염) 이것은 조기. 제사에는 조기를 쓰잖아요.

(문 : 진찬도 수육은?) 돼지고기 익혀서 쓰던지, 우리 집은 소머리를 눌러서 쓰지요. 궤지요. (문 : 높이는 어느 정도?) 요정도 한 이십 센치. (문 : 육전은 고기전이죠?) 그렇죠. 횟간은 소 간 하고 천엽하고 술안주로 놓는 거죠. (문 : 간이나 천엽을 익혀서 놓나요?) 그냥 놓죠. 어전. 해삼 같은 건 옛날에는 썼는데, 지금은 쓰지 않죠. (문 : 그럼 해삼은 옛날에만 놨나요?) 그렇죠. 어전은 명태 또 허파 무친 거. 소 허파 무친 거. (문 : 육전은 뭘까요?) 육전에 허파구나.

육탕은 소고기 탕으로 익혀서 무수하고 익혀서, 국물은 별로 없이 자작하게. (문 : 장탕은 뭔가요?) 그전에는 썼는데 지금은 안 써요. 소의 양이죠. (문 : 계탕은?) 그건 똥집 있잖요. (문 : 지금도 올리나요?) 지금도 하지요. 지금은 다섯 탕인데 육탕, 양탕, 계탕, 어탕, 그전에는 홍합탕도 썼는데 지금은 안 쓰죠. (문 : 같은 탕이 또 들어가네요?) 두 줄을 놓거든요. (문

: 아, 신위가 두 분이니까?) 그렇죠. (문 : 다른 음식은 같이 잡숫고, 탕만 두 가지를 놓는 거네요?) 그렇죠. (문 : 적은 어떤 음식이죠?) 지금 우리 집에서는 소고기 놓고, 숭어를 찌거든요. 또 닭. 이렇게 세 가지를 쓰지요. (문 : 진찬도에는 적이라고만 적혀 있는데 세 가지를 쓰네요?) 그렇죠. 적 놓는 틀이 있어요. 아래다가 소고기 놓고, 그 우위다가 숭어 놓고, 그 위에 닭을 올려 놓죠. 그러니까 이렇게 잘라서 궤 놓은 거죠. (문 : 익혀서?) 기제사에서는 익혀서 놓고 세일사에는 생으로 놔요.

(진찬도의 병) 이건 떡이죠. 여기는 인자 초채라고 무수 썰어서 초무침 해서 놓거든요. (문 : 꿀은 떡 찍어 드시라는 건가요?) 예. (문 : 면은 보통 국수일까요?) 그렇죠, 일반 국수를 삶아서 놓죠. (문 : 그 다음에 밥이 있고, 국이 있고, 잔, 시접 그릇을 중앙에 놓고, 마찬가지로 잔, 밥. 순서가 약간 틀려요.) 그게 저기서 볼 때 말이죠. 산 사람이 국이 오른쪽에 놓잖아요. 근데 죽은 사람은 반대로 놔요. (문 : 신위는 어느 쪽이 남자 분인가요?) 오른쪽이 남자, 왼쪽이 여자. 그러니까 제물을 이렇게 놓고 볼 때 고위 분이 이쪽이 되죠. 아버님이 오른쪽, 여자 분이 왼쪽. [윤석간]

## 민간 처방

무슨 우리 집 애들 키울 때, 병원이 있어? 우리 시어머님이 깅기랍 먹이고, 호파대가리하고 엿기름하고, 지 엄마 앞이마 머리 세 개 뽑아서 다려서 먹이고. 호파뿌리 세 개하고 엿기름 스물한 개 넣고, 지네 엄마 앞이마 머리 세 개 뽑고 다려서 먹었지. (문 : 어디 아파서 그렇게 했어요?) 아프면. (문 : 아무 병이나?) 몰라, 시어머니가 그렇게 먹이더만.

그리고 설사하고 제것 있으면, 제것이라고 얼굴이 노란하고, 황달인지 뭐신지 모르겠는데 그렇게 하면……. 시방들은 감기만 걸려도 병원에 가고.

옛날에 나 어렸을 때는 우리 친정아버지 정월달만 되면 애기책 보러 이 집으로 다니시고, 저 집으로 다니시고. 시방은……. [김영순]

(박 종 익)

# 주(註)

1) 개보름의 '개'는 가(假)에서 온 말로 볼 수 있다. 정월 보름의 진짜 보름 이전에 맞는 가상의 보름이라는 의미로 추정할 수 있다.

2) 토정비결을 일컫는 것으로 보인다.

3) <출주고사문>은 다음과 같다. "今以 / 顯考 某官府君(妣位 제사에는 顯妣某封某氏) / 遠諱之辰 敢請 / 顯考某官某府君 / 顯妣 某封某氏 出就廳事 恭伸追慕"

4) 윤증은 실제로 1629(인조 7)년에서 1714(숙종 40)년까지 생존했다.

충남대학교 충청문화연구소 마을연구단 (2006.9~2007.8)


연구책임자 김필동 (충남대학교 사회학과 교수, 사회학)
공동연구원 김상기 (충남대학교 국사학과 교수, 충청문화연구소장, 한국사)
김수태 (충남대학교 국사학과 교수, 한국사)
김 준 (전남발전연구원 해양관광팀 연구위원)
김창민 (전주대학교 교양학부 교수, 인류학)
박걸순 (충북대학교 사학과 교수, 한국사)
박찬승 (한양대학교 사학과 교수, 한국사)
윤종빈 (충남대학교 철학과 강사, 한국철학)
조재곤 (경원대학교 겸임교수, 한국사)
전임연구원 권병욱 (충남대학교 충청문화연구소 연구교수, 사회학)
권선정 (충남대학교 충청문화연구소 연구교수, 지리학)
김현숙 (충남대학교 충청문화연구소 연구교수, 한국사)
박종익 (충남대학교 충청문화연구소 연구교수, 민속학)
유보경 (충남대학교 충청문화연구소 연구교수, 사회학)
이연숙 (충남대학교 충청문화연구소 연구교수, 한국사)
연구보조원 김도균 (충남대학교 대학원 사회학과 박사과정 수료)
문광철 (충남대학교 대학원 국사학과 박사과정 수료)
한국보 (충남대학교 대학원 사회학과 박사과정)
정상화 (충남대학교 대학원 기록보존학과 석사)
김미영 (충남대학교 대학원 기록보존학과 석사과정 수료)
김민석 (충남대학교 대학원 국사학과 석사과정 수료)
송기중 (충남대학교 대학원 국사학과 석사과정 수료)
오보경 (충남대학교 대학원 국사학과 석사과정 수료)
윤애리 (충남대학교 대학원 국사학과 석사과정 수료)
주계운 (충남대학교 대학원 국사학과 석사과정 수료)
문광균 (충남대학교 대학원 국사학과 석사과정)
장수정 (충남대학교 대학원 국사학과 석사과정)
염지인 (충남대학교 사회과학대학 사회학과 졸업)
오현정 (충남대학교 사회과학대학 사회학과 졸업)
이현희 (충남대학교 인문대학 국어국문학과 졸업)
장지선 (충남대학교 인문대학 국어국문학과 졸업)
송영임 (충남대학교 사회과학대학 사회학과)
오안나 (충남대학교 사회과학대학 사회학과)


* 소속은 2008년 9월 현재를 기준으로 하였음.

**빛깔있는 책들 501-9**

**충남 지역 마을지 총서 ⑧** 논산시 노성면 병사리

# 논산 병사마을

초판 1쇄 인쇄 2008년 11월 25일
초판 1쇄 발행 2008년 11월 30일

글 · 사진 충남대학교 마을연구단

발 행 인 장세우
편 집 황병욱
마 케 팅 강승일
관 리 김인태, 정문철, 김영원

발 행 처 주식회사 대원사
주소 140-901 서울 용산구 후암동 358-17
전화 02. 757. 6717~9
팩스 02. 775. 8043
등록번호 제3-191호

http://www.daewonsa.co.kr



값 8,500원



이 책은 한국학술진흥재단의 2006년도 연구비 지원과
논산시의 출판보조금 지원에 의해 출간되었습니다.

Daewonsa Publishing Co.,Ltd.
Printed in Korea 2008

ISBN 978-89-369-0269-8 04380

# 빛깔있는 책들

## 민속(분류번호 : 101)

| | | | | |
|---|---|---|---|---|
| 1 짚문화 | 2 유기 | 3 소반 | 4 민속놀이(개정판) | 5 전통 매듭 |
| 6 전통 자수 | 7 복식 | 8 팔도 굿 | 9 제주 성읍 마을 | 10 조상 제례 |
| 11 한국의 배 | 12 한국의 춤 | 13 전통 부채 | 14 우리 옛 악기 | 15 솟대 |
| 16 전통 상례 | 17 농기구 | 18 옛 다리 | 19 장승과 벅수 | 106 옹기 |
| 111 풀문화 | 112 한국의 무속 | 120 탈춤 | 121 동신당 | 129 안동 하회 마을 |
| 140 풍수지리 | 149 탈 | 158 서낭당 | 159 전통 목가구 | 165 전통 문양 |
| 169 옛 안경과 안경집 | 187 종이 공예 문화 | 195 한국의 부엌 | 201 전통 옷감 | 209 한국의 화폐 |
| 210 한국의 풍어제 | 270 한국의 벽사부적 | | | |

## 고미술(분류번호 : 102)

| | | | | |
|---|---|---|---|---|
| 20 한옥의 조형 | 21 꽃담 | 22 문방사우 | 23 고인쇄 | 24 수원 화성 |
| 25 한국의 정자 | 26 벼루 | 27 조선 기와 | 28 안압지 | 29 한국의 옛 조경 |
| 30 전각 | 31 분청사기 | 32 창덕궁 | 33 장석과 자물쇠 | 34 종묘와 사직 |
| 35 비원 | 36 옛책 | 37 고분 | 38 서양 고지도와 한국 | 39 단청 |
| 102 창경궁 | 103 한국의 누 | 104 조선 백자 | 107 한국의 궁궐 | 108 덕수궁 |
| 109 한국의 성곽 | 113 한국의 서원 | 116 토우 | 122 옛기와 | 125 고분 유물 |
| 136 석등 | 147 민화 | 152 북한산성 | 164 풍속화(하나) | 167 궁중 유물(하나) |
| 168 궁중 유물(둘) | 176 전통 과학 건축 | 177 풍속화(둘) | 198 옛 궁궐 그림 | 200 고려 청자 |
| 216 산신도 | 219 경복궁 | 222 서원 건축 | 225 한국의 암각화 | 226 우리 옛 도자기 |
| 227 옛 전돌 | 229 우리 옛 질그릇 | 232 소쇄원 | 235 한국의 향교 | 239 청동기 문화 |
| 243 한국의 황제 | 245 한국의 읍성 | 248 전통 장신구 | 250 전통 남자 장신구 | |

## 불교 문화(분류번호 : 103)

| | | | | |
|---|---|---|---|---|
| 40 불상 | 41 사원 건축 | 42 범종 | 43 석불 | 44 옛절터 |
| 45 경주 남산(하나) | 46 경주 남산(둘) | 47 석탑 | 48 사리구 | 49 요사채 |
| 50 불화 | 51 괘불 | 52 신장상 | 53 보살상 | 54 사경 |
| 55 불교 목공예 | 56 부도 | 57 불화 그리기 | 58 고승 진영 | 59 미륵불 |
| 101 마애불 | 110 통도사 | 117 영산재 | 119 지옥도 | 123 산사의 하루 |
| 124 반가사유상 | 127 불국사 | 132 금동불 | 135 만다라 | 145 해인사 |
| 150 송광사 | 154 범어사 | 155 대흥사 | 156 법주사 | 157 운주사 |
| 171 부석사 | 178 철불 | 180 불교 의식구 | 220 전탑 | 221 마곡사 |
| 230 갑사와 동학사 | 236 선암사 | 237 금산사 | 240 수덕사 | 241 화엄사 |
| 244 다비와 사리 | 249 선운사 | 255 한국의 가사 | 272 청평사 | |

## 음식 일반(분류번호 : 201)

| | | | | |
|---|---|---|---|---|
| 60 전통 음식 | 61 팔도 음식 | 62 떡과 과자 | 63 겨울 음식 | 64 봄가을 음식 |
| 65 여름 음식 | 66 명절 음식 | 166 궁중음식과 서울음식 | | 207 통과 의례 음식 |
| 214 제주도 음식 | 215 김치 | 253 장醬 | | |

## 건강 식품(분류번호 : 202)

105 민간 요법　181 전통 건강 음료

## 즐거운 생활(분류번호 : 203)

67 다도　68 서예　69 도예　70 동양란 가꾸기　71 분재
72 수석　73 칵테일　74 인테리어 디자인　75 낚시　76 봄가을 한복
77 겨울 한복　78 여름 한복　79 집 꾸미기　80 방과 부엌 꾸미기　81 거실 꾸미기
82 색지 공예　83 신비의 우주　84 실내 원예　85 오디오　114 관상학
115 수상학　134 애견 기르기　138 한국 춘란 가꾸기　139 사진 입문　172 현대 무용 감상법
179 오페라 감상법　192 연극 감상법　193 발레 감상법　205 쪽물들이기　211 뮤지컬 감상법
213 풍경 사진 입문　223 서양 고전음악 감상법　251 와인　254 전통주
269 커피

## 건강 생활(분류번호 : 204)

86 요가　87 볼링　88 골프　89 생활 체조　90 5분 체조
91 기공　92 태극권　133 단전 호흡　162 택견　199 태권도
247 씨름

## 한국의 자연(분류번호 : 301)

93 집에서 기르는 야생화　94 약이 되는 야생초　95 약용 식물　96 한국의 동굴
97 한국의 텃새　98 한국의 철새　99 한강　100 한국의 곤충　118 고산 식물
126 한국의 호수　128 민물고기　137 야생 동물　141 북한산　142 지리산
143 한라산　144 설악산　151 한국의 토종개　153 강화도　173 속리산
174 울릉도　175 소나무　182 독도　183 오대산　184 한국의 자생란
186 계룡산　188 쉽게 구할 수 있는 염료 식물　189 한국의 외래 · 귀화 식물
190 백두산　197 화석　202 월출산　203 해양 생물　206 한국의 버섯
208 한국의 약수　212 주왕산　217 홍도와 흑산도　218 한국의 갯벌　224 한국의 나비
233 동강　234 대나무　238 한국의 샘물　246 백두고원　256 거문도와 백도
257 거제도

## 미술 일반(분류번호 : 401)

130 한국화 감상법　131 서양화 감상법　146 문자도　148 추상화 감상법　160 중국화 감상법
161 행위 예술 감상법　163 민화 그리기　170 설치 미술 감상법　185 판화 감상법
191 근대 수묵 채색화 감상법　194 옛 그림 감상법　196 근대 유화 감상법　204 무대 미술 감상법
228 서예 감상법　231 일본화 감상법　242 사군자 감상법　271 조각 감상법

## 역사(분류번호 : 501)

252 신문　260 부여 장정마을　261 연기 솔올마을　262 태안 개미목마을　263 아산 외암마을
264 보령 원산도　265 당진 합덕마을　266 금산 불이마을　267 논산 병사마을　268 홍성 독배마을